廣州大典研究

TUDIES ON GUANGZHOU ENCYCLOPEDIA

2020 No.1）Vol.5

020 年第 1 辑　总第 5 辑

主编　刘平清

国家图书馆出版社

图书在版编目（CIP）数据

广州大典研究 . 2020 年 . 第 1 辑 : 总第 5 辑 / 刘平清主编 . —北京 : 国家图书馆出版社 , 2020.11

ISBN 978-7-5013-7049-8

Ⅰ . ①广… Ⅱ . ①刘… Ⅲ . ①地方文献—研究—广州 Ⅳ . ① K296.51

中国版本图书馆 CIP 数据核字（2020）第 163897 号

书　　名	广州大典研究（2020 年第 1 辑　总第 5 辑）
著　　者	刘平清　主编
责任编辑	王　晓　王锦锦　陈　卓
封面设计	程言工作室

出版发行 国家图书馆出版社（北京市西城区文津街 7 号　100034）
（原书目文献出版社　北京图书馆出版社）
010-66114536　63802249　nlcpress@nlc.cn（邮购）

网　　址	http://www.nlcpress.com
排　　版	九章文化
印　　装	北京金康利印刷有限公司
版次印次	2020 年 11 月第 1 版　2020 年 11 月第 1 次印刷

开　　本	710×1000　1/16
印　　张	17
字　　数	270 千字
书　　号	ISBN 978-7-5013-7049-8
定　　价	88.00 元

卷首语

　　本辑共收录文章16篇，分为"广府人物""文献研究""史料发掘""岭南风物""书评""动态信息"六个栏目。

　　"广府人物"栏目下有5篇文章。提起许炳榛的名字，大多数人或许觉得陌生，他的著作《甲辰考察日本商务日记》《乙巳考察日本矿务日记》，收录于《广州大典》中。作为广州近代史上著名的许氏家族的一员，其生平学界基本上语焉不详。《许炳榛其人其事考订（1871—1929）》一文，利用丰富的近代文献史料，详细考订了许炳榛的生平、交游、事业。许炳榛丰富的海内外经历是了解晚清民初社会政治经济情况的一个窗口，亦是研究近代广州城市发展的重要切入口，从某种程度上折射出了近代中国的艰难探索与转型。《广州大典》中还有许多像许炳榛一样值得研究者深入挖掘的历史人物，期待更多"挖掘者"来开发这个宝藏。《清末美国华侨谭良史事述论》一文，以1899至1909年期间谭良与保皇会有关的近200封私人信件、官方文件和商业记录等为文献基础，对美国顺德籍华侨谭良进行研究。《试析屈大均与仕清人士的交往》一文，着力研究屈大均与仕清人士的关系，认为屈大均自身抗志守节，不等于与变节者绝交；不求出仕，不等于与当政者断绝往来，进而指出屈大均与岭内外诗坛人物的往来，在助推其声名的同时亦推动了岭南诗坛在清初的崛起。《粤秀书院山长陈钟麟年谱简编》一文，有助于研究者了解粤秀书院山长陈钟麟的生平。《朱次琦年谱补证》一文，在简朝亮《朱九江先生年谱》的基础上，对朱次琦的生平事迹做出补充记载。

　　"文献研究"栏目以对《广州大典》所收文献的研究为主，本辑该栏目下有4篇文章。《从文献记载看汉唐时期岭南与伊朗的海上交通》一文，将中西古典文献与考古材料相结合，着力考察了汉唐时期岭南与伊朗的海上交通，认为以广州为中心的岭南地区在拜占庭—萨珊波斯—中国所构成的欧亚大陆三极海陆贸易体系中，扮演了至为重要的历史角色，对于现今共建"一带一路"亦不无历史借鉴意义。《谈恺〈平粤录〉初探》一文，对谈恺与粤地的关系和《平粤录》现存版本、书目著录、内容构成进行研究，并论述该书的文献价值。《〈学海堂集〉初探》一文，对《学海堂集》编纂背景、内容、作用和影响进行研究，认为该书是研究学海堂教育文化的重要资料，值得相关专业研究者注意。《简论清佚名〈广东全省海图总说〉成书时间和价值》一文，指出《广东全省海图总说》是一部重要的清代广东海防通史资料，但由于编写时间、作者等相关信息的缺失，该书利用起来较为困难，为此作者在文中对该书的成书时间进行考证，同时考察其文献价值。

"史料发掘"栏目，主要刊登对《广州大典》一期编撰中漏收、讹误等情况进行研究的文章，以进一步完善《广州大典》的编纂。本辑该栏目下有3篇文章。其中《鸦片战争前两份产生于澳门的〈洋事杂录〉》一文，对陈德培及佚名辑的两份《洋事杂录》进行介绍和汇释，指出这两份尚未被人利用的新史料对于深化清代澳门史乃至广州与澳门西洋事务等的研究都具有重要的史料价值。《〈粤风〉与〈粤风续九〉关系考暨〈粤风续九〉史料价值略说》一文，考证清人李调元所辑《粤风》与吴淇所辑《粤风续九》之间的关系，指出《粤风》承袭《粤风续九》，并分析了《粤风续九》的史料价值。《〈乡贤区西屏集〉〈区奉政遗稿〉存在影印窜页问题谈片》一文，对《乡贤区西屏集》《区奉政遗稿》两部古籍的《广州大典》影印本中存在的窜页问题进行研究，并对今人所编《全粤诗》中的相关讹误做出纠正。

"岭南风物"栏目下有2篇文章。《〈榄屑〉所见明清岭南地方社会生活》一文，考证《榄屑》一书的作者、版本情况，并从该书所记载的地方事件入手，研究明清香山小榄的社会风俗。《南药高良姜药名释义》一文，对岭南特色中药高良姜的称谓由来释义，指出其得名主要与产地、环境、形态、颜色、炮制方法、功效、音近传误以及方言等因素相关。

"书评"栏目下有1篇文章。《在经典中安顿人生——读许外芳教授整理的〈何若瑶集〉》一文，对整理本《何若瑶集》一书的价值及不足之处提出了自己的见解。

　　庚子多变故，人间有真情。本辑约稿时值己亥年冬天，原想过年后的春天会很顺畅地收齐所有稿件，然而明媚的春天却因为新冠疫情的不期而至被蒙上阴影。在这场战疫中，面对狡猾的病毒，大家只能退守于家中，不少作者或因资料不在手边，或因图书馆关闭，写作计划被耽搁。庆幸的是，作者们努力克服了诸多意想不到的困难，最终如期交出稿件。在此，诚挚感谢各位热心的作者对我们集刊的关爱和支持。此外，特别感谢国家图书馆出版社的鼎力相助，感谢各位责任编辑的耐心校稿，使这份集刊在改换出版社后，能够向着远方重新出发！

陈子

目 录
CONTENTS

岭南风物

书 评

动态信息

广府人物

许炳榛其人其事考订（1871—1929）[*]

刘平清^{**}

广州大典研究中心，广东广州，510623

摘　要：许炳榛，是广州近代史上著名的许氏家族的一员，出生和活跃在晚清民初时期。他的著作《甲辰考察日本商务日记》《乙巳考察日本矿务日记》，收录入《广州大典》中。许炳榛生前担任过清政府驻旧金山总领事等职。但论其生平，学界基本上语焉不详。文章利用丰富的近代文献史料，详细考订其生平、交游、事业。许炳榛丰富的人生履历，折射出近代中国艰难的转型与探索。

关键词：许炳榛；许氏家族；晚清新政

位于今天广州越秀区高第街的许地，是近代史上著名的许氏家族聚居地。清代中期嘉庆年间，许氏家族从潮州迁居到这里。落户羊城的第二代后人许拜庭，以贩盐起家，在清代嘉庆年间致富后，设立私塾，延聘名师教育家族子弟。其长子许祥光，道光十二年（1832）中进士。许氏家族经过数代繁衍，门丁旺盛，人才辈出，其中第四代"应"字辈和第六代"崇"字辈，先后活跃在晚清、民国乃至现当代的政界、军界、教育界等。"应"字辈中，如拜庭之孙许应骙，更是先后担任清代礼部尚书、闽浙总

---

* 本文为广州市委宣传部《广州大典》与广州历史文化专题研究项目"晚清广州人考察日本研究"（批准号：2018GZY06）阶段性成果。

** 刘平清（1967—　）男，汉族，湖北襄阳人。文学博士，高级记者。历任广州日报社理论评论部副主任、太原日报社总编辑、河源日报社总编辑等职。现任广州大典研究中心常务副主任，《广州大典》副主编。

督等要职，官拜一品，成为家族中官位最高、地位最显赫的一位。"崇"字辈中，许崇智、许崇清、许广平，都享有很高的社会知名度。

比较而言，夹在"应"字辈与"崇"字辈之间的"炳"字辈，无论是官职还是社会知名度，都要逊色一些；许多人的名字与生前行迹，大多湮灭在历史的汪洋大海之中。偶尔被人提及，也语焉不详，一笔带过。以许炳榛为例，近年来，他的著作《甲辰考察日本商务日记》《乙巳考察日本矿务日记》，影印收录入《广州大典》之中。前者还被标点，以简体横排的方式出版①。但对许炳榛的介绍，几乎忽略不计②。

但实际上，无论是清代的官员履历表，还是北洋政府时期的政府官报，都有许炳榛的相关档案信息；近代著名媒体如《申报》《东方杂志》等，也有大量有关许炳榛生前活动的报道、他撰写的文章等。借助此，我们基本上能勾勒出许炳榛的生卒年月、生前交游、生平主要行迹、主要的政治主张等。透过此，能加深我们对他著作写作背景的研究，加深对近代中国人如何看日本、介绍日本、借鉴日本的研究，特别是加深对许氏家族在广州乃至近代中国的发展的更深一步的研究。

一 家庭家族及其民国前的经历

许炳榛是许氏家族在广州的第五代，曾祖许拜庭，祖父许祥光，父亲许应锵。许应锵（1837—1897），清同治三年（1864）乡试中举人，以知县身份分发湖北、安徽，历办江浙皖赈捐，成绩斐然，后升同知、知府、道员等。中法战争期间，许应锵凭借家族在广东的影响力，协助当时在广东的翰林院侍读学士李文田筹组团练，短时间内筹募数十万两，购置军械，修建炮台等，获朝廷赏二品衔。其时，朝廷锐意改革，广开言路，许应锵上万言书，痛陈时弊，力主改革，为朝廷要员翁同龢赞许。光绪二十一年（1895），通过军机大臣奕䜣的引荐，许应锵觐见光绪帝。光绪帝委派他负责筹办卢汉铁路（卢沟桥至汉口），许应锵建议由民间募款建设，积极奔

---

① 收录于杨蒂等著、杨早整理：《扶桑十旬记（外三种）》，凤凰出版社，2014年，第89—134页。

② 《扶桑十旬记（外三种）》介绍：许炳榛，生卒年未详，广东番禺（今广州）人。

走，开展筹款；因劳累过度，光绪二十三年（1897）去世①。

许炳榛，于19世纪末期出生于广州城内这个大家族中。广州作为中西文化冲突最为激烈之地，长期以来也是内地接触洋务、处理洋务相对较早、较多的地方。从其此后的生平看，其父亲对他的影响应该在四个方面：第一，从许应锵的实践看，其主张与当时的洋务派并无两样，面临西方的挑战，中国必须师夷长技，许炳榛继承了其父的主张；第二，改革的重要方面，就是对外开放，学习洋务；第三，不同于传统读书人，坐而论道，更要投身于经办实务中；第四，许炳榛和其父亲一样擅长通过著书立说表达自己的观念。以此方式，许炳榛不仅为自己赢得名声，更赢得事业的平台。

更重要的是，这个家族雄厚的财力，遍布海内外的人际网——有些来自家族，更多是在广州结识并交往——为他后来能够从事与"洋务"相关的外交以及其他商务活动，提供了便利条件。而祖辈父辈的人脉背景，也为他最初走向社会、政治舞台，后来走向更大的事业天地，提供了比一般人更多的机会。

许炳榛出生时间，今天没有留下具体的记载。但通过相关档案资料，大致上能推断出，他出生在同治末年，19世纪70年代初期。在清代官员履历表中，有这样的记载：

> 许炳榛，现年三十二岁，系广东番禺县人，由附生在山东，连年河工抢险并堵合高家套案内出力，于光绪十七年五月，经原任山东巡抚张曜奏保，以府经历，不论双单月，尽先选用。十九年，在山东烟台新海防捐输案内报捐，仍以府经历分发试用。二十三年六月，督办湖北筹赈总局司道委办湖北赈捐事宜。旋经前四川矿务大臣李徵庸派，同广东补用知府李准前，赴南洋一带劝募，兼办徐淮山东顺直等处赈捐百数十万两。二十五年三月，经广东提督苏元春电委转运机器，解赴防营，差竣回

---

① 丁新豹、黄燕芳、许建勋：《高风世承——广州许氏家族》，香港大学美术博物馆，2011年，第60页。又见广州市越秀区地方志办公室编：《广州高第街许氏家族》，广东人民出版社，1992年，第39页。后者记录许应锵去世是在1896年，当以前者为准。

东，仍办赈务。是年六月在直隶新海防捐输局报捐同知选用，并加捐分发广西试用。二十六年九月经广西提督苏元春调赴广州湾随同勘办界务，十一月差竣回省。同在籍江苏题奏道苏元瑞襄办保商局务。二十七年二月，因敬备方物贡赴行在，奉上谕传旨嘉奖，钦此。是年三月，经山西巡抚锡良、陕西巡抚岑春煊委，会同广东候补知府李受彤劝办秦晋赈捐。是年七月在福建新海防捐输案内报捐知府，分发安徽试用，本年四月初五日引见，奉旨照例发往。①

这个履历表，类似于今天组织部门的干部登记表，大抵能反映出许炳榛早年的经历。文中"本年"当为光绪二十八年（1902）。查《申报》相关报道，"初七日，兵部太常寺太仆寺正黄旗值日，无引见。道府赵鹤龄等谢恩，安徽知府许炳榛谢恩"②，"五月廿九日，分发安徽试用知府许炳榛到，广东人，苓西"③。

在民国年间的出版物上，是这样介绍他的："许炳榛，字苓西，广东番禺人，一八七二年生，清附生，授候补知府，任安徽省道尹，后赴日本调查商务矿政。及归，公布报告，其名始为所重。光绪三十一年，上海商界罢市，许任调解之责，解决圆满。三十三年，任旧金山总领事。民三任广东巡阅使李国筠幕下之交涉科长。"④

这两份文档，清晰地勾勒了许炳榛早年的人生轨迹。他早年在广州接受传统教育，功名是"附生"。科举时代，考入府、州、县学，而无廪膳可领的生员，称为"附生"，也称为"附学生员"。由此可见，他早年接受

---

① 秦国经主编：《中国第一历史档案馆藏清代官员履历档案全编》第7册，华东师范大学出版社，1997年，第47页。

② 《申报》1902年5月27日。

③ 《申报》1902年7月18日。

④ 杨家骆：《民国名人图鉴》（第1册 上），辞典馆，1937年，第2—135页。许炳榛生年，这份简历说是1872年，但根据清代官员档案，1902年他已经是32岁，应该是1870年出生；另外据《政府公报·呈》（1915年8月14日第1174号）记载，1915年他45岁。由此推算，他也应该是1870年出生。但过去计算年龄，多按照农历，比实际出生多算一岁，由此推算，我把他出生暂定在同治十年，即1871年。

的教育和当时的读书人并没有两样。一样的四书五经，一样的诗词歌赋、琴棋书画等。从他后来的人生阅历来看，他具有良好的传统文化素养，有一定的书法功底。他的书法真迹，仍保存至今①。他壮年考察日本期间，与日本友人酬答；晚年隐居西湖，流连山水之余所作诗歌也留存了下来。这段教育，也为他撰写相关报告打下了良好的文字基础。

不知道他是否参加过举人考试，还是参加了没有被录取。他家附近的广东贡院，是广东全省秀才考举人的考场。每当发榜时，"龙虎墙"上都会张贴考中名单，他的祖辈父辈中，不少人都名列其中。但这份档案表明，"附生"是他有记录的"最高学历"，伴随着他离开广州走上仕途，到山东、湖北、江苏、河北、北京等地，参加黄河决口的抢险、当局组织的赈捐活动，代表当局到南洋向华侨募捐。

中国官员的出身，除了通过会试考中等所谓的"正途"以外，还有因战功、荫封、保举、捐纳等方式获得录用或候补的资格。从前文档案看，许炳榛在去安徽前，已经是三品衔、候补知府了。其父官职不高，许炳榛不可能得到高官子弟才能享受到的荫封机会。他的升官经历了保举、捐纳两个路径。首先是在山东参与抢救黄河决口后的堵口工作，得到时任山东巡抚张曜奏保，再通过山东烟台新海防捐输案内报捐，很快得到"以府经历分发试用"资格。张曜，顺天大兴人，祖籍浙江，光绪十二年（1886）任山东巡抚。光绪十七年七月十八日（1891年8月22日）去世，清廷追赠太子太保，谥"勤果"，《清史稿》有传。他是黄河治理上著名的功臣，刘鹗所著小说《老残游记》中的人物庄宫保，即以他为原型。正是在他的建议下，李鸿章才开始重视烟台的海防。

中国水患严重，黄河决口更是史不绝书。修复黄河是朝廷的一件大事。光绪十四年（1888），清朝政府对黄河决口进行了大规模修复。地方官吏组织下的修复，往往会任用许多候补人员参与。这一年，许炳榛已经18岁。许炳榛很可能就是在此前后，离开广州，被家人安排到山东，参与治理黄河的实务。这之后，光绪二十三年（1897），许炳榛就得"补用知府"任职资格。捐纳或捐输，是清代财政上的一种辅助方式。这项制度起源于康熙年间，朝廷用兵，军需浩繁，康熙仿照汉代纳粟入官办

---

① 旧金山唐人街至今保存完好的中华会馆，馆名就是许炳榛的手迹。

法，推出这项制度。富家子弟，家庭如果殷实，通过保举与捐纳取得候任官员的资格，从时间成本上说要比走通过会试的正途更便捷。科举制度下，从考上秀才到中举再到考上进士，十年寒窗，这还是幸运儿。更多的人，努力一辈子，也只能名落孙山。明代大儒陈献章，清代著名小说家蒲松龄，前者止步举人，后者一辈子只是个秀才。许炳榛比他们幸运，家庭富有，有钱捐纳；祖辈父辈的资质与交游，也为他提供了被保举的机会。如保举他的山东巡抚张曜、四川矿务大臣李徵庸等，当是他父亲或者家族父辈的朋友。包括他的堂叔许应骙，此时是朝廷大官。他的父亲虽然在1897年去世，但借父辈名望，他仍然可以结交朝中有实力的高官①。

如果从1888年许炳榛开始参与治理黄河实务算起，到1902年出任大通厘卡总办，十余年的社会闯荡带给他丰富的人生阅历，让他积累了职场生涯必需的宝贵经验。这期间，许炳榛从事了许多具体事务，最多的是参与赈捐；此外还参加过广州湾的划界、广东的商务活动等。一次又一次的捐纳，特别是庚子之变，光绪、慈禧西逃西安，他还准备了"方物贡赴行在"，得到朝廷的嘉奖，这为他得到实缺打下了基础。许炳榛光绪二十八年五月二十九日（1902年6月14日）抵达安徽报到②，轮候了大半年，次年出任大通厘卡总办③。

大通位于今天安徽铜陵市区南部，濒临长江，上通省城安庆，下达芜湖，始建于西汉时期，古名"澜溪"，唐代在此建"大通水驿"，成为著名的交通要道。明代洪武初年，大通设巡检司、河泊所、驿运站等机构。清设大通水师营，"辖枞阳以下水，东至荻港水面"。同治初，兴建大通参将

---

① 《那桐日记》光绪三十三年六月十六日记载："早许炳榛来拜，号苓西，许云庵子，到江苏补用道。"北京市档案馆编：《那桐日记》（下册），新华出版社，2006年，第606页。这是1907年的事，许炳榛之父已去世近10年。这次拜访两天后，那桐出任东阁大学士。那桐为晚清重臣，在清末光绪、宣统年间先后充任户部尚书、外务部尚书、总理衙门大臣、军机大臣、内阁协理大臣等重要职务。许炳榛这次是礼节性的拜访或祝贺，还是请托何事，没有留下文字记载。联系到那桐担任过外务部尚书，第二年许炳榛即出任清政府驻旧金山总领事，或许与此有关。

② 《申报》1902年7月18日。

③ 《申报》1903年4月23日报道："十四日，委办大通厘卡知府许炳榛到。"

衙，驻参将统帅水陆清军近千人。1876年，根据中英《烟台条约》："准许英商船在沿江的大通、安庆、湖口、沙市等处停泊起卸货物。"作为长江沿岸的码头城市，大通还设有"纳厘助饷"的厘金局和专征江西、两湖及安徽中路盐税的盐务督销局。清末民初，大通与安庆、芜湖、蚌埠齐名，并称安徽"四大商埠"。只是后来，大通的地位被新起的铜陵取代，渐渐少为人知。

厘金局是咸丰年间兴起的一种税收机构。清代财政的主要税收，咸丰以前，共有四项：一是地丁，二是钱漕，三是关税，四是盐课。其中地丁收入最多，约占全部税收的三分之二。康熙五十一年（1712），上谕定丁额，五十年以后所滋生的人丁，永不加赋。这使得清朝的税收政策受到很大限制，失去了扩张性。咸丰年间，太平军起义后，朝廷军需猛增，清政府很快就感到入不敷出。在此背景下，朝廷推出了厘金制。在重要的货物流通处设立关卡抽税，或者按照货物的数量，或者按照货物的价值。这在当时被称为"活厘"，也就是"通过税"。另外对坐商抽税，则叫"板厘"，或者"坐厘"[1]。

厘金局从职能来说，类似今天的税务机关。各省厘金局管理人员，多由地方官员选择，保举者居多。同治朝以前，多为地方绅士。光绪朝之后，为避免多用地方绅士带来的税收流失，各地多用候补官员。所有总局卡、分局卡委员及重要办事员，都是到省后有一定年限的候补人员。清末光绪年间，候补官员多如过江之鲫[2]。实缺有限，候补官员分发到地方后，如果没有一定背景往往要轮候很久。许炳榛抵达安徽后，轮候了半年时间即走马上任。更何况，厘局任职，在当时是优差，局员一般是一年一换。当时的舆论就认为："自兴厘捐以来，各省听鼓人员无不以厘差是谋，夤缘奔竞，相习成风。"[3]许炳榛作为候补官员能这么快得到优差，大概与他的背景有关。即或此时他父亲已去世多年，但他作为时任闽浙总督许应骙的侄儿，两江总督很难说不给同僚面子。许应骙沉浮宦海数十年，同年、门生、

---

① 罗玉东：《中国厘金史》，河南人民出版社，2017年，第16页。

② 《官册最近之调查》，《申报》1906年10月11日称："候补、候选人员之衔名共计二十五万七千四百余员，其未经注册者尚不在内。"

③ 《阅报纪拟请免厘因而论之》，《申报》1902年3月11日。

故旧遍天下。特别是光绪六年（1880），他奉旨充任会试副总裁，这是有科举考试以来，广东人充当会试总裁的第一人[①]。许应骙是否"打招呼"，或者许应骙门生中，是否有人特别关照许炳榛，今天已无法查考。此时许炳榛的正式职位是"安徽大通总办厘局兼巡警"[②]，也就是说，他当时的职务不是一般的职员，而是相当于今天地级市税务局局长兼公安局局长。根据许炳榛的记述，这两年，他不仅负责大通厘金局的事务，还实施推广了新兴的警务。

许炳榛在大通任职时间并不长。当时安徽与江苏都是两江总督管辖的范围，不久他就由安徽候补改为江苏候补。清末新政后，清政府派大批人去日本学习法政。甲辰年即光绪三十年八月十三日（1904年9月22日），许炳榛奉南洋大臣兼两江总督魏光焘委派赴日，任务有二，一是带队送江苏省赴日学习法政速成科学员二十人东渡，二是考察日本各埠商务。这次公差，许炳榛逐日撰写考察日记。回国后，当年年末，以《甲辰考察日本商务日记》出版。当时名流张元济、徐珂为之作序。这为他带来一定的社会声誉。很快，他又奉署理两江总督兼南洋大臣周馥委派，二赴东瀛，专门考察矿务，归国后又以《乙巳考察日本矿务日记》出版。这次为之作序的严复和夏曾佑，都是当时名闻全国的大学者。

此后，许炳榛主要活跃在上海政界，先后担任南洋官彩票总稽查、造币公司总董等职。光绪三十一年（1905）8月，许炳榛受两江总督周馥委派，到广西办理劝捐事项。回沪不久，是年底，上海商人罢市。上海方面请示两江总督周馥，周指示许炳榛负责处理[③]。此时，许炳榛俨然是两江总督周馥的"救火队队长"，得到高度信任。光绪三十二年（1906），他出任上海滩清丈局总办。从当时的报道来看，他的社会地位已经与虞洽卿、盛宣怀等相当了[④]。

---

① 广州市越秀区地方志办公室编：《广州高第街许氏家族》，广东人民出版社，1992年，第34页。
② 《东方杂志》第二期曾刊登许炳榛以此职衔发布的巡警法令，详见《安徽大通总办厘局兼巡警许观察炳榛巡警法令》，《东方杂志》1904年第2期，第42页。
③ 《申报》1905年12月20日。
④ 《泽尚二钦使起节回京》，《申报》1906年7月20日。

光绪三十四年正月初九（1908年2月10日），农历春节后不久，出任清政府驻旧金山总领事的许炳榛，从上海起航，乘坐日本轮船赴美视事①。

闽粤沿海一带的民众，素有赴海外谋生的传统。19世纪中叶，美国西部大开发需要大量劳动力。广东沿海地带，尤其是清代广州府管辖的如新会、新宁（今台山），许多贫困民众涌入美国淘金。随之而来的是对海外华侨的保护问题。这就有了海外使团的设立。中国近代史上，国人对领事的认识要早于驻外使团。广州作为五口通商的港口之一，也是中国最早出现领事的地方。鸦片战争后，英国、法国、美国都在广州设领事，保护各自的商业利益和侨民权益。中国向外派遣领事，最早由郭嵩焘在光绪二年（1876）提议设立。驻新加坡领事是中国在外设置的首个领事，负责管理和保护当地的侨民。到光绪二十七年（1901），外务部成立之前，清政府共设立领事馆近20处②，旧金山就是中国在海外最早设立领事馆的地方之一。

旧金山是美国西海岸华工聚集的地方。光绪四年（1878），根据时任驻美公使陈兰彬的调查，当时全美共有14万余华人，旧金山一地就达6万多人。陈奏请朝廷在旧金山设立总领事馆。由于华工多是闽粤人士，考虑到语言、习俗等沟通方便，早期领事馆官员的选派，也多从驻外使团中粤闽两地人士中选择。以旧金山为例，1880年到1901年20年间，10任总领事，7个人是广东籍，还有1人何祐，虽然籍贯不详，但也因为是广东人伍廷芳的妻弟才担任此职位③。

出任总领事，除了与公使关系密切外，朝中要员的推荐也很关键。比

① 《申报》1908年2月12日。美国旧金山美洲中华中学校网站上李树邦编撰的《侨教开山祖梁庆桂来北美创办侨校始末》称："庆桂奉派赴美兴学后，于光绪三十四年二月初五日（一九零八年三月七日）自香港乘'蒙古'号轮船起程，随员有何葆珩（译员）、何炎森，京都师范馆优等毕业生朱兆莘、程祖彝、曹冕等一行六人，同行者还有当时新任驻旧金山总领事许炳榛，于四月二日到达旧金山。"当以《申报》当时的报道为准。

② 李文杰：《中国近代外交官群体的形成（1861—1911）》，生活·读书·新知三联书店，2017年，第319—320页。

③ 李文杰：《中国近代外交官群体的形成（1861—1911）》，生活·读书·新知三联书店，2017年，第329页。

如1882—1885年任旧金山总领事的黄遵宪，就是李鸿章向时任驻美公使郑藻如推荐的。一份资料显示，许炳榛荣获此职位，是由时任朝廷商务大臣吕海寰、两广总督张人骏等人在光绪三十二年（1906）推荐的[①]。在此前后，时任驻美公使梁诚（1902—1907）、伍廷芳（1907—1909）[②]、张荫棠（1909—1911），分别是广州府番禺、新会、南海县人，许炳榛和他们中的两人在任职时间上有交集。伍廷芳1922年逝世后，许炳榛送挽联"随使旧金山者番南海言归烽火经过端午夜；自由新大陆此去西方极乐灵魂应渡太平洋"，署名"世愚侄许炳榛率子钟淇叩挽"，可见作为同乡、下属，许与伍廷芳关系密切[③]。

在任期间，许炳榛有两件事被后人所乐道：一，兴办华文教育；二，与孙中山的过节。

据《申报》光绪三十四年八月十五日（1908年9月10日）报道，学部奏派视学委员梁庆桂到旧金山，商议华侨子弟的教育。梁庆桂（1856—？），广州海珠区黄埔村人，清光绪年间举人，曾担任内阁中书。光绪三十二年（1906），清政府废科举，兴学校。但旅居海外的华侨仍然抱残守缺，以书院私塾等为主，课程仍然是传统的四书五经。梁上书学部，建议在海外华侨居住地兴办新型学校。朝廷采纳了他的建议，派他赴美办理侨民学务。光绪三十四年（1908）三月梁抵达旧金山，在驻美公使伍廷芳、驻旧金山总领事许炳榛的支持下，说服当地侨领，得到他们的支持。5个月后，在旧金山中华会馆腾出地方作为教室，办侨民学堂，中西文化兼顾，开设诸如国文、国语、体育等课程。这所学校就是今天仍然在旧金山的美洲中华中学。许炳榛当时以总领事的身份兼任学校校长[④]。许炳榛留意商务活动，曾专门赴西雅图考察，1909年参观了太平洋博览会，并向清政府提交了《戊申考查西美商务情形报告》。

许炳榛作为清政府外交官员，负有职责监督海外风起云涌的革命思潮

---

① 1914年日本驻广东总领事赤冢正助呈日本外务省有关许炳榛的报告。收录于孙中山大元帅府纪念馆编：《广州许氏六昆仲与近代中国民主革命》，广州出版社，2015年，第26页。

② 伍廷芳于光绪三十四年（1908）八月被任命为驻美公使。详见《清史稿·本纪二十四·德宗本纪二》。

③ 佚名辑：《伍秩庸博士哀思录》，1923年，第128页。

④ 广州市地方志编纂委员会编：《广州市志》第19卷，广州出版社，2000年，第3页。

和以孙中山为首的"乱党"。庚戌年正月初一（1910年2月10日）孙中山抵达美国旧金山。据廖平子记载，孙抵旧金山时，许炳榛派人私自打开他的行李箱，想盗窃秘密文书，以报清廷。事情暴露，许炳榛亲自去道歉。孙斥之而退①。

维护华侨利益，保护华侨权益是总领事的职责之一。在加州柏克莱大学班罗夫特图书馆，有许炳榛致电旧金山警察局长约翰（John）的英文信函一封，写于1910年1月29日。内容为六个中国公司和商人建议许炳榛通知约翰，中国人将在春节（2月10日）前四天开始在唐人街街道上摆放中国货物出售，为期10天。"在他们看来，您是如此宽容友好，可以允许他们从事此项生意。同样的，他们请求您也会允许他们在除夕夜以及之后的七天内放鞭炮。"②春节前在唐人街摆放物品以利于销售，这是中国城镇的传统；节日燃放鞭炮，也是华人过年的习俗。许炳榛作为旧金山总领事，在任期间，应该做了许多类似的沟通工作。

一张许炳榛离开旧金山前拍摄的照片显示，宣统元年冬（1910年1月、2月），他已结束旧金山任职准备启程返国。照片拍摄于旧金山总领事馆，许炳榛着长袍马褂，坐在中式椅子上，两旁站立的应该是他的妻子和一对儿女。照片旁边两行字说明，这是送给那扶总税司，赞扬他对华侨感情尤厚。据《申报》宣统二年三月初三（1910年4月12日）报道，他此时已回上海，以旧金山总领事的身份，拜会上海道道员。《新闻报》1910年5月18日题为《许炳榛国外之荣耀》称，许是年正月底卸任旧金山总领事，这篇新闻叙述了他临走前的"盛况"，旧金山警察骑兵护送他到太平洋邮船公司邮轮"蒙古号"，临行前，除了华人社团负责人外，还有美国嘉宾为之饯行并赠送礼物。这篇报道没有署名，应该是他回上海后撰文投递到报社，以示他在国外受到的欢迎。

---

① 廖平子：《辛亥前美洲之革命运动（节录）》，中国社会科学院近代史研究所《近代史资料》编译室：《华侨与辛亥革命》，知识产权出版社，2013年，第257页。转引自陈锡祺主编：《孙中山年谱长编》（上卷），中华书局，1991年，第488页。

② 丁新豹、黄燕芳、许建勋：《高风世承——广州许氏家族》，香港大学美术博物馆，2011年，第75页。

许炳榛从旧金山任内归国时照片①

　　许炳榛回国后，很快出任粤汉铁路董事②。此外，还出任广州总商会协理③。报道表明，宣统三年（1911）春夏之交，他返回家乡广州，出任广东渔业公司总理④。很快，他完成了渔业公司的章程的制订，并完成了报批手续⑤。清末，南、北洋大臣奏请朝廷在沿海奉天、直隶、山东、江苏、浙江、福建、广东七省成立省级渔业公司，渔业总公司设在上海，广东则设在广州。其中，民族资本家张謇在江苏率先成立渔业公司，购买渔轮，进行远洋捕捞作业，成为各省效仿的对象。许炳榛在制订广东渔业公司章程时，参照了江浙同行，但结合广东实际略有变通。广东渔业公司在广东主要口岸如汕头、海口、汕尾、新安等地设有分公司。从许炳榛主持起草的

①　丁新豹、黄燕芳、许建勋：《高风世承——广州许氏家族》，香港大学美术博物馆，2011年，第74页。

②　《申报》1910年5月22日。

③　1914年日本驻广东总领事赤冢正助呈日本外务省有关许炳榛的报告，见孙中山大元帅府纪念馆编：《广州许氏六昆仲与近代中国民主革命》，广州出版社，2015年，第26页。

④　《劝业道宣布振兴渔业之必要》，《申报》1911年3月30日。

⑤　《督院张准邮传部咨覆核明广东渔业公司章程准予立案缘由行东劝业道转饬遵办文》，《两广官报》宣统三年（1911）六月第6期。

章程看，设定了：省公司与分公司职责；董事选举办法；沿海渔户挂龙旗；根据船的大小，缴纳牌照费；划分远洋航轮与内海捕捞的区域；设立冰厂、腌厂、水产学校；成立水族院；研究渔业，改良渔具等①。许炳榛可谓雄心勃勃。从管理渔业，特别是为分散的渔户提供现代服务角度来说，当然是一种进步；办理船舶登记，领取执照，也未尝不可视为政府广开税源的一种手段。也因此，邮传部船政司很快就批复了许炳榛的改革方案，两广总督张鸣岐也批复同意。

但这段职业生涯，许炳榛遇到了不小的阻力。广东是海洋大省，于许炳榛就任前就成立了渔业公司，先后有两人负责，但成效一直不大②。许炳榛颁布公司公告，要求渔户注册登记，大船小船都要收费领取牌照，引发此前成立的广州渔业公会极大不满。在后者看来，公司与公会"权限混淆，名实不讲，凭凌摧廓，直将两败而俱伤"③。公会方面在和公司协商不成的情况下，一纸申诉上递时任两广总督张鸣岐，认为广东渔业公司应该学习江浙"办事阶梯，则以购置鱼轮，考察海线，改良网罟，研究捕法，捍御寇盗，救护遭险等诸端……各就其地以联之，分类编船，分船编人，分人编姓，易查易察，务使沿海渔户乐于有会而受公家之保护……公司所定办事之法，则以编查船号，组织团体，研究渔业，排难解纷，革除陋规，以苏其困，设立学堂，以拓智识等诸端夷。考其受成于公司者，仅请领旗照一事，以为出进海售渔产之执据而已"④。

广州渔业公会是宣统元年（1909）经两广总督批准成立的，为调查渔户，垫资不少，登记造册没有收费。张鸣岐收到禀告后，也只能含糊其辞："惟广东渔业公司创办数年，于渔业毫未加意讲求，亦无切实办法；近虽另举总协理从事整顿，然成效仍难骤期……捕渔为业，无虑数十万人，大

---

① 《督院张准邮传部咨覆核明广东渔业公司章程准予立案缘由行东劝业道转饬遵办文》，《两广官报》宣统三年（1911）六月第6期。

② 《督院张批广州渔业公会总理邬龄等禀控渔业公司凌蔑公会情形缘由文》，《两广官报》宣统三年（1911）七月第14期。

③ 两广官报编辑所辑：《两广官报》，《近代中国史料丛刊三编》第50辑第7册，文海出版社，1989年，第2515页。

④ 两广官报编辑所辑：《两广官报》，《近代中国史料丛刊三编》第50辑第7册，文海出版社，1989年，第2516—2517页。

都分散各属，稽察难周。欲期联络振兴，端资群策群力，实非公司一手一足之烈所能为功。该公会系由道核准详办，既据禀明，并未征收会费，而招徕渔户挂号踊跃，自足为公司将伯之助。所有会内一切事宜，仍应照详定章程办理；惟须与公司随时接洽，俟将来公司办有大效，再由道体察情形，妥筹归并之法。"①这段文字，大意是说，渔业公会还是要归渔业公司管辖，承认渔户分散，同意此前批准的公会职责继续有效，等将来公司办有成效后，再妥善处理合并。广东渔业公司，其上级主管部门是清末新政后新成立的邮传部，职责类似于今天海洋与渔业管理厅；广州渔业公会，则是同业公会组织，有些类似于今天的行业协会。从中可以看出，社会大转型之中，政府职能部门的职责不清晰——到底是管理部门，还是经营部门——仍然在摸索中，这就难免和传统的行业公会产生纠葛与分歧。当然，也不排除利益上的争夺。许炳榛前面两任，分别集股六十万、二十万接承公司。许炳榛出任总理，是否也是带资？限于资料，还不太清楚。1911年10月4日，广九铁路华段落成兼广九两地通车典礼举行。许炳榛陪同时任邮传部左侍郎兼邮政总局局长、李鸿章之子李经方参加典礼②。几天后，在武昌起义的隆隆炮声中，清政府寿终正寝，广东也宣布独立，一个新的时代开始了。

二 许炳榛民国年间经历考

1912年元月一日，中华民国在南京宣告成立。两年前，还是许炳榛在旧金山监视防范对象的孙中山担任临时政府大总统。此时许炳榛正在上海。很快，许炳榛与伍廷芳等驻沪粤商名流联名向孙中山呼吁，解救被新成立的上海军政府勒索的粤商胡承浩③。

从历史记载看，许炳榛虽然没有在南京新政权中得到具体官职，但他

① 《督院张批广州渔业公会总理邬龄等禀控渔业公司凌蔑公会情形缘由文》，《两广官报》宣统三年（1911）七月第14期。
② 丁新豹、黄燕芳、许建勋：《高风世承——广州许氏家族》，香港大学美术博物馆，2011年，第74页。
③ 桑兵主编：《各方致孙中山函电汇编》（第2卷　1912.3—1916.10），社会科学文献出版社，2012年。

很快干起了老本行，出任芜湖米捐局局长。这次任命，仍然与他广东人身份背景有关。芜湖是安徽境内长江边的码头城市，但关卡属于江苏管辖。民国建立后，江苏都督程德全本来已派陈雨岩到芜恢复米捐。但陈几个月都无法说服米商恢复交税，"现程都督以芜湖米商广、潮两帮占多数，爰更委粤人许炳榛来芜，为米捐局正长。一再与该两帮米董汤善福往返磋商，始克就范。已商定每石七分，杂粮出口为数无多，仍照旧抽收。业于旧历中秋日实行缴纳矣"①。从《申报》1912年10月18日报道看，他这次能获得任命，是徐绍桢、温宗尧二人保举，9月21日到任，几天后就做成了前任几个月没做成的事，可见成效很明显。在任期间，他因为侵吞公款而被人诟病②。

这一时期，他还加入共和建设讨论会③。共和建设讨论会由清末旧"宪友会"派人员组成，核心人员如汤化龙、林长民等，都是旧咨议局成员。"宪友会"的主张是"发展民权，完成宪政"，政治纲领即：1.尊重君主立宪政体；2.督促联责内阁；3.整厘行省政务；4.开发社会经济；5.讲求国民外交；6.提倡尚武教育。共和建设讨论会1912年4月中旬在上海设立总部，许炳榛出任交际干事。

由此，也能判明许炳榛的基本政治倾向。作为前清的官吏，他对清政府的覆亡难免有同情之心，但他又不可能如在清朝担任过总督、巡抚层级的高级官吏，安心做遗老。从他担任旧金山总领事时对待孙中山的态度看，他同时也可能对革命党抱有同情之心，但对孙中山发起的反对袁世凯的"二次革命"，就不一定那么认可。他更看重的是发展实务，发展社会经济，这就需要稳定的政治环境。因此，他对袁世凯政权是认同的。由以下几点可以看出他的这一政治倾向。

1914年4月，许炳榛母亲刘太夫人在广州去世④。一年后，1915年8月，经广东巡按使（1914年5月23日改名，一省最高行政长官）李国筠保举，许炳榛出任广东公署交涉科交涉员。李国筠在呈文中这样介绍设置的必

---

① 《申报》1912年9月30日。

② 《时报》1913年7月8日。报道称："许炳榛侵吞之款现已追缴，浮开之款酌裁，许仍充原差。"

③ 见共和建设讨论会编：《中国立国大方针商榷书》，1912年。

④ 《许炳榛哀告》，《申报》1914年4月27日。

要性："广东为通商最早之地，港澳逼处，因应颇繁。省垣别无交涉机关。各领事遇事均与省公署直接。近一年中发生要案如收管德舰，保护日商，应付均极困难。"①北洋政府时期，各省办理交涉事务设有特批交涉员，但这应该是比较后期了②。广东因为地理位置特殊，对外交往频繁，地方行政长官应接不暇，这才率先比较早地设置交涉科交涉员职位。在同一呈文中，李国筠在列举了许炳榛履历后这样评价："该员随时秉承办理，不随不激，协合机宜，方兹时事多艰，交涉不易。该员经验颇深，才堪肆应，倘加录用，必能称职。"③

从这里可以看出，在广州守制居丧不久，许炳榛就出面帮助李处理对外方面的纠纷④，能够"秉承办理，不随不激，协合机宜"，"经验颇深，才堪肆应"，李才向中央政府推荐录用。从当时的省行政机关设置来看，巡按使公署下设政务厅，下设总务、内务、教育、实业四科，交涉科是广东省新增的，这也是后来有些资料介绍说许炳榛担任过广东省交涉科科长的来源。但要指出的是，当时政务厅各科，对应的就是今天的省级政府的各个司（厅）。也就是说，许炳榛这个职位并不低，相当于今天的省外事办（港澳办）主任，不能把它与今天的科长混同起来。许能得此高位，一方面得益于其外交资历；另一方面，也有可能与他在上海加入共和建设会有关。李在晚清担任过山东咨议局副议长，共和建设会发起人如汤化龙则是湖北省咨议局议长。

此时，正是袁世凯权力的顶峰期。他正酝酿改变国体，实现他称帝的梦想。为表明这是"民意"所向，袁施展手腕，玩弄权术，以国民会议代表公投的方式改变国体。民国成立后，孙中山等人实施的是美国的两院制：众议院和参议院。1913年4月8日，第一届国会正式成立，1914年袁世凯解散国会，召开政治会议、约法会议，1915年3月12日公布约法会议通过的《国民会议组织法》，9月25日决定提前于年内召集国民会议，以"解决

---

① 《政府公报·呈》1915年8月14日第1174号。

② 钱实甫：《北洋政府时期的政治制度》，中华书局，1984年，第173页。

③ 《政府公报·呈》1915年8月14日第1174号。

④ 1914年日本驻广东总领事赤冢正助呈日本外务省有关许炳榛的报告。收录于孙中山大元帅府纪念馆编：《广州许氏六昆仲与近代中国民主革命》，广州出版社，2015年，第26页。这篇报告日期是大正三年八月二十一日，也就是1914年8月21日。

国体问题"，即进行帝制逆谋，为他的登基披上法律和民意外衣。其后为求速成，改用国民代表投票办法。10月8日，参政院公布《国民代表大会组织法》，在全国选举国民代表大会代表。

这是袁世凯操纵民意的手法。很有嘲讽意味的是《国民代表大会组织法》颁布当日，时任广东巡按使的张鸣岐发给北京办理国民会议事务局的电报，已上报广东拟定的代表名单，49名所谓的"代表"中，高等官吏类最多，许炳榛赫然在列。张在电报中称，以上人员"宗旨均属纯正，而学识、经验及财产信用亦复合格"①。10月25日，开始选举，28日以后，陆续进行"国体投票"。许炳榛和全国各地1993名代表一起投票，"一致赞成"中华民国国体由共和改为君主立宪。

此后，许炳榛从"国民代表"再上一层，1915年12月底，当选为国民会议议员②。《申报》在1916年1月4日报道了这次选举，并公布了10名当选人的得票，许炳榛以47票当选第二名。当时，全国国民会议议员一共335名。广东这10个议员，按照当时《申报》的报道（1916年1月13日），如果进京，享受此前临时参议院议员的待遇，省政府拨付川资600元。

这两年应该说是许炳榛在广东比较活跃的时期。当选为国民会议议员没几天，许炳榛就和其他议员一起致电中央各部委，呼吁广东停征牌捐。电文直接指向此间黑幕，此捐总承包费太低，有可能导致税源的流失，请求勒令停办，"为粤省留一分元气，即为中央收一线人心"③。

此后，随着袁世凯称帝失败，国民会议不了了之，所谓的国民会议议员也就名存实亡了。1916年4月，许炳榛出任琼海关监督兼管北海关监督④。不久，他的活动舞台又转向上海。《申报》1917年3月18日刊登3月16日大总统令，前政事堂存记许炳榛改为外交部酌量任用。9个月后，《申

---

① 《张鸣岐请审查粤省所报复选被选举人请核名单电》，1915年10月8日。原北洋政府办理国会事务局档案，见《中华民国史档案资料汇编》（政治）。

② 《广东公报》1043号，1915年12月30日。

③ 《广东国民会议议员冯英拔等为请停征牌捐电文》，1916年1月。原北洋政府财政部档案，见《中华民国史档案资料汇编》（财政）。

④ 孙修福编译：《中国近代海关高级职员年表》，2004年，中国海关出版社，第779、812页。许炳榛担任此职一直到1918年3月。同时获得此任命的还有其他人，应该不是实职，而是类似今天行风监督员之类。

报》1917年12月29日刊登12月26日大总统令，许又被改为由江苏省省长任用。所谓的"任用"，和晚清"候补"性质类似。许这段时期主要是受江苏省省长委派，到松江考察县长政绩。另外就是到太仓，担任江苏省第五区省议员复选监督。

　　1919年，为伍廷芳能出任广东省省长一职，他奔走沪粤两地，尤为外界关注。此时广东虽然有孙中山领导的军政府，但实权掌握在桂系军阀陆荣廷、莫荣新手中。1918年9月20日，广州军政府任命莫荣新担任广东督军，22日，以久病为由，莫免去李耀汉省长职，遗缺由肇阳罗镇守使翟汪代理①。1919年6月12日，广州军政府下令免去李肇军总司令职，莫荣新下令通缉李，改编肇阳罗军，翟汪向军政府申辩，并令肇军退回肇庆。由此引发桂军与肇军的冲突，最后以桂军统一广东结束。期间肇军虽然被缴械，官兵不服，发生兵变。翟汪不安于位，6月22日称病就医，辞职赴港。陈炯明等公推伍廷芳继任省长，桂系军阀不准，酿成广州全市罢工罢市，军警强行禁止，伤市民10余人。6月25日，省长一职遂改由茂名人、粤海道尹张锦芳护理②。此后，广东各界人民先后开过7次国民大会，向军政府8次请愿，一方面响应北京五四学生运动，抵制日货等，一方面仍然呼吁由伍担任广东省省长。军政府置之不理，7月11日广州全市罢工、罢课、罢市③。此前，广州军政府免去李省长一职，孙中山派吴铁城、孔昭晟为代表，唐绍仪指派唐宝鹗、许炳榛为代表，一起从上海抵广州游说，希望能由伍出任省长，无果④；广州罢市罢工风波起后，许炳榛等四代表再次从上海赴广州调停⑤。他们冒着酷暑拜访军政府总裁岑春煊、广东督军莫荣新，出席各种会议，但仍然是空手而归⑥。1919年9月8日上海《民国日报》刊登许炳榛致孙中山、唐绍仪等的署名电文，叙述在广州期间的奔波。身心疲惫的许炳榛，以秋凉登山（白云山）为先人修墓扫墓为由，请求孙、唐

① 广东省立中山图书馆编纂：《民国广东大事记》，羊城晚报出版社，2002年，第90页。
② 广东省立中山图书馆编纂：《民国广东大事记》，羊城晚报出版社，2002年，第103页。
③ 广东省立中山图书馆编纂：《民国广东大事记》，羊城晚报出版社，2002年，第104页。
④ 孔昭晟：《护法时期我参与非常国会活动的回忆》，载广东省政协文化和文史资料委员会编：《从辛亥革命到国民革命——孙中山文史资料精编》（上），广东人民出版社，第258、259页。
⑤ 《旅沪粤人饯送回粤代表》，《申报》1919年7月23日。
⑥ 《粤代表回沪》，《申报》1919年8月30日。

给假，实际上是请求辞去代表一职。

这之后，许炳榛以公职公务见诸报端的新闻不多。有限的报道，一是1924年3月6日《时报》，在"杭州短简"栏目下一句话新闻："曾毓隽、许炳榛来杭，谒见卢督办（指时任浙江省督办卢永祥）。"二是1926年3月21日《申报》报道，许炳榛被五省联军总司令孙传芳委派，担任费城博览会江南出品筹备处文牍干事主任。随着北伐军年末紧逼上海、南京，这次筹备也草草收场。

在职业生涯之外，许炳榛还多次参加过社会公益活动。《大公报》1906年5月2日刊文，该年，旧金山地震，华侨受损严重，寓沪粤商集资5000大洋购买美金救灾。吕海寰领衔签署，盛宣怀、李经方等名流参与，许炳榛亦列入发起人之列。

作为在沪粤籍知名绅士，他还参与调停在沪粤商的纠纷。1906年5月，邓氏控告曾芳四强抢闺女，大集同乡绅商和各行代表公议，准备上诉当局。许炳榛"主持公论，力主严办，以维风化，以伸公愤"①。1907年，许炳榛捐洋1000元，用于江苏清江赈灾②。许炳榛还是中国最早的红十字会会员之一③。1919年初，许炳榛与其他在沪粤籍知名士绅，联名致电广东当局，请求设法保护当时因为开路准备拆除的明伦堂④。许炳榛还加入在沪粤侨商业联合会，参加各种在沪粤商的联谊等活动。1924年，广东发生水灾，许炳榛闻讯，在上海积极捐资救灾⑤。

1924年后，许炳榛多次刊登出租上海公馆的广告⑥，渐渐淡出社会视野。除偶尔回上海参加一些社会活动外，许炳榛更多的是寓居杭州，流连山水之间，与人唱和诗词。他的归隐，既有身体的原因⑦，也有可能与他的家世有关。此时，他的堂侄许崇智已是粤军重要将领。即或是在粤军驻扎闽南时，每有南北议和风声，许炳榛也被北洋军阀视为拉拢许崇智的重要

---

① 《申报》1906年5月16日。

② 《申报》1907年2月25日。

③ 《申报》1913年7月28日。

④ 《申报》1919年1月26日。

⑤ 《申报》1924年10月23日。

⑥ 《申报》1924年7月17日，1925年10月25日、27日。

⑦ 《申报》1925年10月25日、27日许以公告方式，宣布自己伤寒病已痊愈，感谢社会各方的看望。

人选，他也往往被外界目为许崇智在上海接触北方各系军阀的代表。许炳榛为此屡屡通过报界辟谣①。1924年后，许崇智任国民党中央军事部长、建国粤军总司令，更是孙中山在军事上的重要依傍。在当时南北对峙的背景下，许炳榛移居杭州，未尝没有回避世事的意味。

1924年初春，许炳榛在杭州的一组诗歌《西园唱和诗歌》，颇能反映他此时的心态。这是他和任职杭县的陶在东之间的唱和。诗序交代了背景："久慕鸿才，风雨湖中，欲行不得。昨始一见，欢若平生，感赋小诗，录尘在公诗宗吟教。"诗曰："湖海名流日往还（伯严、颂年诸公，皆湖居，均诗酒老友耳，今又公也。——许炳榛自注，下同），西园十亩且闲间。越台人物千般劫（越王台在吾粤省粤秀山，今又为军人所踞矣），汉代官仪一例删。虎踞强邻聊复尔，莺鸣好友总相关（彼此神交，一见如故）。莫嗟小试牛刀手，试及牛刀已冠班（公现任杭县，政声卓著，治大邑者烹小鲜，信然）。"②陶以《和许西园次韵》奉达："词客哀时且未还，西园迢递片云间。平生宦迹泥踪记，老去诗怀绮语删。百粤烟尘秦代郡，独松风雨宋时关。湖山有约人无恙，梅鹤逋仙若是班。"③

二月，许炳榛读后再奉达一首："顷诵佳咏，情见乎词，与李杜为一大手笔，感佩无已。再依韵答谢，尚希在公词坛郢正。曾经沧海倦知还，踪迹如鸥只自闲。境过昨非真梦梦，公来何暮笑删删。湖居胜地聊遗俗，春色盈门不用关。庾信江南更萧瑟，却教荻笋与同班（岸入春风荻笋班，曾巩寄王介甫诗）。"陶再用前韵和诗一首："击筑稀闻壮士还，抱琴长羡至人间。物齐虫臂言皆寓，世苦牛毛法可删。家令功名忧汉室，兰成词赋动江关。旧游堪忆新知乐，荆地湖堧道故班。"④

这组唱和诗，从许炳榛的两首七律来看，颇能反映出他古典文学的修养。从内涵上说，有沉醉山水、结识新交之乐，也有悲故园荒废（越台人物千般劫），哀传统沦丧、国家陷入分裂（汉代官仪一例删），忧列国虎视

---

① 参见《许崇智代表抵沪》，《申报》1922年10月19日；《许炳榛来函》，《申报》1922年10月21日。

② 《西园唱和诗歌》，《半月》1924年第3卷第18期。

③ 《西园唱和诗歌》，《半月》1924年第3卷第18期。

④ 《西园唱和诗歌》，《半月》1924年第3卷第18期。

眈眈（虎踞强邻聊复尔）；有对往事的追怀（曾经沧海、踪迹如鸥、境过昨非等句），也有身倦知还、与荻筍同班，春色盈门的喜悦。整体上看，许炳榛身在山野，仍心系家国，而非真能做到遗世独立、忘怀世事。但此时，媒体却基本上把他遗忘了。直到几年后，他以另一种形式出现在媒体上：1929 年 11 月 25 日，许炳榛病逝于香港旅次，安葬于广州。一年后，其沪上子孙于《申报》刊发讣告，在四川北路元济善堂为他诵经做法事追悼[①]。

一个大家族的子弟，在风云变幻的时代浪潮中，跌跌撞撞、起起伏伏的人生经历、平生事业大概如上。无疑，许炳榛是当时走向世界、具有世界眼光的中国人之一。他对外界的看法及晚清新政中的改革主张，笔者将结合他的书籍和其他奏章，另外撰写专文。如果从官职和影响来看，他很难进入历史研究者的视野。但是如果以这个历史"小人物"为核心，一样能透视解剖封建王朝在西方势力冲击下的各种摸索挣扎、艰辛探索和最后的分崩离析、土崩瓦解，民国政府建立后的波诡云谲、风云激荡，以及夹杂其间的各种势力的较量角力、合纵连横。时代万花筒的多棱镜投射在许炳榛身上，就是不同社会角色的不断转换。从早年考中秀才到通过捐纳取得官员的候补资格；从厘金局总办独当一面，到两次考察日本；从主持南洋（上海）彩票开奖，到漂洋过海在太平洋彼岸担任外交官；从出任广东渔业总公司总理，到肩负广东省政府广东交涉公署专员重任；步入人生暮年，为服务桑梓，风尘仆仆，往返沪粤……许炳榛为国家、民族、故乡也是做过一定贡献的，属于那种人情练达、洞明世事、精明强干的士绅，有一定的组织协调沟通能力[②]。

从许炳榛的身上，我们也能看到西潮如何对传统中国产生影响，并日渐融合、演变成为中国的日常。对于许炳榛如何监督彩票开奖，他又是如何调解在沪商界罢市，担任上海滩清丈局总办成效如何，旧金山任职还有

---

① 《许苓西府君讣告》，《申报》1930 年 12 月 11 日。

② 许炳榛在担任广东渔业公司总理时，与广州渔业公会总理邬龄产生了激烈的利益冲突，邬嘲讽许前任区赞森"接承开办数年而无只字之章程"。而许接手后很快拿出章程，尽管章程被邬批为"模仿江浙绪余……不完不备"。但即或如此，邬也承认许"明达事理"。详见《督院张批广州渔业公会总理邬龄等禀控渔业公司凌蔑公会情形缘由文》，《两广官报》宣统三年（1911）七月第 14 期。

哪些政绩，民国建立后他如何利用自己家族的影响力，在军阀混战中发挥了什么独特影响，晚年淡出政界后在上海粤商中发挥什么作用，局限于史料，本文只得浅尝辄止。上海开埠后，对于上海之兴起，粤商及粤商社团发挥了重要的作用。许炳榛虽然不是粤商，但属于和粤商有密切关系的在沪士绅。研究许炳榛，未尝不是研究上海粤商的一个窗口。

传统中国是"小政府，大社会"，地方豪门大家族一直在社会管理、社会治理中扮演非常重要的角色。许氏家族从许炳榛的曾祖到祖父、父亲，都在广州近代城市发展的重要节点上，如缉捕海盗、两次鸦片战争、抗法、铁路修建等方面，配合官府，密切互动，其间的关系正是许炳榛研究之价值所在。

附记：本文在搜集资料中，李强先生、宾睦新博士用力尤多，特此致谢。

作者通信地址：广东省广州市天河区珠江东路4号广州图书馆南8楼广州大典研究中心，邮编：510623。

责任编辑：陈子

清末美国华侨谭良史事述论[*]

秦素菡^{**}

广东技术师范大学，广东广州，510665

摘　要：清末美籍华侨谭良是康有为的弟子，也是康氏海外保皇事业热烈的追随者。作为洛杉矶保皇分会的会长，谭良保存了近200封与保皇会有关的信件、诗歌、官方文件和商业记录，后被编为《康梁与保皇会》一书。谭良在保皇会组织的抵制美货运动，资助少年留学、策划暗杀活动，经营芝加哥琼彩楼等活动中都曾做出过重要贡献。

关键词：谭良；清末华侨；保皇会

1898年9月，戊戌变法失败后，康有为、梁启超等在友人的帮助下逃亡海外，1899年春辗转来到加拿大，并在此成立"保救大清光绪皇帝会"，简称保皇会。保皇会是迄今为止世界上存在过的规模最大、最有影响力的华侨组织，在全世界建立过150多个分会，70000多名会员，影响广泛。1899年底，保皇会分会在美国各地相继成立，而且很快成为海外保皇活动的中心，几年内保皇派势力迅速膨胀，保皇党组织逐渐形成了一个覆盖北美乃至更广泛地区的庞大网络。当时，仅南北美洲就建立了11个总会，86个分会①。1909年以后，由于内部的组织问题以及孙中山和革命党在海外的蓬勃发展，保皇会迅速衰落。

---

* 本文系2017年度《广州大典》与广州历史文化专题研究项目"民国时期广州华侨文献搜集、整理与研究"（批准号：2017GZY09）阶段性成果。

** 秦素菡（1975—　），女，河南滑县人。广东技术师范大学副教授，博士。

① 梁启超：《新大陆游记》，湖南人民出版社，1981年，第142页。

保皇会的主要依靠对象和活动基础是侨居国外的华侨，其生活起居及政治活动诸事仰给于华侨。保皇活动遍及华侨聚居的各个城市，得到许多侨民的支持，如洛杉矶的谭良。作为康有为的学生、洛杉矶保皇分会会长，谭良在1899年至1909年期间，保存了近200封与保皇会有关的信件、诗歌、官方文件和商业记录，其外孙女谭精意花费多年收集相关资料并致力于该研究。这些资料现保存在加州大学洛杉矶分校东亚图书馆，并于1997年出版成书，名为《康梁与保皇会——谭良在美国所藏资料汇编》（天津古籍出版社，1997年）。本文作者有幸见到谭精意女士，并得到其亲自赠予的有关保皇会和谭良的珍贵资料若干。

一 生平简介

谭良（1875—1931），字张孝，英文名Tom Leung，广东顺德甘竹人。他出生于官宦之家，曾是康有为在广州万木草堂的弟子。1897年与妻子黄冰壶结婚。黄的父亲从事鱼翅出口生意，家境富裕，常年居于香港[①]。

1899年，谭良来到美国，开始在洛杉矶一个堂兄谭定园的富荣药材店里帮助其打理生意，在药店当出纳，其后又学会了开处方和配药。当时，美国的中医人数不多，美国人已开始接受中医的治疗方法，八成病人都是美国人，所以生意还算兴旺。但由于谭无牌行医，遭到检控，为此被逮捕上百次。1901年，谭返回中国。1902年，他以商人的身份再次赴美，继续在合伙的富荣医药公司行医多年。一直到1914年，谭终于建成了一幢有15间房的属于自己的公司，将其命名为谭良医药公司，雇有2—5名员工。谭很快跻身于洛杉矶地区华人中产阶级[②]。

美国洛杉矶保皇会成立后，从1903年起谭良开始参与保皇会活动，并被委任为保皇会洛杉矶分会会长，成为在美国保皇会的骨干。他曾主持保

① ［美］谭精意：《美国保皇会的一位领袖：谭良的生活、政治活动及其信函》，方志钦主编、蔡惠尧助编：《康梁与保皇会——谭良在美国所藏资料汇编》，天津古籍出版社，1997年，第11页。

② ［美］谭精意：《美国保皇会的一位领袖：谭良的生活、政治活动及其信函》，方志钦主编、蔡惠尧助编：《康梁与保皇会——谭良在美国所藏资料汇编》，天津古籍出版社，1997年，第11—12页。

皇会机关报《文兴日报》的相关工作①。1903年，梁启田、梁启超先后游美归国后，徐勤恐美国保皇会员变卦，要求谭"时时提倡之，勿使事败垂成也"②。可见保皇会对之甚为倚重。其妻黄氏回忆说，梁启超1903年游美期间，谭几乎对保皇事业近乎"疯狂"，他们同榻而卧，通宵达旦谈论国内时事。1905年，康有为游洛杉矶两月有余，一切食宿也主要由谭负责。康不喜欢吃美国菜，他就安排康最喜欢吃的蒸鸡和蒸鸭。谭于是年陪康有为遍游美国③。整个1905年，康有为和谭良在一起度过了大部分时光，谭良成为康氏热烈的追随者。在康有为初到美国筹办保皇会时，二人关系亲密，当年来往信函可见一斑。康有为在奏稿中描述当地华侨对保皇会表现出的极大热情："欧美旅民奔走来归，入会者数百万人，开会者凡数十埠地。"④康有为兴奋的心情难以自抑，甚至认为这是上天在帮助他成就大业，"中国危亡，岌岌旦夕。顷创保皇会，而美属华人慷慨兴起，同济大举，乃天赞我也"⑤。

二 参与1905年的抵制美货运动

1882年美国出台了排斥和迫害华工的《排华法案》。1894年，美国又签署了《限制来美华工条约》作为美国《排华法案》的补充。1904年条约期满，美国希望续订此约的消息使国人的反美情绪达到了一个顶点，终于在1905年爆发了声势浩大的抵制美货运动。

1905年3月至7月，康有为及其随行人员住在洛杉矶，谭良负责招待。为给华工争取应有的权益，康有为在6月15日拜访罗斯福总统，当面要求

---

① 参阅谭精意"An American Baohuanghui Leader: Tom Leung's Life, Politics and Papers"一文，1993年"戊戌后康有为、梁启超和维新派"国际学术研讨会论文。

② 徐勤：《致谭张孝书》，方志钦主编、蔡惠尧助编：《康梁与保皇会——谭良在美国所藏资料汇编》，天津古籍出版社，1997年，第132页。

③ [美]谭精意：《美国保皇会的一位领袖：谭良的生活、政治活动及其信函》，方志钦主编、蔡惠尧助编：《康梁与保皇会——谭良在美国所藏资料汇编》，天津古籍出版社，1997年，第12页。

④ 康有为：《公请光绪复辟还舆京师摺》，上海市文物保管委员会编：《康有为与保皇会》，上海人民出版社，1982年，第5页。

⑤ 康有为：《致谭张孝书》，方志钦主编、蔡惠尧助编：《康梁与保皇会——谭良在美国所藏资料汇编》，天津古籍出版社，1997年，第25页。

美国废止限制与排斥华工的法律与条约，力证华人移民为美国社会的繁荣和经济发展做出了不可磨灭的贡献。梁云："今午已见总统（梁诚力阻三日）。总统言禁约事，不忍刻酷，必竭力挽回。上等人、游客、学生、商人必宽待云云。"①当时，罗斯福总统表示考虑此事。七月康有为出发前往美国教会发表演讲。当时，在洛杉矶的康有为向保皇会发了一封公开电，为华人利益力争，与美抗议。云："美续禁约，梁使不签名，美今遣使往北京，改请外部画押，已开行十日。此事关我华人生命，于粤人尤甚。计粤人在此岁入数千万，若能破约，岁增无量数。"②并于当日拟出如"不许购买美国货物"等七条决议，并将此函立即发往美国和中国大陆各大城市，号召国人和各地华侨抵制美货和该条约，造成了广泛而深刻的影响。

对于此次运动，梁启超提到中外报纸对这次抵制运动的报道，以及阐述了抵制运动的政治意义③。梁的有关抵制美货运动的论述，谭良将其记录在他的书信集中，这些资料给学者们提供了有关早期抵制美货运动的珍贵史料。

洛杉矶保皇会领导人谭良等人无疑在这次抵制美货运动中发挥了重要作用，康、梁在他的支持下，召开一连串会议，开展了诸多演讲，实现了和罗斯福总统的两次会面，最终促使抵制美货运动于1905年在上海顺利实现。保皇会在这次抵制美货运动中功不可没。

三 资助少年留学、策划暗杀活动

1900年唐才常起义失败后，康、梁对保皇活动的计划构思进入新的阶段：一是在海外进行大规模商务活动；二是资助少年留学，策划对慈禧太后等人的暗杀活动。那时，谭良对保皇会的机密多所与闻，还与美国各地及海外保皇会组织和人士保持经常的接触和联系，从政治活动到生意来往，无所不及。他还致力于帮助保皇会选派学生到美国、欧洲和日本，学习法律、贸易等有助于保皇事业的活动，资助了许多到洛杉矶学习的学生。谭

---

① 梁启超：《致梁启勋书》，1905年6月16日。
② 康有为：《致各埠列位同志义兄书》，方志钦主编、蔡惠尧助编：《康梁与保皇会——谭良在美国所藏资料汇编》，天津古籍出版社，1997年，第113页。
③ 梁启超：《致梁启勋书》，1905年6月16日。

良不但出资助其完成学业，还提供他们食宿，其目的是培养志士，策划对慈禧太后、荣禄的暗杀活动。谭良是资助少年留学计划的主要执行者。

谭良的外孙女、美国学者谭精意（Jane Leung Larson）曾经记载康有为保皇会的"留学生养成计划"恰好出炉时，有个叫薛锦琴的女生，为筹措学费而被培养。薛锦琴（1883—1960），广东香山县人，父亲是商人或官员，名叫薛三铺，在上海捷成洋行当买办。叔叔是中国合作社运动之父薛仙舟（1878—1927），曾留学美国，为孙中山同乡。与孙结识后1912年被任命为中国银行副监督。1919年，创办上海国民储蓄合作银行。薛锦琴出生于上海，兄弟姐妹九人。1896年进入上海刚刚开办的新式学堂育才书塾（南洋学堂前身）读书，是上海南洋学堂的首批两位女学生之一。1901年，为抗议沙俄强占我领土，18岁女学生薛锦琴在上海张园拒俄集会上登台演说，语惊四座，这是中国女性首次公开演讲，被称为中国第一个女演说家。日本妇女运动先驱福田英子，立即致信薛锦琴，誉之为"中华之贞德"①。

内忧外患中，薛锦琴开始将注意力转向教育，认定救国根本在于教育，而女子教育尤为急迫；欲从事教育事业，需先出国留学。当年暑期，她从上海出发前往美国，在日本停留颇久。"七月初寓东京某逋客家"②，"某逋客"即是指当时亡命日本的梁启超。两人谈了些什么，未见记载，但薛锦琴由此加入保皇会，则是确定的。

1902年10月23日，薛锦琴乘坐越洋轮船"美国丸"抵达旧金山，开始了她长达12年的留学岁月。因叔父薛仙舟正在加州大学柏克莱分校（当时译称"卜技利大学"）上学，薛锦琴与弟弟薛锦标也在柏克莱入读中学③。薛锦琴兄弟姐妹众多，美国生活费、学费昂贵，自费留学，对家庭是个沉重负担，不得不多方设法筹措学费。正当薛锦琴无计可施之时，保皇会的"留学生养成计划"（即资助少年留学计划）恰好出炉，主要执行者为洛杉矶保皇分会会长谭良。

谭精意在《美国保皇会的一位领袖：谭良的生活、政治活动及其信

---

① 《日本女士福田英子致薛锦琴书》，《女学报》1902年第2卷第1期。

② 《中西日报》1901年10月12日。

③ 梁启超：《新大陆游记》，钟叔河主编：《走向世界丛书》第1辑第10册，岳麓书社，2008年，第564页。

函》一文中披露了十分惊人的信息。她说："谭家招待过一位名不见经传的年轻女学生，名叫薛锦琴。在日本时，她住在梁启超家，表示想参与暗杀慈禧太后的计划。"①谭精意引用谭良女儿路易斯·良·拉逊所写《甘竹记》一书："因为老佛爷欢迎归国留学生。这样，薛就有机会留在宫廷中，伺机杀掉老佛爷。仅有几个康最亲密的朋友知道她参与这一计划……妈妈（指谭良夫人黄冰壶）说薛锦琴很有胆量。她敢于骑马和驾驶马车，经常带我们去遥远的地方，如长滩和帕萨迪纳。我模糊记得她是一个身材矮小、肤色黝黑的女人，很纤瘦。她和妈妈不同，经常穿美式衣服。妈妈说，刚住进我们家时，她总是声称：'一定要杀掉老佛爷。'她愿意去执行这计划。后来，她慢慢变了，担心杀了老佛爷会连累家人。"②薛多次在美国宣布杀害慈禧太后的意图。作为回报，保皇会资助了她的学业。但是，"妈妈相信，她从未想过刺杀老佛爷。之所以答应了这样做，仅仅为了能到美国读书，这才是她的初衷"③。谭良女儿回忆的康有为培养女刺客计划，与谭良档案的记载完全吻合。谭精意在其文章中曾说："1905和1906年谭良详细记录，一位叫做五十的留学生，大约每月得20—25美元。这些钱只是谭良给五十的学费，因为五十的吃住都由谭良全包。"④"五十"是康梁等核心成员之间，为了保密而给薛锦琴取的代号。

薛锦琴答应混入宫廷暗杀慈禧太后的计划，看起来只是一种筹措学费的策略。她不断以"家有老亲、学问未成"托词拖延。久之，谭良发觉培养计划失败，向康有为报告，建议停止供养。康有为回信，仍请谭良继续负担薛锦琴费用，将薛比作瓶中梅花，有将错就错之意："（薛锦琴）性行

---

① ［美］谭精意：《美国保皇会的一位领袖：谭良的生活、政治活动及其信函》，方志钦主编、蔡惠尧助编：《康梁与保皇会——谭良在美国所藏资料汇编》，天津古籍出版社，1997年，第13页。

② ［美］谭精意：《美国保皇会的一位领袖：谭良的生活、政治活动及其信函》，方志钦主编、蔡惠尧助编：《康梁与保皇会——谭良在美国所藏资料汇编》，天津古籍出版社，1997年，第13页。

③ ［美］谭精意：《美国保皇会的一位领袖：谭良的生活、政治活动及其信函》，方志钦主编、蔡惠尧助编：《康梁与保皇会——谭良在美国所藏资料汇编》，天津古籍出版社，1997年，第13页。

④ ［美］谭精意：《关于保皇会派学生出国留学的运动——以谭良档案为中心》，王晓秋主编：《戊戌维新与近代中国的改革》，社会科学文献出版社，2000年，第476页。

孤高，如冷月梅花，留此清芬以对冰雪，别有风趣。吾爱之至极，恨不能置之左右为忘形之交也。前云樵（欧榘甲）荐来时，多有议其不行者，此大事吾固不信，然无论如何，吾甚欲保存此人，以为一佳事。吾党力虽困乏，然吾既爱之，今决停前议而仍供养之，弟仍为我日夕备清水，陈古瓶，供此一支梅花也。"[1]

后来，薛锦琴进入芝加哥大学（University of Chicago）读书。1913年，薛锦琴与康有为弟子、芝加哥大学毕业生林天木结婚。1914年，两人携手回国。林天木在复旦公学（1917年改名复旦大学）教授经济学，薛锦琴则出任诚正学校校长[2]。办学之余，薛锦琴积极参与幼稚教育研究会活动。1946年，林天木在广西去世，薛锦琴去了香港，担任国华银行储蓄部主任，于1960年1月19日逝世于九龙，享年77岁。

四　委以重任，经营芝加哥琼彩楼

1905年8月，康有为应谭良请求，拨出保皇会万元公款，嘱谭在芝加哥招股经营酒店琼彩楼。该楼次年正式开张，成为保皇会在美国创办的一家较大实业。作为保皇会领导人，谭良被康有为委以重任，主持琼彩楼各项业务。

琼彩楼以酒楼饮食业为主，因对其投资了十万美元，故当地人又叫它"十万庄"。1905年春夏间，谭良陪同康有为游遍美国各地后，10月15日在波特兰分别，康有为去了纽约。谭那时任保皇会洛杉矶分会会长，其时正主持《文兴日报》，深得康有为的信任。谭请求开办酒楼，以所得赢利资助保皇会的留学生，支持保皇事业的发展。对这一请求，康满口答应，许诺拨公款一万元作开办酒楼的资本，即将暂存于谭处的7000多元保皇会公款给谭使用，派谭总办此事，允其继续吸纳股金，逐步扩大经营。原本打算在洛杉矶选址，但始终未觅得满意的铺位，谭一直迟疑等待。康接连发信催办，称"此事为兴学育才大举，无论如何，我拨联卫款，公款亦当

---

[1] 谭良：《总长驳数来往原函》，方志钦主编、蔡惠尧助编：《康梁与保皇会——谭良在美国所藏资料汇编》，天津古籍出版社，1997年，第252页。

[2] 《申报》1916年8月19日。

拨足"①。同时也一再强调他是多么看重这件事和谭良本人："此事重大，付托于汝。汝太谨慎畏葸则迟误失事机矣。安有捧七千巨金而白坐者乎？"②在信的末尾，康有为还是一再催促："速办，速办，无复多迟疑以误事。"③后来，谭良终于在芝加哥找到合适的铺位，定名"琼彩楼"，上悬一块刻有"保皇党"三个大金字的招牌。

此时，康有为正亲自在墨西哥创办华墨银行，认为"墨中办银行最相宜……其发银纸三倍于其本，盖新国欲开利源，故如此之优也，各国皆无之矣"④。康还天真地认为办这件事是"长袖善舞，大利无穷"⑤。同时还买地炒地，并筹办长达8英里的电车业。由于炒地小有收获，"前日吾买一地二千四百元，今日卖出三千八百元，一日而赢一千四百元。又前月吾买一地三千元，今已五千，无怪日初以白手四年致四万也"⑥。初尝甜头后，康有为认为在墨商业势必大有赚头，赢利前景在望，故此他多次催促谭尽快派息，还清借债，以应墨西哥各项投资之急需。大约在1906年秋天，他给谭良寄来催筹款和还借款信："墨中电车须款数十万……芝事皆弟经手（去十余万难筹还），必当筹还数万以应之。弟去年言转易甚易，不可不践言。又，去年夏初借万元，一分息者，订三个月交还。今一年本息皆绝不交，不提还，而电车事迫不及待，弟可速筹还。此是弟然诺经手，不得以无力辞。凡借款皆当量而后入，苟不计还之，然否？行必至公，信而有同，故欺（其）惮之。"⑦

---

① 康有为：《催办酒楼原信》，方志钦主编、蔡惠尧助编：《康梁与保皇会——谭良在美国所藏资料汇编》，天津古籍出版社，1997年，第256页。

② 康有为：《催办酒楼原信》，方志钦主编、蔡惠尧助编：《康梁与保皇会——谭良在美国所藏资料汇编》，天津古籍出版社，1997年，第256页。

③ 康有为：《催办酒楼原信》，方志钦主编、蔡惠尧助编：《康梁与保皇会——谭良在美国所藏资料汇编》，天津古籍出版社，1997年，第256页。

④ 康有为：《致谭张孝书》，方志钦主编、蔡惠尧助编：《康梁与保皇会——谭良在美国所藏资料汇编》，天津古籍出版社，1997年，第66页。

⑤ 康有为：《致谭张孝书》，方志钦主编、蔡惠尧助编：《康梁与保皇会——谭良在美国所藏资料汇编》，天津古籍出版社，1997年，第66页。

⑥ 康有为：《着纽约分局拨款入琼楼原信》，方志钦主编、蔡惠尧助编：《康梁与保皇会——谭良在美国所藏资料汇编》，天津古籍出版社，1997年，第260页。

⑦ 康有为：《致谭张孝书》，方志钦主编、蔡惠尧助编：《康梁与保皇会——谭良在美国所藏资料汇编》，天津古籍出版社，1997年，第78页。

谭良收到此信后，可能并没给康满意的答复或者根本不予理会，致使康心生不满。

由于琼彩楼账目事前并未商定各笔拨款性质（是否借款），以致数目混乱，相互拖欠，纠缠不清。康有为向谭良所催款项不至，再加上后来"美银行倒，墨事大差，地价减下"①，使康在墨的经商计划落空。又因负责墨西哥商业的黄宽卓、黄日初因争权而发生内讧，康也说是"皆为谭庇牵去，贻累港局"，以至康担心诸事"万一不能办，全美大哗，保会溃散"，终于爆发了康、谭二人关于琼彩楼债务的纠纷②。所有这些事最终使得康心力交瘁，"为商务事累几呕血，刻下头痛肝痛"，因此大病数月③。

1908年2月，康有为致函梁启超，诉说自己为本门各实业积劳成疾的情形，函中首先怒斥谭良"私吞"琼彩楼本息，声言要将此事公之于众，诉诸公堂，甚至要将其抄家追债，逐出师门，还大骂谭为"谭盗"："张孝前后借去十六万（华数），其万二千五百（美数）乃做股，为养学生者，以此诘我。后再借附充一万，彼借四千，亦我手。其余十万则铭三先后（无我命）误借与之（季雨本知其奸，亦徇情，可怪），至今利息本钱分文不能交，亦不养学生（皆扣借款）。今得芝埠年结，竟无借入二万四千之数（华银四万八千），是其私吞矣。铭、雨二人，擅借巨款而置之不理，可恶已极。若谭盗则更不必言，刻拟布告，又拟控追，拟作欠公学款而抄其家。"④

康有为显然也写过信给谭良表示其不满，谭在给康的回信中说："捧诵至此，惊疑之下，神魂若失，瞠目澄视，无所措手。"⑤谭提供给康自己所记录至1908年底的账目，海内外入股琼彩楼七万一千多元，加上开办资本一万多元，共计不过九万多元。双方提供的数额出入甚大。康有为对此说颇有怀疑，认为"此事必当大整顿"⑥，于是派林兆生、陈宜甫往芝加

① 丁文江、赵丰田编著：《梁启超年谱长编》，上海人民出版社，2009年，第291页。
② 丁文江、赵丰田编著：《梁启超年谱长编》，上海人民出版社，2009年，第291页。
③ 丁文江、赵丰田编著：《梁启超年谱长编》，上海人民出版社，2009年，第290页。
④ 丁文江、赵丰田编著：《梁启超年谱长编》，上海人民出版社，2009年，第290页。
⑤ 谭良：《致康有为书》，方志钦主编、蔡惠尧助编：《康梁与保皇会——谭良在美国所藏资料汇编》，天津古籍出版社，1997年，第232页。
⑥ 康有为：《派陈、林二君查琼楼数目原信》，方志钦主编、蔡惠尧助编：《康梁与保皇会——谭良在美国所藏资料汇编》，天津古籍出版社，1997年，第266页。

哥调查琼彩楼往来账目。1908年3月10日康给谭的信中说："陈宜甫派查琼彩楼数目，并与全权整顿一切，开除一切，可一切虚听之……此事必当大整顿。弟虽已妥办，然非宜甫之才不能妙于措置。今特令宜甫来整顿改良一切。吾全听宜甫之所为，汝可一切听宜甫，并将一切内外数目告之示之。"①后又指示："兆生随我，决无暇来理事，已派定铭三来，孝为总理，孝行，铭为代办总理可也。"②这样谭良对琼彩楼的管理权力等于被架空了，其保皇会总理之职也被人代替，有名无实。

1908年，琼彩楼内部混乱情况和康、谭的争执渐渐公开化，保皇会会员和股东们均以为谭靠一笔糊涂账发了大财。在矛盾白热化的时候，康、谭两人极尽互相责骂之能事，琼彩楼事件遂演变为有损于保皇会声望的社会丑闻。康指谭"行同诱骗，直是棍盗"，谭毫不相让，谓康"言不由衷"，这只不过是其"唾骂之惯技，岂足取信"③。对于康有为的指责，谭良逐句逐字做了批驳。首先指出康有为所说存在谭处的十六万巨款没有丝毫利息，纯属子虚乌有，非常离奇，不可思议。即便是有此巨款，也不过是经手之款，并非个人私借，又怎么能责怪他不纳息呢？谭说他只不过是受康有为摆布的"傀儡"，康的"间接代理"而已，自己不但"丧失医业利权不算，而买得今日之结果"④。谭认为自己所支各款都是按照康有为之命行事，并非他一人私自支出，擅自挪用，往来款项"数目清楚，首尾了然"，不理解康有为"责备至此，是否糊涂"，而且还理直气壮地说道："原信原数具在，难逃洞鉴。"⑤认为康所说的话也是前后"自相矛盾"，简直是"白昼发梦，令人可笑"⑥。

① 康有为：《派陈、林二君查琼楼数目原信》，方志钦主编、蔡惠尧助编：《康梁与保皇会——谭良在美国所藏资料汇编》，天津古籍出版社，1997年，第266页。

② 康有为：《派陈、林二君查琼楼数目原信》，方志钦主编、蔡惠尧助编：《康梁与保皇会——谭良在美国所藏资料汇编》，天津古籍出版社，1997年，第266页。

③ 谭良：《总长驳数往来原函》，方志钦主编、蔡惠尧助编：《康梁与保皇会——谭良在美国所藏资料汇编》，天津古籍出版社，1997年，第249页。

④ 谭良：《总长驳数往来原函》，方志钦主编、蔡惠尧助编：《康梁与保皇会——谭良在美国所藏资料汇编》，天津古籍出版社，1997年，第249页。

⑤ 谭良：《总长驳数往来原函》，方志钦主编、蔡惠尧助编：《康梁与保皇会——谭良在美国所藏资料汇编》，天津古籍出版社，1997年，第253页。

⑥ 上海市文物保管委员会编：《康有为与保皇会》，上海人民出版社，1982年，第425页。

　　谭良与康有为的矛盾公开化，显然对作为弟子的谭是不利的。在一般人看来，激怒康有为是对"恩师"的大不敬，自然会遭到康有为其他追随者的指责与不满。这种压力首先是来自康的亲戚。1908年10月15日康之弟康有需在致谭的信中多次催促谭良速还欠款："康先生念兄至交，屡函嘱弟勿追，拟拨他款为兄代抵……弟为兄受累久矣，务请将千元及息迅速清还……徒累弟难为耳。"①康的外甥游师尹致信给康说："孝当舅父至难之际，而挟人心怂各埠以拒，可恶之极！"②并声明日后"必须报此阴谋"③。对于这些指责，谭良一直忍而不发，不愿破坏多年师生感情，以下犯上："论情则有师弟之亲，论理则先生亦在股东之列，岂可过为决绝，与以太甚耶？"④

　　如果说这些指责与非难还可忍受的话，接下来康的心腹徐勤公开发表的《布告琼彩楼函》中的公开指责和诋毁，可能着实激怒了谭良。徐称："芝加哥琼彩楼之事，总长以党中公费所入甚少，公款及养学生支无所出，乃徇谭张孝之请，以党费预股万元，以济办公。总长远在欧洲，乃谭张孝以诡谋诱纽局诸人，日言琼彩楼之败而请救。四月借万元，七月再请揭万二千元，九月又再请揭万二千元，正月以全项西人股，请得二万七千五百元，而总长不认，不收股票。谭张孝自借四千，谭昌借五百，二谭以无本生涯，冒认多股，遂至全为谭张孝所据，十三万四千之本，无一文息之交。"⑤徐还把康有为患病认为是谭造成的，某些保皇会成员有些动摇也是谭造谣所致。其云："总长去春怒责，至于得疾，遂至于今。然琼楼岁支万数，皆为党计，总长无一私支焉，请一查实数，益见总长之苦衷。天下岂有支款为人，而以身受过者乎，其他处亦可推矣。而谭张孝私收挨士多利同志国事报股本数百，挨士多利同志以无股票大哗，攻张孝，卒至总长代交股本，而代发股票，他如此尚多，可问挨士多利同志也。然总长犹不忍布告之，而张孝已先造谣惑众，至往者热心之同志，亦

① 谭良：《总长驳数往来原函》，方志钦主编、蔡惠尧助编：《康梁与保皇会——谭良在美国所藏资料汇编》，天津古籍出版社，1997年，第265页。

② 上海市文物保管委员会编：《康有为与保皇会》，上海人民出版社，1982年，第394页。

③ 上海市文物保管委员会编：《康有为与保皇会》，上海人民出版社，1982年，第394页。

④ 方志钦主编、蔡惠尧助编：《康梁与保皇会——谭良在美国所藏资料汇编》，天津古籍出版社，1997年，第233页。

⑤ 上海市文物保管委员会编：《康有为与保皇会》，上海人民出版社，1982年，第424页。

有为其所惑误者。"①

面对多方指责，谭良百口难辩。忍无可忍情况下，谭公布了他与徐勤1908年6月的信函，认为徐"所言琼彩楼事，多有不实不尽之处"②，不过他不知首尾，也不能怪他，"但是非颠倒，甚为不妥，若任其胡言乱语而不伸诉，是有原告而无被告也。诸君止听一面之词，究不知其中实在情形也"③。最后感叹："所可惜者，十年患难与共之人，无一不凶终隙末，甚或恩将仇报，诸君试思之，可为寒心也。"④还引用《诗经》里的一句话表达他的忧愤之心："将恐将惧，惟予与汝；将安将乐，汝转弃予。"⑤跟随康有为多年的谭良，为保皇事业出钱出力，鞠躬尽瘁，却落个私吞公款的骂名，着实令他寒心。

经过谭的解释和说明，在大量的事实面前，康终于承认谭提供的账目是正确的。但他仍批评谭疏于记录账目，致使账目混乱。1908年8月18日，康有为致谭良的信中说："吾前于弟信之甚，至故大付托；而弟立单借款，不清各息，复岁月请款，致启吾疑。及以芝事误墨事、港事、纽事，全局几倒，皆缘芝误提款故（可问铭）……于是疑汝甚，至而吾亦因汝心痛，病数日。"⑥康承认此事主要是由他自己的多疑而致，并给谭道了歉："总之，此次我实过疑，致起不肖之剋核，遂至而弟从前数目不清，适遭港、墨事不妥，弟坐其祸。"⑦又希望谭能不计前嫌，以此为鉴，彼此都反躬自省："今皆作过去烟，前事可勿计。吾与弟经此阅历，各省

① 上海市文物保管委员会编：《康有为与保皇会》，上海人民出版社，1982年，第424—425页。

② 《谭张孝致徐勤公开信》（1909年6月），上海市文物保管委员会编：《康有为与保皇会》，上海人民出版社，1982年，第424页。

③ 《谭张孝致徐勤公开信》（1909年6月），上海市文物保管委员会编：《康有为与保皇会》，上海人民出版社，1982年，第424页。

④ 《谭张孝致徐勤公开信》（1909年6月），上海市文物保管委员会编：《康有为与保皇会》，上海人民出版社，1982年，第424页。

⑤ 《谭张孝致徐勤公开信》（1909年6月），上海市文物保管委员会编：《康有为与保皇会》，上海人民出版社，1982年，第424页。

⑥ 康有为：《致谭张孝书》，方志钦主编、蔡惠尧助编：《康梁与保皇会——谭良在美国所藏资料汇编》，天津古籍出版社，1997年，第84页。

⑦ 康有为：《致谭张孝书》，方志钦主编、蔡惠尧助编：《康梁与保皇会——谭良在美国所藏资料汇编》，天津古籍出版社，1997年，第85页。

躬思过，痛改之可也。"①

但是，破镜难以重圆。此事对各方造成的伤害是难以弥补的，对保皇事业造成的损失更是不可估量的。为了对整件事"澈底澄清，辨析毫厘"，以"明心迹而折流言"②，还历史真面目，谭良于1909年1月在美国公开出版了有关琼彩楼的文件《征信录》，其内容包括琼彩楼账目的记录和康有为关于琼彩楼投资、管理问题的指示以及利润的分成等信函。《征信录》的发表，使整件事的始末基本得到还原，披露了许多鲜为人知的事项，在保皇会中掀起了轩然大波。谭良自己的委屈基本上得已昭雪，整个事件真相大白，同时也使康有为威望日下。《征信录》的发表，同时也表明谭良与琼彩楼的缘分到此为止，之后，他实际上退出了琼彩楼和保皇会的领导班子。但直至1911年，还有股东如何家本（国内）、黄处达（新加坡）向他查询有关情况，而接管该楼的周国贤、游师尹却回天乏术，琼彩楼的经营每况愈下。此后，曾为保皇会重要人物之一的谭良逐渐退出保皇会的活动。

五 结语

谭良作为康有为的弟子和洛杉矶保皇会分会会长，对保皇会各项活动都积极参与，无疑为保皇事业做出了重大贡献。但谭良所支持的保皇会活动甚少成功，暗杀活动胎死腹中，经营商业公司也没有为保皇会赢得多少活动经费，相反，却失去了多年的师生草堂情谊，造成保皇会失去人心。一部分康门弟子和海外华侨开始摈弃保皇信念，投奔和回归孙中山等人所倡导的革命。

作者通信地址：广东省广州市天河区中山大道西293号广东技术师范大学马克思主义学院，邮编：510665。

责任编辑：陈子

---

① 康有为：《致谭张孝书》，方志钦主编、蔡惠尧助编：《康梁与保皇会——谭良在美国所藏资料汇编》，天津古籍出版社，1997年，第85页。

② 谭良：《征信录小序》，方志钦主编、蔡惠尧助编：《康梁与保皇会——谭良在美国所藏资料汇编》，天津古籍出版社，1997年，第238页。

试析屈大均与仕清人士的交往

陈泽泓[*]

广州市人民政府文史研究馆，广东广州，510032

摘　要： 屈大均是明末清初保持民族气节的著名遗民诗人，其一生经历十分复杂曲折。他从年轻时起，即不仅与反清志士、明末遗民来往，也与仕清的明季士人、清朝的廷臣州吏来往。如果说，他在前期同这些人的交往有着掩护抗清活动目的的话，那么，后期交往则更多的是以承认现状为前提。屈大均抗志守节，不等于与变节者绝交；不求出仕，不等于不与当政者往来。屈大均利用与当政者的关系，也做了一些兴利倡文的实事。屈大均不论出处行藏，与岭北文友诗文往来，强力助推了他超越广东一隅而驰名天下。以屈大均为典型的这种岭内外的诗坛交往、唱和推重，对岭南诗坛在清初迅速崛起，起到了重要的作用。

关键词： 屈大均；仕清人士；交往

屈大均是岭南明末清初保持民族气节的著名遗民诗人，其一生经历十分复杂曲折。他生平交往甚广，不仅与反清志士、明末遗民来往，也与不少仕清的明季士人、清朝的廷臣州吏来往。论者往往对此或一笔带过，或避而不谈，或略有微词而未加分析。今人王富鹏先生专著《岭南三大家研究》对此有较多论述。他认为："明遗民与清朝官员成为朋友或共事者的原因，也许有以下两个方面……他们虽属对立的政治集团，但他们有着共同的传承华夏文化的愿望……仕清的官员以此获得礼贤下士的声誉，求得

---

* 陈泽泓（1947—　　），男，广东澄海人。研究员，广州市人民政府文史研究馆馆员、文史学术委员会主任。

世人对自己仕清的谅解，遗民则借此张扬声名、研究学问、获取衣食以至遇危有援。另外就屈大均与仕清者之交游来说，还有彼此间的惺惺相惜和相互敬重的因素在。"①这在一定程度上对此问题有了更深的解剖。笔者以为，历史人物生活在复杂的历史背景下和具体的社会环境中，由此决定其思想和行为也是十分复杂的、具体的，应当从史实入手进行客观分析，不应该回避史实及人为拔高历史人物。综观屈大均一生中，与岭外人交往之广泛、友谊之笃深、联系之密切、层面之复杂，较同时期其他岭南名士突出。这方面的活动，在他的一生中占有相当重要的地位，对于他的诗风文名、思想意识乃至清初岭内外文化交流都有较大影响。因此，进一步剖析这些交往活动，对研究屈大均的思想与创作，是很有必要的。并可以此为典型，理解清初社会形态的复杂性。

一

屈大均与岭外人士的交往方式，包括出游岭外、在粤相处及书信来往。屈大均岭外之行共有五次，足迹遍及东南沿海，且北上辽东，西出雁门，范围几及半个中国。从首次越岭至不再复出，前后20余年，期间在岭外时间共约13年，交往十分广泛。屈大均岭外之行的主要范围是关西及东南沿海，正是反清势力最活跃的地区，结交之人不乏反清志士，说明他此时反清复明的愿望是很强烈的，并为此奔走不舍。

与此同时，屈大均也与仕清人士有所往来。他在岭南与入岭仕清人士最早的交往，据《屈翁山先生年谱》，当在顺治十四年（1657）28岁时。当时龚鼎孳（江南合肥人，明降官）颁诏至粤，持钱谦益书访求道独所搜辑的明末高僧憨山《梦游全集》。屈大均时为道独侍者，因共其事。共事者除了曾充道独侍者的僧人数人，还有万泰（浙江鄞县人，义士）、钱朝鼎（江南常熟人，顺治进士，广东学政）等。然后由曹溶（浙江秀水人，明降官，清广东布政使）集众缮写，载以归吴，交钱谦益编定全集付刊。朱彝尊（浙江秀水人，经学家、文学家）于顺治十三年（1656）秋来粤入曹溶幕，后受聘于高要，在粤期间与岭南遗民过往甚密，曾访屈大均于东

① 王富鹏:《岭南三大家研究》,人民文学出版社,2008年,第113—114页。

莞。以后，屈大均过岭北上多有过访朱氏于家居或流寓之中，以诗文酬唱。王士禛（山东新城人，詹事府少詹事兼翰林院侍讲学士）奉使至粤祭告南海，屈大均与之同游广州诸名胜。两广总督吴兴祚接待王士禛，也邀屈大均同游端州阅江楼、七星岩。潘耒（江苏吴江人，翰林院检讨）入粤，以诗赠。屈大均去世之后，潘耒再来岭南，访屈氏故居，撰《广东新语序》，以寓山阳之悲。

屈大均与入岭为官的岭北人士交往甚众，仅从其酬赠诗题，即可略知一二，如东莞知县高维桧（福建龙溪人），番禺知县汪起蛟（河南南阳人）、孔兴琏（山东曲阜人）、武筹（甘肃甘谷人），西宁知县张溶（河南祥符人），四会知县吴树臣（浙江乌程人），阳春知县康善述（山西绛州人），归善知县佟铭（正蓝旗汉军），新会县知县佟容（正蓝旗汉军）、贾雏英（直隶河间人），英德知县陆云登（浙江嘉善人），琼山知县茹元（浙江山阴人），惠来知县张秉政（陕西三原人），增城知县冉存异（四川南充人），连山知县刘允元（直隶大兴人），顺德知县徐勋（浙江鄞县人），电白知县郭指南（陕西延安人），惠州通判俞九成（浙江杭州人），高州通判汪鼎（浙江嘉兴人），户部郎汪森（浙江嘉兴人），罗定知州刘元禄（镶黄旗汉军），雷州知府吴盛藻（安徽和州人），韶州知府陈廷策（辽阳人），廉州知府徐化民（辽东人），广州将军王永誉（正红旗汉军），宫允严绳孙（江南无锡人），粤海关监督成克大（直隶大名人），广东驿盐道张云翮及江南提督张云翼兄弟（陕西咸宁人），广东督学陈肇昌（湖北江夏人），庶吉士陈大章（湖北黄冈人），翰林院侍讲查嗣瑮（浙江海宁人），广东参议督粮道蒋伊（江南常熟人），两广总督吴兴祚（浙江山阴人），广东督粮道耿文明（辽东人），东莞水师营守备孔怀（江南人），进士程化龙（安徽休宁人），进士邹祗谟（江南武进人），选刻《道授堂》的国子监生沈用济（浙江钱塘人），入粤典试之王又旦（陕西郃阳人）、黄斐（浙江鄞县人）。

一些官员与屈大均关系更为密切，如定安知县张文豹（湖北麻城人）、永安知县张进篆（直隶前卫人）聘屈氏纂修县志；番禺知县高去侈（山西宁晋人）曾为屈大均文作序；广州知府刘茂溶（湖北广济人）资助其纂修《广东文集》、刊刻《广东文选》；驻防广州参领王之蛟（镶黄旗汉军）在广州东皋建关庙，旁筑诗社，请屈大均主持。屈大均与惠州知府王煐（直隶宝坻人）交往尤深，曾客住王煐惠州斋中，应邀撰《惠州府学先师庙碑》，为王煐门客张梯（浙江山阴人）作《张桐君诗集序》，与王煐同入游罗浮并和诗。王煐则为王隼所编《岭南三大家诗选》作序。王煐还宝坻及迁任川南，屈大均皆有诗相赠。大均临终前数月，与一班诗友集广州城南王煐斋中，座上客有编修史申义（江南江都人）、茂名知县王原（江南青浦人）、连平知县于廷弼（镶黄旗汉军）。

上述名单，可见屈大均与清朝广东官场人士交往之广泛及来往之密切。与屈大均交往的岭外人士，不乏反清义士、全节遗老，但也有不少参加了清朝科举考试，任清朝州县官吏乃至翰林学士、封疆大吏。如何看待屈大均与他们的交往，这种交往究竟对屈大均的思想、创作、生平道路起什么影响，是研究屈大均不可回避的问题。

这个问题并非没有人注意到，尤其是对屈大均晚年与仕清高官的往来，既有引起微词，也有为之辩解的。汪宗衍谓："世讥先生晚年辄与官吏诗酒往还，余维（笔者注：谓）先生于东北西北之行，所图不遂，复有郑成功、吴三桂之依附，亦皆失败，两遭连染罗织，而台湾郑氏亦未几降清，其时已势穷力竭，潘耒赠诗云：'琴心久歇辞谣诼，龙性初驯避弋缯'（笔者注：原书为"弋绘"，为错排），当时情势，其有不得已而然者欤。"[1]对这个问题还可以作进一步剖析。

屈大均早年为反清而奔波，此后终生坚志不仕于清，保持民族气节无疑是他一生的主线。分析他与岭外人士的交往，首先是同反清志士的深交，出岭北上，首先着重于联络抗清义士、守节遗民，体现了岭内外志士在坚持民族气节上的相互激励作用。因此，当李因笃在康熙十八年（1679）应征鸿博修明史时，虽然彼时大势已定，文人学者不视应征为耻，屈氏交往者也不乏入征之士，但他对李因笃此举仍有微词，《有怀富平李孔德》诗中，有"乞归矜有疏，却聘恨无书"之句[2]。由此观之，屈大均于交往虽不拘于有气节者，但其实他是很看重气节的，尤其对心目中视为志同道合者，更是唯此为大。

---

[1] 汪宗衍：《屈翁山年谱》，《屈大均全集》第8册，人民文学出版社，1996年，第1941页。

[2] （清）屈大均：《有怀富平李孔德》其二，《屈大均全集》第1册，人民文学出版社，1996年，第599页。

二

历史情况是复杂的，对屈大均和一些折节仕清者的交往，应作具体分析。且以屈大均与钱谦益的交往为例。

屈大均与钱谦益在见面之前已开始间接交往。如上所述顺治十四年（1657），龚鼎孳颁诏至粤，持钱谦益之书，访求道独搜辑憨山《梦游全集》，屈大均参与其事。龚鼎孳一生遭遇很复杂。他是明崇祯进士，授兵科给事中，工诗古文词，与钱谦益、吴伟业并称江左三大家。李自成打进北京投降李自成，清军入关又降清，任太常寺少卿，迁左都御史，在清初的满汉大臣争斗中多次被黜。他虽屈节事清，却又能尽力保护前明的遗民志士，遗民诗人纪映钟在他寓中一住就是十年，傅山、陈维崧等也受到他的保护。

与龚鼎孳的合作，说明屈大均并非到了晚年才与清朝高官来往，这与清初的社会环境是有很大的关系的。顺治、康熙时期，反清义士、明末遗民或为谋事、或为谋生，不可能完全与世隔绝。仕清之人（包括降官）中，有不得已者，也有抵挡不住诱惑而应举者，他们与义士、遗民仍有千丝万缕的联系，有的起了庇护作用，甚而资助反清大业。另一方面，清廷为了安定民心，巩固统治，改变了初入关时的强硬镇压政策，做出宽柔兼容的姿态。康熙南巡时，对前明的遗老遗少不仅不咎既往，而且热情召见，待若上宾。康熙五次前往朱元璋孝陵行三跪九叩之大礼，严令地方官员加以保护，竟使尾随观望数万居民都感动涕泣。在这种情况下，社会上出现忠于明室者与仕清者公开交往之情况并不奇怪。至于志士与仕清者的交往，有借以掩护反清活动的，有以文章人品私友的，也有参与谋划反清的。钱谦益醉心功名，降清折节，本已定论。不料降清之后，不得志而受朝野羞辱，悔恨交加，立场有所改变，在柳如是推动下，对反清复明有所支持参与，与其门生、永历朝大臣瞿式耜密信来往。瞿式耜称钱谦益密札中"累数百言，绝不道及寒温家常字句，惟有忠躯义感，溢于楮墨之间。盖谦益身在房中，未尝须臾不念本朝，而规画形势，了如指掌，绰有成算"①。为组建反清义师，钱谦益与魏耕、归庄、石鸡道人等借饮宴赋诗、征歌选色

---

① （明）瞿式耜著，江苏师范学院历史系苏州地方史研究室整理：《瞿式耜集》，上海古籍出版社，1981年，第105页。

作掩护，秘密策划接应郑成功再度北伐。而他对待"于前后死国之臣，必经纪其家，大声疾呼，罔无顾忌"①。因此，屈大均北游吴门，主动上钱氏之门相访就不奇怪了。钱谦益为便于和松江、嘉定的遗民往来联络、刺探海上消息，在常熟白茆港顾氏别业卜筑芙蓉庄即红豆庄。屈大均访钱谦益即于此处，有《访钱牧斋宗伯芙蓉庄作》诗可证。顺治十六年（1659）六月，正是魏耕以蜡丸裹书致郑成功，郑成功舟师攻复瓜州、镇江，魏耕随张煌言抵芜湖这一连串事件发生之时。钱谦益欣喜若狂，作《金陵秋兴八首》，"发掘指斥，一无鲠避"②。屈大均于此时访钱谦益，除了诗文，必有共同关心与议论的政治话题。钱谦益弥留之际，抗清义士黄宗羲、归庄等人曾前往探望，黄宗羲在《钱宗伯牧斋》诗中云"平生知己谁人是，能不为公一泫然"，还是把他当成朋友的。乾隆年间，清廷大兴文字狱以巩固其统治。屈大均死后80年，乾隆四十一年（1776），上谕谓："如钱谦益在明已居大位，又复身事本朝，而金堡、屈大均则又遁迹缁流，均以不能死节，靦颜苟活，乃托名胜国，妄肆狂猖，其人实不足齿，其书岂可复存？自应逐细查明，概行毁弃，以励臣节而正人心……又若汇选各家诗文，内有钱谦益、屈大均辈所作，自当削去，其余原可留存，不必因一二匪人，至累及众。"③在气节问题上，钱屈本不能相提并论，而乾隆将二人之行迹及作品同列，说明他们在清廷统治者眼中有共同之处。这也可以从一个侧面佐证此二人交往之有共同语言。

三

屈大均与不少清朝地方官员来往，有多方面的原因。首先，他本未存以身殉国之思想，在抗清斗争失败之后，所持为独善其身、保全气节、不辱"遗民"之称的立场。因此，他虽然始终保持了清醒的头脑，抵抗了功

---

① （清）顾苓：《钱牧斋先生年谱附东涧遗老钱公别传》，《钱牧斋全集》第8册，上海古籍出版社，2003年，第961页。

② 金鹤翀：《钱牧斋先生年谱》，《钱牧斋全集》第8册，上海古籍出版社，2003年，第9页。

③ 《谕内阁明人刘宗周等书集只须删改无庸销毁》（乾隆四十一年十一月十六日），见中国第一历史档案馆编《纂修四库全书档案》，上海古籍出版社，1997年，第552—554页。按：此谕又见《四库全书提要》卷首，个别字有出入，所标识的时间则为乾隆四十一年丙申十一月十七日。

利之诱惑，却并不是与仕清人员水火不容、不相来往的。黄文宽曾提到："翁山是不是爱国诗人呢？我认为称他为爱国诗人，不如称他为民族诗人……我认为要研究翁山的诗词和他的所作所为，必须先行认识到他是一个民族主义者，而不是一个简单的爱国主义者。"① 关于爱国诗人与民族诗人、民族主义者与简单的爱国主义者之分别，本文无意探讨，对黄文宽指出屈大均"没有忠君以死职守的思想"，笔者以为是符合史实的。屈大均是以明朝为"国"的，他在《死事先业师赠兵部尚书陈岩野先生哀辞》中就有"愤师仇兮未复，与国耻兮挈挈"之句② 。正因为以明为国，所以他才能以遗民自居，并以此为守节之基本立场。

不过，从屈大均一生行止看，未见其有"殉国"之企举。曾与之共事、共谋举义的陈邦彦、魏耕以及永历朝的一些同仁皆壮烈殉国，屈大均则数次皆能大难得脱，勇而不死，唯保全气节，坚不出仕。屈大均从不拒绝和仕清人员交往，并非只是到了晚年才有此举，只是到了晚年范围更广泛，接触更密切。如果说，他在前期同这些人的交往有着掩护抗清活动的目的的话，那么，后期交往则更多的是以承认现状为前提。简而言之，屈大均保全节守，不等于与变节者绝交；不求出仕，不等于不与当政者往来。他在与各式各样的人物周旋中，始终保持不忘旧国的清醒头脑和保持操守的坚定立场，这是不易做到的。其次，他在交往中并非虚与应酬，而是有所选择的。综观其交往的一批人中，皆是有文才或有政声、有清誉者。以两广总督吴兴祚为例。吴兴祚是正红旗汉军，在福建巡抚任上对以台湾为基地的郑锦反清武装力量作战有功，康熙二十一年（1682）擢两广总督。上任后上疏请求减免此前尚之信强加于粤民头上的盐埠、渡税、总店、渔课等重赋，客观上有利于广东社会经济的恢复，减轻了百姓负担，也缓和了社会矛盾。吴兴祚有文才，工诗，有著述。屈大均与他往来不少，有《上两广制府》《宝鼎现寿制府大司马吴公》《两粤督府祝嘏词》等。康熙二十四年（1685）王士禛奉使来粤，以文坛盟主兼朝廷钦差的特殊身份斡旋于遗民及官府之间，意在为清廷网罗人才。他先是与屈大均等岭南名士

---

① 黄文宽：《屈翁山的哲学思想初探》，《岭南文史》1986年第2期，第2页。

② （清）屈大均：《死事先业师赠兵部尚书陈岩野先生哀辞》，《屈大均全集》第3册，人民文学出版社，1996年，第230页。

同游广州诸名胜，又因吴兴祚招饮与屈大均酬唱于肇庆七星岩、石宝岩，同游者有"娄东十子"之冠、时任翰林院编修的黄与坚（江苏太仓人）等。酬唱款洽之时，王、吴提出要荐举屈大均。屈大均坚不动摇，以家有老母及著书未竟为由谢绝举荐，婉转得体，既保全气节，又不妨吴兴祚面子。此后，他与吴兴祚不仅有来往，吴兴祚还赠以沙田三十七亩。

屈大均利用与当政者的关系，也做了一些兴利倡文的实事。广州知府刘茂溶聘其修《广州府志》、永安县知县张进箓聘其修《永安县志》、定安县知县张文豹聘其修《定安县志》。这也有助于为他晚年撰写《广东新语》搜集素材。《广东新语》卷七《人语》"永安诸盗""永安黄氏三孝子"诸条，可见痕迹。屈大均曾纂辑西汉至明末粤人著作，成《广东文集》300余卷。因卷帙浩繁不能尽刻，不得已"拔其十之二三"① 为《广东文选》40卷，得刘茂溶和广东督军刘肇昌之助付刻。康熙二十三年（1684），西宁知县张溶到任伊始开办社学。屈大均"取宛平孙退谷先生所录君臣、父子、夫妇、兄弟、朋友之诗凡二十六篇"，"贻使君，使命社师教之歌"，以便"存之于心，抑扬之于口"，以成"养正之功"②。

四

屈大均的诗歌创作，代表了清初岭南诗坛的最高成就，被誉为"岭南三大家"之冠③。他与顾炎武被相提并论为清代"前期作家中的有名人物"④，是蜚声岭内外的诗人。文学在屈大均的生涯中有着重要的地位，他在青少年时期诗文已卓有成就，10岁能诗，14岁能文，15岁时即与同里诸子结西园诗社。他一生的重大行迹几乎都以诗留载，在与岭外人士的交往中，十分看重诗文。出岭北上，使他有更多机会接触中原文化，吸取中原文化的精华，也得以诗名远播岭外；既促进了岭内外诗坛文化交流，又促

① （清）屈大均：《广东文选自序》，《屈大均全集》第3册，人民文学出版社，1996年，第42页。
② （清）屈大均：《童子雅歌序》，《屈大均全集》第3册，人民文学出版社，1996年，第272—273页。
③ 陈永正主编：《岭南文学史》，广东高等教育出版社，1993年，第207页。
④ 中国科学院文学研究所中国文学史编写组编写：《中国文学史》，人民文学出版社，1962年，第1012页。

使走向成熟的岭南诗坛获得了海内公认的独树一帜的地位。

清初80年间的诗坛，是诗歌创作比较活跃的时代，成就超过了明代。诗坛盟主，初为钱谦益，继则有朱彝尊和王士祯并称南北两大诗人。这些诗坛巨子俱与屈大均有来往，对屈大均的诗歌创作和诗名远播更有着十分重大的影响。

屈大均较其他岭南诗人在岭北更为出名，首先得力于朱彝尊。朱彝尊在顺治十三年（1656）入粤，他当时在文坛上已颇有名气，而以广州为中心的粤海诗坛虽已诗人辈出，显示出独特的风采，却由于与江南、中原文化交流不多尚鲜为岭外所知。朱彝尊入粤之后，会见许多粤籍诗人，热心沟通岭内外文士之交往。屈大均比朱彝尊大一岁，年纪相近，有共同的反清节义思想基础，且都博学工诗，因而结为好友。朱彝尊返回江南，便把屈大均等岭南诗人介绍给江南名士，屈氏名声从此远播海内。屈大均有诗云："名因锡鬯（朱彝尊字）起词场，未出梅关人已香。"原诗有注："予得名自朱锡鬯始，未出岭时，锡鬯已持予诗遍传吴下矣。"①朱彝尊是一位著作等身的大学者，屈大均与之交往，受影响不止于诗词之学。朱彝尊于顺治六年（1649）迁居梅会里（即梅里，今浙江嘉兴王店镇），此处为词人荟萃之乡，从明末到清乾隆年间梅里一镇有词人90多人。在诗词领域中，朱彝尊为浙西诸彦群起影从的代表人物。屈大均北上，抵朱宅相访，朱彝尊对这位深交的到访喜出望外，有"开门一笑逢故人，远来问我桃花津"之句。屈大均不仅得与朱彝尊叙旧，还结交了一大批嘉兴诗人，与他们相与唱和，既吸纳吴风之精华，又使岭外诗界见识到屈大均的风采，提高了他在诗坛的地位。屈大均有诗云："三吴竞学翁山派，领袖风流得两公。"此诗原注："周笃谷、郭皋旭皆嘉兴人，最赏予诗，以一时吴、越相师法者为翁山一派云。"②屈大均尝谓："予生平知己，嘉兴为盛。若缪子天自，周子青士，郭子皋旭，朱子锡鬯，查子韬荒，徐子敬可、胜力、抚辰，李子斯年、武曾、分虎，钟子

① （清）屈大均：《屡得友朋书札感赋》，《屈大均全集》第2册，人民文学出版社，1996年，第1349页。

② （清）屈大均：《屡得友朋书札感赋》，《屈大均全集》第2册，人民文学出版社，1996年，第1349页。

广汉，沈子武功，其尤敦笃者也。"①其中周青士、郭皋旭即所谓"领袖风
流得两公"者。屈大均与浙西诗人的交往，成为岭内外诗坛交流的佳话。
梁佩兰诗有"屈子《离骚》裔，曾从檇李回。把君诗数卷，吟向越王台"
句②，即赋此事。其后，屈大均与魏耕、祁班孙、顾炎武等人相见，有赖
朱彝尊之引荐。他与朱彝尊以诗相酬，更是来往不断。屈大均第三次出
岭经秦淮返粤，朱彝尊知其回乡将筑九歌草堂，为之题匾，并预作《九
歌草堂诗集序》，谓："然三闾当日，方叹恨国人之莫知，今海内之士，
无不知有翁山者，则所遇又各有幸不幸焉……世徒叹其文字之工，而不
知其志之可悯也。予故序之，以告后之君子，诵翁山之诗者，当推其志
焉。"③屈大均之诗文为世所知，朱氏功不可没。朱氏推介屈诗，更重在推
介其志，则是知之深矣。屈大均与岭外众友的交往中，与朱氏交往时间
最长，友谊久而弥笃，对他提高知名度，有很大帮助。

　　龚鼎孳入粤时，有泰州人邓汉仪与龚鼎孳同游海幢寺，因此结识屈大
均。邓汉仪淹洽通博，尤工诗，康熙举鸿博，以年老授中书舍人。他于康
熙十一年（1672）、十七年（1678）、二十八年（1689）先后编辑《天下名
家诗观》一至三集，均收入屈大均的诗，有助于屈大均诗名远播。

　　屈大均结识王士禛也很早，是在他结识朱彝尊之翌年，故受王士禛之
影响及推介也多。曾谓："最早知音是阮亭，青莲不得擅仙灵。九天咳唾
纷珠玉，乱作飞泉下杳冥。"原诗有注："王阮亭云，翁山先生诗殆如太白
所云'咳唾落九天，随风生珠玉'者。"④一代宗匠，对刚见面的屈大均如
此评价，不可谓不高。两人此后多有诗唱酬寄赠。康熙二十四年（1685），
王士禛奉旨下广州祭告南海，朱彝尊有送行诗，兼怀梁佩兰、屈大均、陈
恭尹。王士禛到了广东，完成主持祭海大典使命，又逗留了近两月，与屈
大均、陈恭尹等遍游粤中名胜。尽管王士禛劝屈大均出仕之目的没有达到，
诗文交往却互有裨益。值得一提的是屈大均与王士禛共作《广州竹枝词》。

---

① （清）屈大均：《锦石山樵诗集序》，《屈大均全集》第3册，人民文学出版社，1996年，第65页。

② （清）梁佩兰：《赠徐胜力太史》，《六莹堂集》，中山大学出版社，1992年，第229页。

③ （清）朱彝尊：《九歌草堂诗集序》，《清代文学批评资料汇编》（上），成文出版社，1979
年，第236页。

④ （清）屈大均：《屡得友朋书札感赋》，《屈大均全集》第2册，人民文学出版社，1996年，第
1349页。

王士禛入粤前，屈大均已写有《广州竹枝词》七首。王士禛在粤也专门写了《广州竹枝词》，将这种具有清新明丽风格的俚俗之词，推介向岭北。王士禛南来，携江宁织造曹寅之《楝亭图》，乞题于岭南三大家，这也是岭南、江南文化交流佳话之一。王士禛北归时，屈大均一口气作《喜王阮亭宫詹至粤即送其行》十首，依恋情深。

屈大均晚年之交，当以惠州知府王煐最为突出。王煐工诗，屈大均于康熙二十九年（1690）冬客寓王煐惠州斋中，应所请代撰《惠州府儒学先师庙碑》，同入罗浮宿冲虚观。王煐为方便游人登山观日，建见日亭，屈大均为之"成诗以美之"。是年除夕，仍居惠州，作诗奉和王煐，来往诗文甚多。王煐迁任川南，屈大均作《赋为王紫诠使君寿兼送迁任川南》，有"与予金石交已定，六年相对忘衣鹑"①句，又一连赋诗十二首赠别。屈大均临终这年正月，与十余友人集于王煐在广州城南斋中，这是见于记载的他生前最后一次与友人集会。王隼编纂《岭南三大家诗选》，王煐为之作序刊行，对三大家备为赞赏，评价："翁山诗如万壑奔涛，一泻千里，放而不息，流而不竭，其中多藏蛟龙神怪，非若平湖浅水，止有鱼虾蟹鳖。故翁山诗，视两先生为独多，今《诗外》固已等身，而著作无时少辍，传之后世，当无与敌矣！"②还谓屈氏之诗为"学者之诗"。王煐这段评述十分精当，屡为后人所引述。于此可见王煐文学造诣之深及对屈大均推介之力。

屈大均未出岭南，诗名即已远播吴越。后来多次出岭，与文坛名宿、诗界新秀相互请益切磋，唱和推重，不仅提升了自己，也张扬了声名。钱谦益称赞年轻的屈大均"果非时流所及也"，并欣然为序。钱谦益虽大节有亏，但作为文坛领袖，其片言只语，仍可使无名晚辈声誉鹊起。钱氏眼力非凡，绝非谬赞。不久，屈大均也以自己的创作实力赢得了诗界的普遍赞赏。毛奇龄谓，"宜其为诗，廓然于天地之间，独抒颢气，濩濩落落焉，一切醒与齷不以间也"，"及予读翁山诗，则惜予之未能为翁山之诗也。夫忼忼任气，历落使才，岂非甚奇"，"世有以予诗与翁山诗并称者，予曰翁

① （清）屈大均：《赋为王紫诠使君寿兼送迁任川南》，《屈大均全集》第1册，人民文学出版社，1996年，第234页。

② （清）王煐：《岭南三大家诗选序》，（清）王隼辑：《岭南三大家诗选》卷首，陈建华、曹淳亮主编：《广州大典》第501册，广州出版社，2015年，第239页。

山诗超然独行，当世罕俦"①。缪天自环顾当下诗坛，概而言之："诗有俚语，经顾宁人笔辄典；诗有庸语，入屈翁山手便超。"②屈大均在清初诗坛，洵为大家，登泰巅而俯瞰天下曰："今天下诗皆有委而无源，才虽具而无道以为之本。无本，故其诗不能纵横自得，蹈空独行，稍拟议即成变化，以合于风雅。其仅善者，吾所知秦有一人，鲁一人，齐一人，吴越三四人，吾粤则药亭、元孝其杰出者矣。"③所谓秦、齐、鲁、吴、越者，殆指李因笃、王士祯、宋琬、钱谦益、朱彝尊诸人。

万卷书，万里路，是必需的。诗需殖学、需江山之助，亦需同道相互切磋。独学无友，势必孤陋寡闻。屈大均不论出处行藏，与岭北文友诗文往来，强力助推了他超越广东一隅而驰名天下。以屈大均为典型的这种岭内外的诗坛交往、唱和推重，对岭南诗坛在清初迅速崛起起到了积极的推动作用。

作者通信地址：广东省广州市府前路1号广州市人民政府办公厅（广州市人民政府文史研究馆），邮编：510032。

责任编辑：王富鹏

---

① （清）毛奇龄：《岭南屈翁山诗序》，《西河文集》第2册，商务印书馆，1937年，第325页。

② （清）沈德潜：《清诗别裁集》，上海古籍出版社，1984年，第299页。

③ （清）屈大均：《六莹堂诗集序》，（清）梁佩兰：《六莹堂集》，中山大学出版社，1992年，第4页。

粤秀书院山长陈钟麟年谱简编[*]

孔令彬^{**}

韩山师范学院，广东潮州，521041

摘　要：陈钟麟于道光七年（1827）应两广总督阮元之邀出任粤秀书院山长，以善于识人著称。陈钟麟交游广泛，在广东既有两广总督李鸿宾、广州将军庆宝、广东巡抚成果亭、广东学政翁心存等一班老朋友，也结识了当地学界名流如张维屏、吴兰修、叶梦龙、谢兰生、潘仕成等新朋友，番禺名宦吴荣光更与他是姻亲关系。陈钟麟是一位比较活跃的历史人物，在粤期间，与新老朋友诗酒书画往返，并有多种著作出版于羊城，对于研究这一时期的广东文坛乃至书画界具有一定的文献参考价值。

关键词：粤秀书院；山长；陈钟麟；年谱

陈钟麟，字肇嘉，号厚甫，苏州府元和县大姚村（今车坊镇大姚村）人。乾隆甲寅（1794）经魁，嘉庆己未（1799）进士，翰林院庶吉士，曾任户部主事江西司主事，广东司贵州司员外郎，礼部主客司郎中，军机章京，浙江道监察御史，巡视南城掌京畿道。嘉庆甲子（1804）任顺天乡试同考官，京察一等记名以道府用陕西延安府知府，迁浙江杭嘉湖兵备道。历署浙江盐运使、按察使。历主广东粤秀、浙江敷文书院讲习。著有《就正草》《厚甫诗文集》七种，及《怀杜吟草帖》行世。诰授中宪大夫、晋资政大夫。元配顾氏，继娶吕氏。

---

* 本文为广东省哲学社会科学"十二五"规划2015年度学科共建项目《〈岭南画征略〉校注与岭南画派早期渊源研究"（批准号：GD15XYS13）阶段性成果。

** 孔令彬（1970— ），男，河南开封人。韩山师范学院文学院教授，博士。

陈钟麟祖奕骏，号蓼圃，太学生。诰赠中宪大夫，晋赠资政大夫。祖妣顾氏，诰赠太恭人。汪氏，晋赠太夫人。

陈钟麟父基栋，号松溪，邑庠生。诰赠中宪大夫，晋赠资政大夫。母宋氏，诰赠太恭人，晋赠太夫人。

陈钟麟共有四子，顾氏生泰来、泰登，吕氏生泰华、泰和。

泰来，号茹香，太学生，光禄寺署正，云南曲靖府同知。浙江处州府知府，严州府知府。历署云南昆阳、新兴两州知州，丽江府中甸同知，江府知府，浙江绍兴、温州、宁波、衢州、嘉兴等府知府，三护金衢严道，现浙江补用道，钦加盐运使衔。

泰登，号柏君，太学生。安徽候补知县，历署潜山县、南陵县知县。例授文林郎。

泰华，号蕉堂，又号叔熊，太学生。浙江永嘉场盐课大使，仁和场大使。山西陵川县知县。历署浙江青村黄湾等场大使，龙泉县知县，山西闻喜县知县，钦加知州衔。诰授奉直大夫。著有《燕归来室试帖诗》，待梓。

泰和，号春海，浙江按察使司照磨厅，例授登仕郎。

陈本枝，泰华子。字诜玉，号馨山，又号荣青，行一。道光癸巳年（1833）八月十五日吉时生。系江苏苏州府元和县监生，监生民籍，户部候补主事。同治四年（1865）乙丑科二甲88名进士出身[1]。

以上信息主要出自陈钟麟孙子陈本枝科举朱卷上的履历介绍。有关陈钟麟比较详细的记载还有《[同治]番禺县志》和《[同治]苏州府志》中传的部分。根据陈钟麟自称为"文庄五世孙"[2]，我们又可得知其具体籍贯为苏州府元和县大姚村（今车坊镇大姚村），而大姚村陈氏在明清时期的苏州属于一个科举望族，曾经出现过几个历史文化名人。

陈钟麟十一世祖陈璚（1440—1506），字玉汝，号成斋，明成化十四年（1478）进士。历官庶吉士、给事中、南京都察院左副都御史。博学工诗，尝与杜琼、陈顾等合纂府志，有《成斋集》。

陈璚的儿子陈淳（1483—1544），字道复，后以字行，更字复甫，号

---

①　以上资料见顾廷龙编《清代朱卷集成》（第28本），成文出版社，1992年，第35—40页。

②　苏州图书馆古籍部藏《陈钟麟诗草》手稿本上有一方印章"文庄五世孙"。又，钱思元辑《吴门补乘》："陈钟麟，字肇嘉，文庄公仁锡五世孙，今官浙江杭嘉湖道。"

白阳。进士出身。天才秀发，就经学古文、词章、书法，诗、画咸臻其妙，尝游文徵明门下。在绘画史上，陈淳与徐渭并称为"白阳、青藤"。

陈钟麟的五世祖为文庄公陈仁锡（1581—1636），字明卿，号芝台，明天启二年（1622）进士第三名，授翰林编修，因得罪权宦魏忠贤被罢职。崇祯初复官，官至国子监祭酒，谥"文庄"。陈仁锡讲求经济，性好学，喜著述，有《四书备考》《经济八编类纂》《重订古周礼》等。

四世祖陈济生（1618—1664），字皇士，顾炎武姐婿。少师事黄道周、刘宗周，明崇祯十六年（1643）以荫官太仆寺丞。明亡，隐居奉母。清顺治七年（1650）入惊隐诗社，二十年（1663）与归庄、梁以樟等在虎丘会。编著甚多，有《天启崇祯两朝遗诗》《再生纪略》等。

族兄陈鹤（1757—1811），字鹤龄，号稽亭。史学家。乾隆壬子举人，嘉庆丙辰恩科进士。工部虞衡司主事转营缮司主事，十数年不补官，有节操。晚年主讲江宁尊经书院。著有《桂门初稿》《桂门续稿》等。编撰《明纪》六十卷，未成，由其孙陈克家续编完成。陈克家（？—1860），字梁叔、子刚。少英异，家贫力学，为桐城姚莹所器重。道光二十四年（1844）举人，咸丰三年（1853）大挑以教职用，张国梁聘之掌书记。与太平军战，溃败死之。有《蓬莱阁诗录》四卷。

陈钟麟孙陈小鲁，晚清词人。《蕙风词话》"陈小鲁词"条云："仁和陈小鲁（行）《一窗秋影庵词》《题〈山外看山图〉》《减字浣溪沙》云：'踞虎登龙心胆寒，上山容易下山难。幸君已过一重山。前面好山多似发，一山未了一山环。问君何日看山还。'按唐李肇《国史补》载韩退之游华山，穷极幽险，心悸目眩不能下，发狂号哭，投书与家人别，华阴令百计取之，方能下。此事可作小鲁词第二句注脚。"① 又有梁绍壬《两般秋雨庵随笔》卷四"陈小鲁"条载其人其事。

◎**乾隆二十八年癸未（1763） 1岁**

吴晓铃："我曾获见他应嘉庆四年己未（1799）会试后的殿试卷，中第三甲第一〇二名进士，时年三十七，故推知氏生于乾隆二十八年癸未（1763）。"②

----

① （清）况周颐撰，屈兴国辑注：《蕙风词话辑注》，江西人民出版社，2000年，第415页。
② 吴晓铃：《吴晓铃集》第3卷，河北教育出版社，2006年，第70页。

◎**乾隆五十三年戊申（1788） 26岁**

陈钟麟开始在紫阳书院从钱大昕问学。张慧剑《明清江苏文人年表》引《钱竹汀行述》："元和陈钟麟、陈鹤等先后在紫阳书院从钱大昕学。"①《[同治]苏州府志》卷九十："嘉定钱大昕主紫阳讲席，亟赏其（按：陈钟麟）文。"

◎**乾隆五十五年庚戌（1790） 28岁**

是年入潘奕隽门受业，与潘奕隽子潘理斋结交。

潘奕隽《三松自订年谱》："乾隆五十五年庚戌：门人陈钟麟来受业。"②

◎**乾隆五十八年癸丑（1793） 31岁**

为青浦王昶写七言百韵长诗贺七十寿。

"垂老何堪辱俊英，七言百韵并峥嵘。丰城剑气腾牛斗，果看同题桂苑名（癸丑，予年七十，全椒汪上章庚、长洲陈肇嘉钟麟均以七言百韵律诗来寿，明年，同登乡榜，益信异才之必售也）。"③

王昶（1724—1806），字德甫，号述庵，一字兰泉，又字琴德，江苏青浦人。有《金石萃编》一百六十卷，《明词综》十二卷，《国朝词综》四十八卷，《湖海诗传》四十六卷，《续修西湖志》《青浦志》《太仓志》《陕西旧案成编》《云南铜政全书》等书。

◎**乾隆五十九年甲寅（1794） 32岁**

是年陈钟麟中乡试第二名，一经经魁。"元和陈钟麟府学，亚元。"④

俞思谦《红楼梦集古题词》创作于是年。周春《红楼梦记》中云："余作此记成，以示俞子秉渊，亦以为确寓张侯家事。翌日即集古作歌一首题之，包括全书，颇得翦绡蓄锦之巧，因录存此。"⑤此诗后被陈钟麟采入《红楼梦传奇》置之卷首，以代序言。

---

① 张慧剑：《明清江苏文人年表》，上海古籍出版社，1986年，第1244页。

② （清）潘奕隽：《三松自订年谱》，《北京图书馆藏珍本年谱丛刊》第110册，北京图书馆出版社，1999年，第165—166页。

③ （清）王昶：《春融堂集》卷二十二，清嘉庆十二年塾南书舍刻本。

④ （清）钱思元、孙珮辑，朱琴点校：《吴门补乘　苏州织造局志》，上海古籍出版社，2015年，第437页。

⑤ 王志良：《红楼梦评论选》（下），中国社会科学出版社，1998年，第782页。

◎嘉庆元年丙辰（1796）　34岁

丙辰恩科，是年族兄陈鹤中进士，陈钟麟因故又未参加会试（见钱大昕《就正草序》）。

陈钟麟等上书江苏巡抚反对元和县令实行的"一体当差"。

"嘉庆元年冬，元和知县舒怀脾谕里民亲自支更，一夜两户轮值，鸣锣击柝，风雨无间。里中有失，责成所值者，无论绅衿，一体当差。令出哗然。十月初三日，举人陈钟麟、黄一机、吴廷琛等合词上诉巡抚费文愨淳，即蒙批饬禁，照旧里甲支更，闾里帖然。"①

◎嘉庆三年戊午（1798）　36岁

伊秉绶为陈钟麟书写条幅二通。"十二月廿四日为陈钟麟（厚甫十一兄）临柳公权尺牍二通为条幅。"②

伊秉绶（1754—1815），字祖似，号墨卿，晚号默庵。福建汀洲人，著名书法家。时伊秉绶在刑部员外郎任上，陈钟麟到京参加会试。

◎嘉庆四年己未（1799）　37岁

嘉庆己未科进士，殿试三甲一〇二名，选翰林院庶吉士。同年中与吴荣光、卢坤等交往较多。

是年仲振奎《红楼梦传奇》由绿云红雨山房刊刻出版，为《红楼梦》小说的第一部戏曲改编作品，也是当时最受欢迎的红楼戏。仲振奎（1749—1811），江苏泰州人，字春龙，号云涧，别号红豆村樵（一作红豆山樵）。监生，才华出众，以游幕为生。其《红楼梦传奇》约完成于嘉庆二、三年间。

◎嘉庆五年庚申（1800）　38岁

陈钟麟时文集《就正草》由听雨轩刊刻，钱大昕为之作序，集中收录了陈钟麟在紫阳书院以及乡试中的部分程文作品。

是年，陈钟麟由京返乡，再出发去北京之前，潘理斋在自家三松堂召集吴门文人送陈钟麟入都，瞿中溶在座并有诗送行。

"九月五日，潘理斋农部（世璜）招集三松堂即席赋送陈厚甫庶常（钟麟）入都分韵得文字：佳日酬欢宴，离情感论文。玉堂宾主共，珍馐友朋

---

①　（清）顾震涛：《吴门表隐》，江苏古籍出版社，1999年，第361页。

②　转引自马国权：《伊墨卿先生年表》，《宁化方志通讯》1986年4期，第12—25页。

分。菊淡楼三径，松高傍五云。重阳好风景，无那别陈群。"①

◎**嘉庆六年辛酉（1801） 39岁**

是年续娶吕氏，吕氏为"毗陵七子"之一吕星垣长女。"时陈婿厚甫在庶常馆，亦遣迎长女，女亦来告辞，嘉庆辛酉上元后三日，叔讷记。"②

吕星垣（1753—1821），字叔讷，号湘皋，江苏武进人。廪贡生，乾隆五十年（1785）召试一等一名，由署江苏丹阳训导，仕至直隶河间知县。乾隆五十五年（1790），摄吴县训导事。会邑人潘某捐修学宫，府君（吕星垣）为之经理，鸠工勒碑。吴下多名士，慕府君名，从游日众。或于是年陈钟麟、吕星垣二人结识。

本年庶吉士散馆后，授户部主事③。

◎**嘉庆七年壬戌（1802） 40岁**

得《五同会图》，转赠给族兄陈鹤。

《雪桥诗话》："明弘治中，稽亭十一世祖都宪琼，与同县吴文定宽、王文恪鏊、常熟李文安杰、吴江吴尚书洪并官京都，公暇辄具酒为会，为五同。谓同时、同乡、同朝，而又志同、道同也。文定为序，诸人各有诗。尚书属越人丁衫写为图，各藏一本。陈氏所藏后毁于火。嘉庆壬戌，陈厚甫观察钟麟获一图，不知出自谁氏，以归稽亭。稽亭为跋，复为五赞。"④

◎**嘉庆九年甲子（1804） 42岁**

是年任顺天乡试同考官。《清秘述闻续》卷十三：同考官，嘉庆九年顺天乡试，"户部主事陈钟麟字厚甫，江苏元和人，己未进士"⑤。

◎**嘉庆十年乙丑（1805） 43岁**

记名以军机章京用，俟有缺出挨次充补。陈钟麟一直到嘉庆十六年（1811）二月才由户部主事入直。

《枢垣记略》卷四："（嘉庆）十年十月二十九日旨：童槐、梁承福、

---

① （清）瞿中溶：《古泉山馆诗集》卷三，《清代诗文集汇编》第492册，上海古籍出版社，第578页。

② （清）吕星垣：《静远斋饮酒记》，转引自杜桂萍《清杂剧作家吕星垣年谱简编》，《中华戏曲》第42辑。

③ 一说授翰林院编修。陈钟麟自己在几次题名落款时有时署翰林院庶吉士，有时又署翰林院编修。陈钟麟的同年吴荣光在说到陈钟麟履历时只提及庶吉士，未说授编修之事，应确。

④ （清）杨钟羲：《雪桥诗话余集》，北京古籍出版社，1992年，第366页。

⑤ （清）法式善等：《清秘述闻三种》（中），中华书局，1982年，第821页。

王厚庆、王凤翰、李芳梅、戴聪、余霈元、陈钟麟、牛坤、程同文、聂镜敏、赵盛奎、杨振麟、朱渌、秦绳曾、陆萐、吴书城、张光勋、张允垂、吴颐，俱著记名以军机章京用，俟有缺出挨次充补。"[1]

◎**嘉庆十二年丁卯（1807）45岁**

时任户部主事，旧友瞿中溶来京拜访。

《瞿木夫自订年谱》："六月十三日抵京，访亦轩内兄于李铁拐斜街，曹定轩给谏宅即寓东闲壁客店。时从弟勺亭先来京加捐同知，钱晓帆姑夫、金倩谷僚婿俱馆于京师，旧友顾南雅编修、陈稽亭虞部鹤、龚闇斋郎中丽正、陈厚甫户部钟麟，俱往还。"[2]

瞿中溶（1769—1842），字镜涛，一字木夫，嘉定人。嘉庆十九年（1814）进士，曾任辰州府通判、安福县知县。钱大昕长女婿。生平诗文、书法、绘画，无所不能，亦擅篆刻，并以刻印手法刻竹，别有风格。收藏古代印章、古钱、铜镜甚丰，蓄古镜多至数百枚，择有铭文款识者，考订辑《石镜轩图录》一书，又有《古泉山馆印存》《古官印考》《钱志补》《钱志续》。瞿中溶与陈钟麟交往应始于陈钟麟入钱大昕门墙之后。

◎**嘉庆十六年辛未（1811）49岁**

本年入直军机处，应是陈钟麟官运转机之年，此前，其一直在户部近十年。

《枢垣记略》卷十八："陈钟麟 字厚甫，江苏元和人。嘉庆己未进士。十六年二月由户部主事入直，官至杭嘉湖道。"[3]

《吏部为陈钟麟接署章京一缺事》："嘉庆十六年二月二十五日，内阁抄出军机章京光禄寺少卿卢荫溥现在奉旨出差，所有军机章京一缺应将现经服满以次应补之户部候补员外郎陈钟麟接署。"[4]

◎**嘉庆十七年壬申（1812）50岁**

已任户部贵州司员外郎，年末又升任礼部主客司郎中。

---

① （清）梁章钜：《枢垣记略》，中华书局，1984年，第40页。

② （清）瞿中溶：《瞿木夫先生自订年谱》，《北京图书馆藏珍本年谱丛刊》第131册，北京图书馆出版社，1999年，第250页。

③ （清）梁章钜：《枢垣记略》，中华书局，1984年，第216页。

④ 出自台湾"中央研究院"历史语言研究所藏内阁档案。

"郎中：陈钟麟，江苏苏州府元和县进士，年五十一岁，现任户部贵州司员外郎，论俸推升。嘉庆十七年十二月分签升礼部主客司郎中缺。"[①]

◎嘉庆十八年癸酉（1813） 51岁

是年考选为浙江道监察御史，"陈钟麟，字肇嘉，号厚甫。江苏元和县人，嘉庆己未进士。由礼部郎中考选浙江道御史，升任浙江杭嘉湖道"[②]。

◎嘉庆十九年甲戌（1814） 52岁

作为监察御史的陈钟麟本年上了多道奏折，其中军机处存三道[③]，《仁宗实录》存一道。期间陈钟麟转为掌广西道监察御史。

03-1702-077 《浙江道监察御史陈钟麟奏请敕部循例将新疆等处遣犯一体查办分别减释事》 嘉庆十九年闰二月二十四日。

03-2500-031 《掌广西道监察御史陈钟麟奏为江苏省米贵请通商籴籴等事》 嘉庆十九年九月十六日。

03-2500-032 《掌广西道监察御史陈钟麟奏为良民因宜抚恤莠民亦须弹压事》 嘉庆十九年九月十六日。

《仁宗实录》（嘉庆十九年二月乙卯）。谕内阁，御史陈钟麟奏《重循吏以敦化理》一折。

◎嘉庆二十年乙亥（1815） 53岁

荆石山民《红楼梦散套》由蟾波阁出版，全书收套数十六，每套附图二幅或一对页。仲云涧《红楼梦传奇》、荆石山民《红楼梦散套》与陈钟麟《红楼梦传奇》是清代红楼戏中影响最大的三部。

吴镐，清戏曲作家，号荆石山民，江苏太仓人。嘉庆前后在世，曾为监生。

◎嘉庆二十二年丁丑（1817） 55岁

是年，陈钟麟在巡视南城掌京畿道任上以"京察一等记名"用为陕西延安知府，这也是陈钟麟在京为官近二十年之后第一次出任地方官。

程晋芳子从京师到西安过延安，请陈钟麟为其父《勉行堂文集》写序

---

① 秦国经主编：《中国第一历史档案馆藏清代官员履历档案全编》第24册，华东师范大学出版社，1997年，第743页。

② （清）黄叔璥：《国朝御史题名》，清光绪刻本，第90页。

③ 中国第一历史档案馆《清代军机处嘉庆朝录副奏折档案》目录（第十三辑）。

（见嘉庆二十五年刊刻本）。

又本年宜川知县赵秀峰修建城墙，陈钟麟有重修县城记勒石，事在《宜川县志》中。

◎嘉庆二十三年戊寅（1818） 56岁

陈钟麟为赵秀峰开渠修河事和诗一首。

载曰："戊寅秋奉调入帘，府君时议开渠，教民种稻。乃言于卢中丞，量移外帘，期速归兴役，阅月渠成。府君喜赋诗，厚甫先生和韵，有'太平耕凿惠无穷，郑白渠成不计功。赋就西京垂荫句，从今塞下报年丰。'之句。"①

◎嘉庆二十四年己卯（1819） 57岁

石韫玉创作《红楼梦》十出，有嘉庆二十四年己卯（1819）石氏花韵庵家刊本。

石韫玉（1756—1837），文学家、藏书家。字执如，号琢堂，晚称独学老人。江苏吴县人，乾隆五十五年（1785）进士。晚年归隐与黄丕烈等创办"问梅诗社"。陈钟麟与这位同乡交游颇多，晚年亦加入问梅诗社活动。

◎嘉庆二十五年庚辰（1820） 58岁

陈钟麟《〈［嘉庆］定边县志〉序》："嘉庆二十五年岁次庚辰春二月，赐进士出身，诰授朝议大夫陕西延安府知府前礼部主客司郎中、军机章京、掌京畿道监察御史、翰林院庶吉士元和陈钟麟序。"②

◎道光元年辛巳（1821） 59岁

是年，陈钟麟萌生退意，吴县吴慈鹤作《闻厚甫太守丐疾却寄二首》，记其近况，谓可归老娄江。

《闻厚甫太守丐疾却寄二首》其一："忙里抽闲得几人，羡君勇决世无伦。猛抛沧海二千石，肯恋魏风三百囷。长孺寡言长谢病，彦升封蜜正宜贫。娄江自有藏春坞，归种黄精老圃新。"其二："三年清净盖公堂，久已齐民雀鼠忘。遗爱春郊截鞭镫，归程秋水送馀艎。云经作雨收逾妙，琴到无弦淡更长。我亦久耽松菊趣，他年龛画两柴桑。"③

---

① 杨世钰、赵寅松主编：《大理丛书·族谱篇》卷四，云南民族出版社，2009年，第1942页。

② （清）黄沛修：《［嘉庆］定边县志》，清嘉庆二十五年刻本。

③ 《清代诗文集汇编》编纂委员会编：《清代诗文集汇编》第524册，上海古籍出版社，2010年，第176页。

吴慈鹤（1778—1826），字韵皋，号巢松，江苏吴县人。嘉庆十四年（1809）进士，改翰林院庶吉士。散馆，授编修。充云南乡试副考官，督学河南、山东。性好游览，使车所至，山水为缘，而发之于诗。官至翰林院侍讲。

是年陈钟麟长子陈泰来由光禄寺署正升任云南曲靖府同知。载曰："臣陈泰来，江苏苏州府元和县监生，年三十四岁。现任光禄寺署正。嘉庆二十三年十一月奉记名外用。道光元年十二月分签升云南曲靖府同知。"①

陈钟麟有一弟陈钟岳因陈泰来授封为奉直大夫。《吴门表隐·杂记》："光禄寺署正陈泰来封叔父陈钟岳为奉直大夫。"②

◎**道光二年壬午（1822） 60岁**

是年二月，陈钟麟由延安知府调任浙江杭嘉湖兵备道，自此以后除了期间偶有外出，便常住在杭州。

在杭州吴荣光寓所观看赵季由所藏《宋吴居父书碎锦帖》。

"道光壬午十一月，以宋拓英光堂米老题巨然海野诗对观，颇悟大令、长史源流消息。南海吴荣光识。同日观者，元和陈钟麟、顺德张青选、侯官林则徐。携此卷来者，阳湖赵学辙也。"③

吴荣光（1773—1843），字伯荣，又字殿垣，一号荷屋、可庵，别署为拜经老人，晚年又别号石云山人，广东南海人。嘉庆己未进士，历任编修、擢御史及巡抚天津漕务（河运）。道光年间官到湖南巡抚兼署湖广总督，后因事被降职为福建布政使。吴荣光与陈钟麟既是同年，又是亲家。

本年林则徐为浙江盐运使，与陈钟麟多有交往，记在《林则徐日记》中即有三次：

"（道光二年六月）十六日，陈厚甫（杭嘉湖道）往海塘，遣人送之。"

"（道光二年七月）二十日，壬辰。晴。早晨诣院署禀谒，顺途拜客。陈厚甫送时文稿，阅至夜三鼓。"

"（道光二年八月）十八日，己未。晴。早晨成方伯、蔡都转俱进贡院禀谒中丞，即同在陈厚甫观察处早饭（厚甫在闽提调），下午清江有捷足来，接

---

① 秦国经主编：《中国第一历史档案馆藏清代官员履历档案全编》第29册，华东师范大学出版社，1997年，第416页。

② （清）顾震涛：《吴门表隐》，江苏古籍出版社，1999年，第354页。

③ （清）吴荣光：《辛丑消夏记》卷二，清光绪乙巳刊本，第26页。

本月十一日信。"①

是年陈钟麟流行最广的时文选本《听雨轩读本今集》由广州芸香堂刊印出版。

是年，叶绍本招同游栖霞，有诗纪其事。《招陈厚甫前辈钟麟保眠琴省郎及积堂潘项卿同游栖霞和眠琴见赠韵》："洞壑回环曲磴通，新秋景物似春融。云山合沓凭栏际，楼阁参差淹画中。岩气扑人衣袂冷，林阴入户酒杯空。风泉沙屿传佳咏，独有元长句最工。"②

◎道光三年癸未（1823） 61岁

道光三年（1823）林则徐调任江苏按察使，陈钟麟曾署理浙江盐运使一年。"浙江盐运使，陈钟麟，江苏元和人，道光三年署任。"③

是年陈钟麟一女嫁吴荣光二子吴尚志为续室，时吴荣光署任浙江布政使。

"道光三年癸未：是年资政公纳侧室伍太孺人，为子尚志续娶陈氏（元和厚甫观察同年讳钟麟之女）。尚志先受业于厚甫观察之门，至是留居甥馆读书，十二月，余北行入觐。"④

吴尚志夫妇在杭州陈钟麟家一直住至道光七年（1827）。

"道光六年，补授福建布政使。赴闽，路出杭州，子尚志及妇陈氏，居甥馆读书。十月抵闽藩任。""孙女庆官生，尚志妇陈氏出，后许字萧山汤学治（敦甫协揆同年名金钊之孙郎中名宽之子）。""道光七年，是年伍夫人携尚忠由粤到闽，尚志由浙到闽，先后随任。"⑤

◎道光四年甲申（1824） 62岁

是年陈钟麟在杭嘉湖道任上。

《宣宗实录》："（道光四年）九月癸巳，禁浒墅关南北商船偷漏出海。丙申，贺长龄为江苏按察使。戊申，命苏松太道龚丽正、杭嘉湖道陈钟麟、

---

① 中山大学历史系中国近代现代教研组、研究室编：《林则徐集·日记》，中华书局，1962年，第99、102、105页。

② （清）叶绍本：《白鹤山房诗钞》卷十八，清道光七年桂林使廨刻增修本。

③ 李榕：《［民国］杭州府志》卷十八，民国十一年本，第440页。

④ （清）吴荣光编，（清）吴尚忠、（清）吴尚志补编：《荷屋府君年谱》，《北京图书馆藏珍本年谱丛刊》第134册，北京图书馆出版社，1999年，第334页。

⑤ （清）吴荣光编，（清）吴尚忠、（清）吴尚志补编：《荷屋府君年谱》，《北京图书馆藏珍本年谱丛刊》第134册，第341—343页。

留苏降调道员沈惇彝等勘估江、浙水利应修各工。"①

◎**道光五年乙酉（1825） 63岁**

是年陈钟麟因浙江粮道水手滋事被牵连而连降三级，陈钟麟也因此致仕。

《宣宗实录》：（道光五年八月间）谕内阁、程含章奏、查明粮艘水手滋事情形。据实参奏一折。"杭嘉湖道陈钟麟，不即驰往督办，迟至十余日始行前往，亦属不知事体轻重。李宗传、陈钟麟，俱着交部议处。署巡抚黄鸣杰并不亲往督办，已属软弱无能。又复有心讳饰，含混入奏，实属辜恩溺职，黄鸣杰着交部严加议处。寻议上，得旨：黄鸣杰着即革职，罗尹孚、庆康俱着革职，李宗传、陈钟麟俱着降三级调用。"②

致仕后的陈钟麟居住在杭州仓基，其子陈泰来后也侨居于此。高鹏年《湖墅小志》："道光间，元和陈厚甫先生钟麟以杭嘉湖道致政，为敷文书院掌教，侨寓仓基。其子茹香太守泰来亦设公馆于此，与余外家金氏仅一墙之隔，时见车马盈门，填街塞巷。而钱秋岘太守家亦世居于此。未几，金子梅舅氏亦由科甲而当京官，时人以仓基为富贵街云。今相隔三四十年，兵燹一遭，半成焦土，岂地理亦有盛衰乎！"③

本年中秋前陈钟麟为孙二农的怡园作《游怡园记》："乙酉中秋前人日，记并书。"文收在《武林坊巷志》，系从《厚甫文集》中辑出④。

◎**道光六年丙戌（1826） 64岁**

是年冬在扬州，未知因何事。《陈钟麟诗草》中《致那绎堂师书》云："受业前冬在扬州阅逆回一事，私作《新疆议》一篇，因身已退，间守庶人不干议之戒，从不放出示人。"⑤

"元和陈钟麟客扬州，与谢堃在桃花庵会，《兰言二集》六。"⑥

◎**道光七年丁亥（1827） 65岁**

是年夏陈钟麟至广州，接阮元邀请拟出任粤秀书院掌教。

---

① 《清宣宗成皇帝实录》卷七十三，钞本。

② 《清宣宗成皇帝实录》卷八十二，钞本。

③ 孙忠焕主编：《杭州运河文献集成》第1册，杭州出版社，2009年，第444页。

④ （清）丁丙：《武林坊巷志》第4册，浙江人民出版社，1987年，第401—403页。

⑤ 见《陈钟麟诗草》手稿本，苏州市图书馆古籍部藏书，后文出处不再注。

⑥ 张慧剑：《明清江苏文人年表》，上海古籍出版社，1986年，第1417页。

《陈钟麟诗草》中《子抑表弟六十寿》第二首诗末自注云："余自己未入都后，官途南北，暌隔三十余年，丁亥夏，襆被游粤，握手会面，各道生平。"

是年除夕陈钟麟与甲寅同年广东巡抚成果亭一起度过，并诗纪其事。

《陈钟麟诗草》云："丁亥除夕，果亭中丞用六色子以当镜，卜余得五三二，拍案叫回，三月初二春属必来矣。预为此诗，以志验否，亦中丞所嘱也。粤左江南各一天，年华如水梦如烟。春光最好惟三月，预卜佳音上巳前。"

中秋后四日应朋友之邀同游海珠寺，有《中秋后四日，李芗甫观察、芸甫水部招同庆蕉园宫保、陈厚甫观察、潘伯临比部、陈理斋少尹集海珠寺》（张维屏《听松庐诗钞》卷十四）诗。

是年十月陈钟麟与伍竹楼观察等朋友两游云泉山馆，并题楹帖，后醉卧于小楼。见《陈钟麟诗草》。

是年陈钟麟外孙袁兰升出生，陈钟麟有一女嫁渡桥袁氏袁学潮。

袁兰升（约1827—1878），字青士，号铜井山人，学澜侄辈。外祖父陈厚甫、表兄陈馨山均为翰林。兰升为元和县诸生，气节高昂，广交天下文人雅士①。

是年，叶绍本有词送陈钟麟到广东。《金缕曲》（送陈厚甫前辈赴粤东讲席，用己巳岁和同人韵）："劝尽瑶卮酒。看江山、有情如此，公能留否。一代才人陈无已，早识名高北斗。问故里、桥三百九。鸿雪前游同指点，谒崇祠、曾拜姑苏守（余与先生同肄业紫阳，讲舍与韦公祠相近）。卅载事，猛回首。声华不胫天涯走。剧喜是、殊方把袂，蛮乡携手，桂岭环城岚烟翠，合让诗仙领受。只惆怅、相思江口，十幅蒲帆东去速，赋骊歌、拙调惭粗丑。仁尺素，书堂牖（先生将主讲粤东）。"②

◎**道光八年戊子（1828）66岁**

是年春天陈钟麟开始接掌粤秀书院，秋季乡试粤秀书院中式者十八人，以善于识人著称。曾把书院优秀者番禺杨荣绪、顺德卢同伯、南海桂文耀、番禺陈澧四人，目为"四俊"，并书写一联将卢、桂两人名字隐喻其中："卢橘夏熟，桂树冬荣……语为楹帖，悬所居室，未几果并捷南宫，

---

① 张学群等编：《苏州名门望族》，广陵书社，2006年，第457页。

② （清）叶绍本：《白鹤山房词钞》卷二《花影斋倚声集》，清道光七年增修本。

闻者服其鉴识不谬。"①

是年夏天，陈钟麟到桂林旅行，一路行来，题咏不绝，其《阳朔永邮记》保存在当地方志中，为后来很多散文选本录用。

其《致英煦斋相国书》："受业上年因芸台师有粤中之约，今春到粤，留掌粤秀书院，夏间又作粤西之行，山水之佳，此为绝胜。每到一处，为题咏。"见《陈钟麟诗草》。

本年，其原著时文集《就正草》以《陈厚甫先生全稿》之名重刊，只是封面多了"粤秀书院掌教陈厚甫先生"几字，仍以听雨轩刊印。苏州大学图书馆有藏本。

四月二十六日，送书给越华书院山长谢兰生。"陈厚甫前辈送至时文稿"（谢兰生《常惺惺斋日记》），其后二人多有交往。

陈钟麟初到广州粤秀书院任上，既有两广总督李鸿宾、广东巡抚成果亭、广州将军庆宝、广东学政翁心存等一班老朋友，也有新结识的当地学界名人如张维屏、吴兰修、叶梦龙、谢兰生等，生活过得相当惬意，其《致苏芸耕中丞书》云："麟自逗留东省半载，于兹上游深相器重，诸生濯磨，上下之间，颇为想得。抑且赋诗饮酒，赏雨看花，朝夕招邀，琴樽多兴，老年得此，良足自娱。"见《陈钟麟诗草》。

又，陈钟麟《红楼梦传奇》剧本完成于此年前，其《致英煦斋相国书》云："再，近年来初填词并度曲本，系属初学（四字涂去）。另有手卷一个，尚未写完。"笔者判断陈钟麟创作《红楼梦传奇》当于其在杭嘉湖道任上晚期，因系初学，所以仍在细致的推敲之中。

又，本年为南海人伍东坪观察及其子梅村孝廉题画诗多首，其中有被其孙伍竹楼观察收入《梅关步武图咏》的七律作品二首。

本年《陈钟麟诗草》中有《送果亭中丞同年北行并贺六十寿》三首，成果亭调离广东巡抚，接替他出任广东巡抚的卢坤是陈钟麟己未科的同年。

是年腊月朔日，陈厚甫邀请吴兰修、何惕庵等人到学海堂观梅花，其弟子陈澧写诗《腊月朔日厚甫师招同吴石华何惕庵两学博杨黼香张玉堂学

① （清）梁廷枏：《粤秀书院志》道光二十七年刊本，赵所生、薛正兴主编：《中国历代书院志》第三册卷十六《陈钟麟传》，江苏教育出版社，1995年，第245—246页。

海堂探梅因与玉堂登镇海楼》记之①。

◎ **道光九年己丑（1829） 67岁**

道光八年（1828）六月，吴荣光丁父忧返乡，十一年（1831）除服，期间与陈钟麟多有往返。

吴荣光《辛丑消夏记》卷三《元赵文敏轩辕问道图》："道光九年正月，吴门陈钟麟、南海谢兰生、观生，同观于叶氏之风满楼，兰生题字。"②

又，本年吴荣光为张维屏书写的扇面也提到他们一起参加了番禺庄有恭的重葬仪式："庄滋圃节相之殡，权厝祖茔旁六十余年。余偕张南山司马、陈厚甫观察、陈莲史太守、谢里甫庶常、张云巢直指、潘伯临比部，卜地告助，同人会葬有日，其曾孙廷启以墓表请。用杜《九日蓝田》韵赋诗：众峰罗拜百城宽，定卜归魂一笑欢。五纪露霜新宅兆，三朝文武旧衣冠。丰碑自愧韩文重，贵冑谁怜潘国寒。只解直书羊杜事，他年应有泪痕看。"③

庄有恭重葬一事，《陈钟麟诗草》中还录有其替广州将军庆宝所写《题庄滋圃协揆遗照》七言歌行一首。

《陈钟麟诗草》中《致那绎堂师书》写于本年正月初六日。

本年重阳节前，陈钟麟回到苏州老家，并为敬山堂落成撰写对联一副：畅矣兰亭寄其天趣，快哉竹茂揽此盛观。其自注云："己丑重九前一日，吾乡敬山堂落成，招余小饮，再集兰亭字以赠。"

五月十四日，送谢兰生礼品，"陈厚甫前辈送凤鸭四只"（谢兰生《常惺惺斋日记》）。

◎ **道光十年庚寅（1830） 68岁**

是年粤秀书院监院吴兰修撰《陈厚甫先生小影》，勒石存于书院。

"道光戊子，陈厚甫先生来主粤秀书院，岭海之士翕然宗之。是年举乡荐者，十有八人。明年捷南宫入词馆者一人，皆先生识拔士也。先生精于制艺，有《听雨轩集》，世所称二十名家者，今年六十有八。每有程作，

① （清）陈澧：《陈澧集》第1册，上海古籍出版社，2008年，第545页。

② （清）吴荣光：《辛丑消夏记》卷三，清光绪乙巳刊本，第24页。

③ 番禺市地方志编纂委员会办公室主持整理：《［民国］番禺县续志（点注本）》，广东人民出版社，2000年，第764页。

风采英英，精力弥满，所谓寿者相矣。适陈子云为先生写照，长眉修髯如见，齿齿然指画经义。时也，及门桂星垣庶常文耀以端石刻之，留于讲舍。先生名钟麟，元和人，嘉庆己未进士，官浙江杭嘉湖兵备道。庚寅十月，监院吴兰修记并书。"①

是年，陈钟麟《就正斋帖体诗》四卷由苏州文渊堂刊刻出版，宋清寿笺注，辽宁图书馆藏。

◎道光十一年辛卯（1831） 69岁

是年，陈钟麟长子陈泰来第一次调署严州知府，后曾四任严州知府，前后凡二十余年。

是年春，张维屏为陈钟麟绘画题长诗《溪山访梦图，为陈厚甫观察钟麟题》。诗的结尾两句："请将新制红楼曲，谱入霓裳风水声。"自注云："先生近撰《红楼梦传奇》。"②

是年底，陈钟麟辞去粤秀书院掌教一职，具体原因可能与他的八股文教学在本年的秋闱成绩不理想有关。梁章钜《制艺丛话》记载了此事："陈厚甫掌广东书院，以'所以动心忍性，曾益其所不能'命题，诸生文有平列三扇者，必遭呵斥，悬为厉禁。值乡试闱题即此，凡书院肄业生笃信师说者，无不改头换面，相戒不作三扇，榜发无一隽。及阅闱墨，则无非三扇平列者，惟解元文以动忍与增益平对，后比云：'动忍以崇其德，增益以富其才。'稍合厚甫之说而已。闻厚甫因此气沮者旬余日，至欲辞馆他适云。"③

◎道光十二年壬辰（1832） 70岁

陈钟麟于道光十二年正月归杭州寓所（陈澧自记）："十二年壬辰正月，厚甫先生归杭州。"陈澧在道光十二年中举后，先后数次参加会试，其中道光十三年、十五年、二十一年皆经过杭州，登门拜见陈钟麟④。

陈钟麟第三子陈泰华一直跟随父亲，是年开始出任浙江黄湾场大使。《海宁州志稿》卷二十四职官志下："道光十二年，陈泰华，元和人，监生署。"⑤

① 冼剑民、陈鸿钧编：《广州碑刻集》，广东高等教育出版社，2006年，第964—965页。

② （清）张维屏：《张南山全集》（一），广东高等教育出版社，1995年，第457页。

③ （清）梁章钜著，陈居渊校点：《制艺丛话·试律丛话》，上海书店出版社，2001年，第215页。

④ 汪宗衍：《陈东塾先生年谱》，《岭南学报》1935年1期，第55—119页。

⑤ 许傅霈、朱锡恩等纂：《海宁州志稿》，成文出版社，1983年，第2640页。

◎**道光十三年癸巳（1833） 71岁**

翁心存在广东学政任上即与陈钟麟相识，是年过安徽潜山，遇见了陈钟麟二子陈泰登，时泰登署潜山知县。

道光十三年："（三月五日）此三十五里甚大，抵四十余里。店甚湫隘，不可容车，而饮馔甚精腆。署县令试用知县陈泰登，厚甫先生之第二少君也。问其家人，云厚甫先生今年亦要来。"①

本年八月十五日，陈钟麟孙子陈本枝生。陈本枝，父泰华，咸丰五年（1855）顺天副榜，同治乙丑年（1865）进士，晚清书画家。

是年陈泰华转任永嘉场大使，并于道光十六年（1836）、十九年（1839）两次回任②。

◎**道光十四年甲午（1834） 72岁**

三子陈泰华仍任永嘉场大使。《永嘉县志》有《张振夔传》："所居滨海，多潮患，振夔谋于场使陈泰华，督民筑软塘，南起天马，北抵黄石，绵亘二十里，复于内河要冲建闸，以时启闭，民赖之。"③

是年顾震涛编纂之《吴门表隐》二十卷由小辟疆园梓板。

陈钟麟与顾震涛有姻亲关系，在《吴门表隐》中顾震涛称陈钟麟为"表伯"。陈钟麟为顾震涛《吴门表隐》曾写有一首律诗："忘年谊笃范张亲（君之曾大母，余祖姑母也），卅载重逢合有因。移棹朗吟湖上月（君甫弱冠已有文望，是时在韩旭亭、张芝冈、姜度香、郭晓泉、潘榕皋诸公斋中，得时相见。兹因令兄竹虚别驾官浙中，重晤苏堤，须发已斑白矣），听钟忽悟眼前春。佐扬苦节三千口（君同诸公采访苦节妇女，汇请旌典），勤访名贤五百人（先中丞、文庄、白阳三公均在列）。羡子集成表隐重，树功桑梓笔扶轮。"④

顾震涛（1790—1834），长洲人。又名瀚，字默庵、景澜，号小野、非之、墨安。一生怀才不遇，遭遇坎坷，自称为"长洲茕独民"。幼专谱学，

---

① （清）翁心存著，张剑整理：《翁心存日记》第1册，中华书局，2011年，第93页。

② （清）张宝琳：《永嘉县志》卷五，清光绪八年刻本，成文出版社，1983年，第538—539页。

③ （清）张宝琳修，永嘉县地方志编纂委员整理：《永嘉县志》（中），中华书局，2010年，第735页。

④ （清）顾震涛：《吴门表隐》，江苏古籍出版社，1999年，第62页。

尤好吟咏，吴中山林古迹，题咏殆遍。终年著述，无间寒暑。

◎**道光十五年乙未（1835） 73岁**

是年林则徐在江苏巡抚任上，在苏州再次遇见陈钟麟。陈钟麟回杭州不久即加入了石韫玉等在苏州组织的问梅诗社，林则徐也经常与诗社成员唱和。林则徐日记记载："（道光十五年十月）初九日，甲子。昨夕转西风，今日大晴，可卜一冬和暖。赴石竹堂家答拜陈厚甫，即回。午后延画士胡岂香在上房写照，常州医家吴仲山晚饭后回舟去……十二日，丁卯。晴。早晨西北风大，赴阊门一带拜客，即回。延陈厚甫、石琢堂、吴棣华来署早饭。未刻舟儿由闽到署，系九月二十六日自闽起身，由陆路来。"①

是年陈钟麟《红楼梦传奇》由广州汗青斋刊刻出版，封面题字汪骈卿。《翁心存日记》记载了陈钟麟本年刻书情况："廿三日（11月13日）晴。清晨，中丞以下诸公来话别。未刻起程，出武林，答陈厚甫前辈，观其手书《文选》及新刊近作、杜诗、试帖。遂至马头，退斿总宪、敬端中丞以下各官皆来送，登舟后复来话别。诸生送者约廿人（厚甫先生以所刊制义、传奇相赠，并来话别）。遂解维泊谢村。"②

杨恩寿评陈钟麟所作《红楼梦传奇》："所见者仅陈厚甫先生所著院本耳。先生工制艺试帖，为十名家之一。度曲乃其余事，尽多蕴藉风流、悱恻缠绵之作，惜排场未尽善也。原书断而不断，连而不连，起伏照应，自具草蛇灰线之妙。先生强为牵连，每出正文后另插宾白，引起下出；下出开场又用宾白，遥应上出，始及正文。颇似时文家作割截题，用意钩联，究非正轨。"③

是年陈钟麟三子陈泰华始任龙泉知县。二子泰登任南陵县知县，至十七年（1837）结束。

◎**道光十七年丁酉（1837） 74岁**

陈钟麟至少于本年开始出任杭州敷文书院掌教。

《瞿木夫自订年谱》道光十七年："九月，携叶劾之赴杭，寓居觉苑寺

① 中山大学历史系中国近代现代教研组、研究室编：《林则徐集·日记》，中华书局，1962年，第205—206页。
② （清）翁心存著，张剑整理：《翁心存日记》第1册，中华书局，2011年，第175页。
③ （清）杨恩寿：《杨恩寿集》，岳麓书社，2010年，第339—340页。

僧房，访家颖山，纵观其所藏鼎彝各器及古镜汉印瓦当诸物。又访陈厚甫钟麟、龚闰斋丽正二观察，时皆掌教书院，余在京时旧交也。"①

陈钟麟与龚丽正同朝为官多年，二人熟悉并多有交往，惜二人诗文集于今皆不存。

此年，陈钟麟《红楼梦传奇》有两出被选入曲谱传唱。一粟《红楼梦书录》中收有《红楼梦曲谱》一书，这个带有曲谱的道光十七年（1837）之前的手抄本，据其考证，其中的《圆诨》《闱试》两出折子戏即是出自陈钟麟的《红楼梦传奇》②。

◎道光十九年己亥（1839） 76岁

陈钟麟仍在敷文书院掌教任上。

是年林云楼（大宗）辑当时浙江名人印章为《名人印集》，此集录丁钝丁敬、黄小松易、蒋山堂仁、奚铁生冈、胡长庚唐、张芑堂燕昌、陈秋堂豫钟、陈曼生鸿寿、高爽泉垲、江石如介、屠琴坞倬、汪静渊潭、孙古云均、徐问渠楙、赵次闲之琛、汪驺卿之虞，共十六人，故又名《十六家名人印谱》。其中的"汪驺卿之虞"即是为陈钟麟《红楼梦传奇》封面题字之人。林云楼请朱文翰和陈钟麟各写一序。陈序约二百二十余字，结尾署"道光己亥二月花朝，元和陈钟麟题于听雨轩"③。

◎道光二十年庚子（1840） 77岁

道光二十年：陈厚甫主讲杭州敷文书院。见《道光庚子恩科浙江乡试同年齿录》第九册。

是年陈钟麟长子陈泰来在严州知府任上，《遂安县志》载："英人扰浙，知府陈茹香募修城垣，以资防御。"④

◎道光二十一年辛丑（1841） 78岁

是年陈钟麟自编诗文集《自在轩吟稿》。

"元和陈钟麟一八四一年自定《自在轩吟稿》，此年年七十八。《自在

---

① （清）瞿中溶：《瞿木夫先生自订年谱》，《北京图书馆藏珍本年谱丛刊》第131册，北京图书馆出版社，1999年，第361页。

② 一粟编：《红楼梦书录》，上海古典文学出版社，1958年，第323页。

③ 此处资料引自专业网站"真微印网"上之《十六家名人印谱》刻本。

④ 姚桓等纂：《遂安县志》，成文出版社，1975年，第485页。

轩吟稿手稿题语》。"①

正月，为《移建参议丁公祠堂碑记》题额，落款为："赐进士出身诰授中宪大夫浙江杭嘉湖兵备道前翰林院编修乡后学陈钟麟篆额。道光二十一年岁次辛丑春王正月上石。"②

其门生陈澧道光二十一年会试过杭州拜谒陈钟麟，二人同游西湖，时为正月。"闻广东有夷寇，先生曰：'此事今人不能办，今人但能办有旧案之事，此事无旧案也。当知诸史即旧案，为官不可不读史。'"③

◎**道光二十三年癸卯（1843）81岁**

陈钟麟约于本年去世。

主要依据光绪《严州府志》卷十一陈钟麟长子陈泰来小传："陈泰来，字茹香，江苏元和县人，道光十一年署，十六年补授，十七年任，二十年护理金衢严道。二十五年调署宁波府。二十六年回任。三十年调署温州府，咸丰元年回任，寻又调省，四年回任。"④

从陈泰来任职履历可以看出，道光二十五年（1845）之后几乎没有中断，且地方志中均可查，而之前恰有几年时间空缺。我们认为陈泰来当是在二十三年金衢严道上丁忧的，三年之后补授署理宁波知府。

作者通信地址：广东省潮州市韩山师范学院文学院，邮编：521041。

责任编辑：王富鹏

---

① 张慧剑：《明清江苏文人年表》，上海古籍出版社，1986年，第1472页。
② 王国平、唐力行主编：《明清以来苏州社会史碑刻集》，苏州大学出版社，1998年，第502页。
③ 刘善良：《陈澧俞樾王闿运孙诒让诗文选译》，巴蜀书社，1997年，第21页。
④ （清）吴士进修：《［光绪］严州府志》，成文出版社，1970年，第224页。

朱次琦年谱补证[*]

郭子凡[**]

华南师范大学，广东广州，510006

摘　要： 朱次琦（1807—1881），广东南海九江人，人称"九江先生"，咸同年间岭南著名的学者、文人，创立了"九江学派"。朱次琦著述颇丰，惜临终尽焚其著，使后世对他的研究举步维艰，名难以立。前人为之所撰年谱较为简略，本文根据朱氏文集及其他史料进行更为细致的补充，望能对研究者提供文献线索的帮助。

关键词： 朱次琦；朱九江；岭南大儒；年谱

◎**嘉庆十二年丁卯（1807）　1岁**[①]

八月辛卯二十二日生。讳次琦，稚圭，字效虔[②]，又字子襄。南海九江（今属佛山）人。

先世子议居南海九江，方明祖龙兴设，不为君用之，罚子议终身称元处士，不改度焉。母张太宜人。伯兄士琦，仲兄炳琦，季弟诸生宗琦。

《广东金石图志》载《明夔州府知府朱公神道碑》[③]："宋元嘉中，始兴从事朱万嗣少豫独以廉声振海内，读史者艳称之。明祖奋布衣，重亲

---

* 本文为国家社科基金重大课题"清代文人事迹编年汇考"（课题号：13&ZD117）阶段性成果。

** 郭子凡（1995—　），女，汉族，广东汕头人，华南师范大学硕士研究生。

① 本文据简朝亮编：《清朱九江先生次琦年谱》，台湾商务印书馆，1978年。后文中原年谱内容不再进行补充说明。

② 亦作"浩虔"。（清）张凤喈等修，（清）桂坫等纂：《［宣统］南海县志》卷十四列传，上海书店出版社，2003年，第4页。

③ 伍庆禄、陈鸿钧：《广东金石图志》，线装书局，2015年，第424页。

民吏，吏治号不污，至中叶而衰矣。而我八世从祖夔州公仕神宗朝，以治行第一，拜玺书之，赐夔州庙祀至今。朱氏自两汉三国以来，人物盛于东南，为甲族。四姓称首，而其良吏俱出岭表。南海九江支系，又始兴分也。然则公之经德秉哲以追配于前人者，岂偶然哉。公讳让，字次夔，号绚庵。先世居始兴，北宋改曰保昌，为保昌人。南渡末季有讳元龙者，奉令甲徙南海，迄今为南海人。徙居七世至公，考文直蚤卒，公贵，赠承德郎。"

◎**嘉庆十三年戊辰（1808）2岁**

周晬甫学语，张太宜人授以唐人绝句代小儿歌谣。

◎**嘉庆十五年庚午（1810）4岁**

张太宜人问朱次琦愿。答曰："人尽爱儿，儿则愿尔。"

◎**嘉庆十六年辛未（1811）5岁**

冬，始入塾受书于叔懿修先生。既自塾归，夜寒雨雪，张太宜人藉先生寝簟火温衣。朱次琦遽曰："如今穷人可念也。"

《宣统南海县志》："方五岁，冬夜，其母持火笼温被藉次琦寝，次琦遽曰：'此时穷人无棉被者众，可悯也。'"①

朱祥麟，字懿修，号在椒，献谋府君十四世孙，著有《沛国世纪续》。《朱九江先生集》②（后称《本集》）卷二载《叔懿修先生》。

◎**嘉庆十八年癸酉（1813）7岁**

能为诗。

◎**嘉庆二十二年丁丑（1817）11岁**

赠公腹疾，治之不愈。朱次琦幼，惶恐手疏，祝灶陉搏，颡流血，赠公逐愈。

◎**嘉庆二十四年己卯（1819）13岁**

同里曾钊称朱次琦幼敏，以朱次琦谒制府仪征阮元，命作黄木湾观海诗文。元曰："老夫当让此子出一头地，过子《彩旗门作》矣。"

---

① （清）张凤喈等修，（清）桂坫等纂：《［宣统］南海县志》卷十四列传，上海书店出版社，2003年，第4页。

② （清）朱次琦：《朱九江先生集》，光绪二十三年刻本。

《揅经室集》诗卷五载《自乍浦彩旗门观海至秦驻山》[①]："八月试新寒，苍茫海岸间。天风吹大水，落日满群山。潮汐防冲突，艨艟计往还。劳劳千里事，行路反成闲。"

曾钊，字敏修，南海人。道光五年（1825）拔贡生，官合浦县教谕，调钦州学正。冕士，钊号也。

阮元，字伯元，江苏仪征人。乾隆五十四年（1789）进士，选庶吉士，散馆第一，授编修。

◎道光元年辛巳（1821） 15岁

冬，十一月，丙辰。母张茂兰卒，执丧，居先庙东厢，杜门三年默思而纯。于是强识逾素巨简之书，视三辄，诵不忘。

◎道光四年甲申（1824） 18岁

春，二月。朱次琦守丧期满除服，肄业于羊城书院。

谢兰生，字佩士，麻奢堡人，侨居捕属素波巷。

夏，赴院试。

◎道光七年丁亥（1827） 21岁

作《寒食》诗。

《本集》卷一载《寒食》。

夏，常熟翁心存来督学。朱次琦试皆第一。

翁文瑞，讳心存，字二铭，自号邃庵。先世自明永乐中由长洲相城里迁常熟（今江苏），遂为常熟人。

过先孺人墓，作《过先孺人墓》。

《本集》卷一载《过先孺人墓》。

朱次琦有感于邑人李鸣韶之诗而作诗《与李大夜话有赠》。

《本集》卷二载《与李大夜话有赠》。

李鸣韶，改名征霨，字孟夔，号阮庵。广东南海人。道光十二年（1832）举人。

新疆回部张格尔久为乱至，是犹未平。朱次琦作《有感》。

《本集》卷二载《有感》。

张格尔者，回酋大和卓木博罗尼都之孙也。

---

① （清）阮元撰，邓经元点校：《揅经室集》，中华书局，1993年，第835页。

◎道光八年戊子（1828） 22岁

秋，赴乡试。

◎道光九年己丑（1829） 23岁

春，正月丁巳，父卒，执丧，居先庙东厢，绝不为诗文，血诚致哀三年如一日。

◎道光十一年辛卯（1831） 25岁

夏，四月，服阕。作《重修四世祖墓祭文》。

《本集》卷九载《重修四世祖墓祭文》。

◎道光十二年壬辰（1832） 26岁

肄业越华书院。山长桂林陈莲史先生命赋新松，作《赋得新松》。

《本集》卷二载《赋得新松》。

陈莲史，名继昌，原名守睿，字哲臣，号莲史。陈宏谋的玄孙。四塘乡横山村人。清嘉庆十八年（1813）乡试，二十五年（1820）会试、殿试皆为第一名，为清代两个三元及第者之一。著有《如话斋诗稿》。

秋，赴乡试，报罢。

◎道光十三年癸巳（1833） 27岁

徐台英会试报罢，侪辈将资之俾借一官。朱次琦独止之。作《梦读佩韦近稿即寄怀落第南还二首》。

《本集》卷四载《梦读佩韦迈稿即寄怀落等南还二首》。

徐台英，字佩韦，广东南海人。道光二十一年（1841）进士，授湖南华容知县。

夏，五月，寄徐台英都门诗《寄徐子都门兼简冯六陈九》。徐台英得诗遂止。

《本集》卷二载《寄徐子都门兼简冯六陈九》。

夏五月，庚辰，大水堤决。李鸣韶奉关太宜人缘冈避水。朱次琦赴李鸣韶饮，赋《赴李大孝廉招饮百韵》。

《本集》卷三载《赴李大孝廉招饮百韵》。

为大水故，抚军上元朱桂桢行视，劝分且问士。劝分三君子邓鉴堂观察、区仁甫考功、何朴园职方，皆以朱次琦对。

朱桂桢，字干臣，号朴庵，江苏上元人。

馆西郊，庄恪将就见之，属考功申意，固辞曰："生方赴试，不敢涉嫌，贻口实也。"乃不果。制府涿州卢敏肃遣吏征写朱次琦诗，敏肃曰："天下虽大，人才有数，敢不勤之乎。"

卢敏肃，讳坤，字静之，号厚山，直隶涿州人。嘉庆四年（1799）进士，选庶吉士，改兵部主事，累迁郎中。

嘉兴钱仪吉来粤，年已七十，闻名就，见西郊，于后序朱次琦诗："九江少谷丰鱼桑"。谋于乡，乃建义仓大水之役，万口嗷嗷，食之也。

钱仪吉，字蔼人，号衎石，浙江嘉兴人，尚书陈群曾孙。父福胙，侍读学士。仪吉生有五色文禽翔其室，故初名逵吉，后易焉。嘉庆十三年（1808）进士，选庶吉士。改户部主事，累迁至工科给事中。皆能举其职，因公罢归。

◎道光十五年乙未（1835） 29岁

阮元贻书两广总督卢兴祖，言选高才生肄业学海堂。于是选者十人。朱次琦为举首，以疾辞不赴。

卢兴祖，辽东人，镶白旗汉军。初为国子监官学生。顺治三年（1646），授工部启心郎。顺治十四年（1657），累迁大理寺少卿。顺治十八年（1661），擢广东巡抚。康熙四年，迁广东总督。后兼任广西总督。康熙六年（1667），卒。

作《乙未闰六月初一日夜记梦》。

《本集》卷三载《乙未闰六月初一日夜记梦》。

作《蝗虫叹》。

《本集》卷三载《蝗虫叹》。

作《客中杂忆诗》。守岁与闺人夜话诗云："高怀吾愧汝，卒岁耻言金。"

《本集》卷三载《客中杂忆诗》。

作《傲屋》。

《本集》卷二载《傲屋》。

作《守岁与闺人夜话二首》。

《本集》卷三载《守岁与闺人夜话二首》。

作《述怀二首》。

《本集》卷三载《述怀二首》。

作《春旱答廷光》。

《本集》卷三载《春旱答廷光》。

◎道光十六年丙申（1836）　30岁

馆邑六榕寺。同舍生谓之曰："君论事不易闻，及闻之，则疏析鸿鬯，傅以古事，意豁如也。贾长沙、马宾王，君之伦也。"

◎道光十七年丁酉（1837）　31岁

秋，赴乡试，获荐，终报罢。作《俳体戏答友人问》。

《本集》卷四载《俳体戏答友人问》。

作《丁酉九月十八日广州归村泊甘竹西岸》诗。

《本集》卷五载《丁酉九月十八日广州归村泊甘竹西岸》。

作《感事诗》。

《本集》卷五载《感事诗》。

冬，十二月，癸丑。陈信民卒。

陈信民，名亨时，以字行，别字仁甫，号梅坪，南海九江乡人，道光十六年（1836）进士，授知县，分发湖南，次年病逝。

朱次琦寓书冯爱之筹恤都门，邮数百金恤陈信民家。作《寄冯孝廉为陈九筹恤书》《公祭陈梅坪大令文》。

《本集》卷七载《寄冯孝廉为陈九筹恤书》，卷九载《公祭陈梅坪大令文》。

是岁，乡人岑绩熙卒，母刘年九十矣，家贫，遗幼孤五男三女，朱次琦以布乡人，恤亦忘亡也。

◎道光十八年戊戌（1838）　32岁

邑学三举优行，朱次琦为举首，皆不赴。先是列优籍者多纳金，朱次琦以士望得之，犹谢去。

◎道光十九年己亥（1839）　33岁

夏，五月大水，乡堤濒危。朱次琦与举人冯爱之、明次卿驰赴之。列丁夫，丰饷犒，埤黏土，稿杙连云，万杵陡作。越四日而堤复完。

秋，泾阳张芾、江宁潘铎来典试，朱次琦与伯兄同举于乡。时人称之曰："南海明珠。同时入贡矣。"

《宣统南海县志》①："道光十九年己亥，恩科，与兄士琦同举于乡，计

---

① （清）张凤喈等修，（清）桂坫等纂：《［宣统］南海县志》卷十四列传，上海书店出版社，2003年，第5页。

偕入都，大学士穆章阿欲见之，谢弗见。"

张芾，字小浦，陕西泾阳人。道光十五年（1835）进士，选庶吉士，授编修。累迁庶子，直南书房，大考一等，擢少詹事，超迁内阁学士，督江苏学政。

潘铎，字木君，江苏江宁人。道光十二年（1832）进士，选庶吉士，散馆改兵部主事，充军机章京。洊升郎中，迁御史。历广东盐运使、四川按察使、山西布政使，署巡抚。

冬，朱次琦与伯兄北行会试，抵清远县，作《北行抵清远县寄季弟宜城书》。

《本集》卷七载《北行抵清远县寄季弟宜城书》。

作《悯潦诗呈爱之次卿两孝廉四首》《祭陈大令文》。

《本集》卷五载《悯潦诗呈爱之次卿两孝廉四首》，卷九载《祭陈大令文》。

◎道光二十年庚子（1840）　34岁

春，北行次德州，作《尘沙行》一文。

《本集》卷五载《尘沙行》。

会试报罢，旅都门，祁士贡数请相见，不至，又属梁编修国琮、何誊录鼎彝申意，曰："朱孝廉予抚粤时，书院首选士也。"朱次琦复编修等曰："尚书遇矣。雇以素士见，则分有不敢；以门下见，则义有不安。请诚愿俟他日。"

祁士贡，字竹轩，山西高平人。嘉庆元年（1796）进士，授刑部主事，迁员外郎。

◎道光二十一年辛丑（1841）　35岁

留都门，居邑馆泳珠堂。时借书士大夫家，昭代宪章名公行实采获之勤，申旦不寐。倦乃幽寻，翛然独往，车马造门者，一刺报之而已。游良乡，作《良乡题壁》一文。

《本集》卷五载《良乡题壁》。

秋，南归。

老鹤年师从朱次琦。

《本集》载《门人老鹤年送酒两首》。简朝亮《〈朱九江先生集〉序》：

"诗繇先生家人所得，原略有次，今仍之，皆三十有五以前为之也。"[1]

老鹤年，字为谦，广东南海九江乡人，著《帝王世纪汇考》六卷，编有《老氏家谱》，今皆不可考见。

◎道光二十二年壬寅（1842） 36岁

居南沙陈氏宾馆，尝语其学子曰："处子耿介，守身如玉。谷暗兰薰，芳菲自远。"闻者佩为名言。

◎道光二十三年癸卯（1843） 37岁

居陈氏宾馆，有劝以迁教都会者，笑而不答，作《癸卯在南沙陈氏宾馆有劝以迁教都会者因布家人书》。

《本集》卷七载《癸卯在南沙陈氏宾馆有劝以迁教都会者因布家人书》。

陈氏岁馈饼，朱次琦举以诒所知，而不归其家人。所知问之，朱次琦曰："是不宜母疾者也。妇子独饷，母虽安之，吾何以自安乎？"

冬，十月，与伯兄北行，会试。庚申，作《北上会试祖道文》。

《本集》卷九载《北上会试祖道文》。

◎道光二十四年甲辰（1844） 38岁

春，与伯兄会试，报罢。

春，正月丁酉，关太宜人卒。未葬，待朱次琦与其伯兄。

秋，七月甲戌，至自公车及门闻丧，呼号哀绝三日勺水不入口，咯血殡前。

◎道光二十五年乙巳（1845） 39岁

执丧居乡正觉寺，丧食三年，家人尝以肉进，不即却旋以畀其门者。

◎道光二十六年丙午（1846） 40岁

冬，十月，继母之丧服阕。

◎道光二十七年丁未（1847） 41岁

春，与伯兄北行会试。中进士，即用知县，签分山西。

秋，假还。宗郦来贺，曰："科名适然耳，为官谭何容易？今而后何以宣上德，何以达下情，诸君子殷勤教诲，幸书绅作活人经也。"

---

[1] 李辰：《朱次琦相关文献及其门人考略》，景海峰、黎业明编：《岭南思想与明清学术》，上海古籍出版社，2017年，第315—341页。据《朱九江先生集》诗集与简朝亮《〈朱九江先生集〉序》得老鹤年至少在道光二十一年（1841）前从游朱九江。

自京师之官山。

《本集》卷八载《南海九江朱氏家谱序》："道光丁未，次琦归，自京师之官山。"

◎道光二十九年己酉（1849） 43岁

春，正月，朱次琦赴山西任职，不挈家而行。作《之官山西祖道文》。

《本集》卷九载《之官山西祖道文》："岁次己酉正月庚午朔，越祭日丁酉。"

既行次汉口，朱次琦欲取道汴梁，以举主潘铎方为豫抚。道过所知，宦楚者咸迎谓曰："君往汴梁邪？今晋抚与潘铎同乡同年，深有雅素，今首府亦潘公同年也。得此先容，贤于十部从事矣。"朱次琦遂不往。作《抵山西寄兄弟书》。

《本集》卷七载《抵山西寄兄弟书》。

冬，十一月丙辰，朱次琦抵太原城，僦次僧舍，萧然独居。作《答康述之书》。

《本集》卷七载《答康述之书》。

◎道光三十年庚戌（1850） 44岁

在需次，乃叹吏事之难，鲜讨求者，寄伯兄书。曰："人人以一官样作官，民生何赖焉？"乃自重搜武备、仓储、河渠、地利诸书，虽游宦如游学也。

◎咸丰元年辛亥（1851） 45岁

晋中多士争从之游，朱次琦却其挚，与之言学，如古士相见礼，无敢以私干者。作《籑金集》①（已佚）。

王璲师从朱次琦②。

《本集》卷十载《稚圭先生画像记》："咸丰三年阳月门人太原王璲记"。《年谱》："先生在需次，晋中多士争从之游。"

王璲，山西太原人。

---

① 张纹华：《朱次琦佚文四篇考释——兼补其若干生平事迹》，《岭南文史》2012年第3期，第53—56页。文中以《籑金集序》出现"先生已捐馆"等文字，疑非出自朱次琦之手。

② 据李辰：《朱次琦相关文献及其门人考略》，王璲游学应于咸丰元年（1851）至咸丰三年（1853）之间。

抚军兆那苏图，时所称世袭一等子镶黄旗松崖兆公也，知朱次琦善属文，衙参日留燕，拜于筵下，乞作先人三世家传。不获辞，考其功载属稿以献。兆那苏图嘉之，命吏归羊酒、貂锦，朱提五百，玉虹鉴真帖，皆不受。吏难于反命，以闻之潘铎。时潘铎方左官晋臬，遽使人谓朱次琦曰："却长者之赐，何以为恭乎？"乃受一帖。

兆那苏图，清满洲镶黄旗人，荫生。道光二十六年（1846）由陕西陕安道迁直隶按察使，调福建按察使。二十八年（1848）擢山西布政使，次年授山西巡抚。咸丰二年（1852）卒。

◎**咸丰二年壬子（1852） 46岁**

春，兆那苏图议剿边氓，边氓扬言拒捕。朱次琦闻之，夜见臬司潘铎问其事。

夏，五月，朱次琦衔朝命驰至幕南，讯其耇老，缚罪魁十有三人。作《澹泊斋记》。

《本集》卷六载《澹泊斋记》："壬子夏五，南海友弟朱次琦。"

夏，六月壬辰，署孝义县，未赴。丙午，襄陵县待署。

孝义县，于今山西省。襄陵，于今山西省。

秋，七月戊辰，二十日，朱次琦孑身赴襄陵，以儒为治而绩成。作《赴襄陵寄兄弟书》。

《本集》卷七载《赴襄陵寄兄弟书》。

秋，重九，作《答王菉友书》。

《本集》卷七载《答王菉友书》："壬子后十日琦顿首"。

王筠，字贯山，山东安邱人。道光元年（1821）举人，后官山西乡宁县知县，代理徐沟、曲沃知县。

◎**咸丰三年癸丑（1853） 47岁**

春，二月癸未，八日，去襄陵。在任百九十日，及代而去。作《三难五易十可守八可征之策》。

春，二月，甲申，朱次琦答书安邱王筠。作《又答王菉友书》。

《本集》卷七载《又答王菉友书》："二月九日琦再拜"。

◎**咸丰四年甲寅（1854） 48岁**

犹在山西，既给咨，未南归，盗氛之故。

夏，六月，乙未，作《去襄陵后答王菉友书》。

《本集》卷七载《去襄陵后答王蒙友书》。

◎咸丰五年乙卯（1855） 49岁

南归。夏，六月至自山西。

◎咸丰六年丙辰（1856） 50岁

居邑学尊经阁。宗郦旧游之子弟皆从学。夏六月，伯兄卒。闻丧，哭失声。既虞，检其遗诗，曰："昔伯兄云，他日吾诗之序，敢以烦旧游，毋匄诸达官贵人也。今当从之。"

秋，九月，英人来寇。谓从学者曰："刘季有言：'公等皆去，吾亦从此逝矣。'"乃归九江，已而寇深且北犯，朱次琦悲之成疾，结筋项下。于后粤中乡屯数十万人，主者请朱次琦襄其事，不赴，谓乡人曰："吾人微言轻，非所济也。且当路之常，今日言兵，明日言款，若天使之然者，人岂能与天争乎?"

◎咸丰七年丁巳（1857） 51岁

春，正月，作《祭戚旗岗后土文》《祭房祖白岳先生文》。

《本集》卷九载《祭戚旗岗后土文》："岁次丁巳正月甲寅朔，越十四日。"《祭房祖白岳先生文》："岁次丁巳正月甲寅朔，越十四日。"

作《怡怡堂集绝笔诗跋》。

《南海九江朱氏家谱》卷十载《怡怡堂集绝笔诗跋》："丁巳夏，同怀弟次琦涕泣谨志。"①

居九江先人敝庐万筵，自构茅斋，庋书万卷，歌飨其中。乡人从学者，苦无分舍也。请朱次琦居别墅。是岁而后，乡居不入城市。

陈志澄、梁金韬、何炳堃②、康达节③、康达初、康达棻从学朱次琦。

《读书堂集》卷四载《在沪寄粤东学子书》："巨川从先生学则在其去

---

① （清）朱次琦等修，（清）朱宗琦纂：《南海九江朱氏家谱》卷十，同治八年刻本，第24页。

② 参考李辰：《朱次琦相关文献及其门人考略》。简朝亮称自己与梁金韬从学朱次琦的时间相差十年以上，据《朱九江先生集》载朱次琦归里讲学时间应在咸丰七年（1857），故梁金韬从学朱次琦时间应在咸丰七年（1857）到同治三年（1864）之间。陈志澄、康达棻从师之事见《朱次琦相关文献及其门人考略》。

③ 《答门人康达节书》作于光绪四年（1878），可知康达节游学于朱次琦门下在康有为之前二十年。

官归里初矣……巨川从学后举于乡……屏山从先生学，与巨川同时。"[1]

《康氏先世遗诗、朱师九江佚文合集》载《答门人康达节书》："不见遂二十年……沛然、长素辈相继来游"。[2]

《康氏先世遗诗、朱师九江佚文合集》载《朱九江先生佚文序》："先生为先祖连州公友，先君知县公与伯叔父两广文公皆捧杖受业。"[3]

陈志澄，字燮堂，广东南海人，撰有《清故贻赠文林郎山西襄陵县知县举人拣选知县朱公行状》。

梁金韬，号巨川，广东南海县人。同治六年（1867）举人，同治八年（1869）选为学海堂专课肄业生。

何炳堃，号屏山，广东南海县人。光绪初年（1875）举人，撰有《清故京朱九江先生祠堂碑记》，编《宣统南海县志》《续桑园围志》等书。

康达节，字仁荪，广东南海人，康有为叔父。

康达初，字植谋，号少农，广东南海人，康有为父。

◎**咸丰八年戊午（1858） 52岁**

居九江，开馆礼山草堂，远方从学者日至。

◎**咸丰九年己未（1859） 53岁**

春，季弟会宗人修朱氏家谱，朱次琦述序例，编《朱氏传芳集》于后。作《南海九江朱氏家谱序》《南海九江朱氏家谱序例》《朱氏传芳集凡例》《朱氏捐产赡族斟酌范氏义庄章程损益变通规条》。

《本集》卷八载《南海九江朱氏家谱序》《南海九江朱氏家谱序例》《朱氏传芳集凡例》《朱氏捐产赡族斟酌范氏义庄章程损益变通规条》。

朱次琦归，太宜人以买妾请，巨室多来言美选者，后娶一妾。

◎**咸丰十年庚申（1860） 54岁**

作《赠奉政大天府同知衔朱君墓志铭》。

《本集》卷九载《赠奉政大天府同知衔朱君墓志铭》。

---

[1] 《清代诗文集汇编》编纂委员会编：《清代诗文集汇编》第774册，上海古籍出版社，2010年，第255—257页。

[2] 蒋贵麟编：《康有为编注康氏先世遗诗、朱师九江佚文合集》，成文出版社，1983年，第101—102页。

[3] 蒋贵麟编：《康有为编注康氏先世遗诗、朱师九江佚文合集》，成文出版社，1983年，第69—71页。

◎**咸丰十一年辛酉（1861） 55岁**

夏，家人有死于外者，外死不归敛，乡俗然也。朱次琦曰："孔子之谊，友死无归，犹入殡其家，况亲者邪。"遂归敛。

秋，闻文宗显皇帝之丧，北面伏地大哭曰："国事乃至斯乎！国事乃至斯乎！"

文宗显皇帝即咸丰皇帝。

《朱氏传芳集》[①]编纂完成。

梁耀枢、梁耀藜、梁耀宸从游朱次琦。

《朱氏传芳集序》："辛酉嘉平前三日门人同郡梁耀枢谨撰。"[②]《粤故求野记》中有《朱九江先生轶事》："九江朱氏族谱，先生悉乃心力，参稽族姓支派，迁徙漂流，至十三年之久始告竣。将竣时，向门弟子言，欲在诸弟子中选一人为之序以弁其端。时及门中已举孝廉数人，文名藉甚者亦众，群以为必在此辈选之也，而先生特命梁耀枢为之。"[③]

梁耀枢，字冠祺，号斗南，晚号叔简，广东顺德光华人。同治元年（1862）举人，同治十年（1871）状元，曾任湖北学政、山东学政、南书房行走、侍讲学士、会试同考官等职。

梁耀藜，梁耀枢四兄，同治三年（1864）举人。梁耀宸，梁耀枢六弟，光绪二十五年（1899）举人。皆与梁耀枢同时从游朱九江。

◎**同治元年壬戌（1862） 56岁**

春，二月。奉诏召用。秋，九月。奉诏趣赴阙，以疾未赴。

◎**同治二年癸亥（1863） 57岁**

秋，郭嵩焘诒书朱次琦约见，作《复郭中丞书》辞之。抚军再诒书，又作《又复郭中丞书》辞，卒不得见。

郭嵩焘，字筠仙，湖南湘阴人。道光二十七年（1847）进士，选庶吉

---

① 广东省立中山图书馆、中山大学图书馆编，桑兵主编：《清代稿钞本三编》第101册，广东人民出版社，2010年，第93—228页。

② 广东省立中山图书馆、中山大学图书馆编，桑兵主编：《清代稿钞本三编》第101册，广东人民出版社，2010年，第106页。

③ 高明市政协文史资料研究委员会编：《〈高明文史〉第九辑·罗功武遗稿〈粤故求野记〉选辑》，1995年，第28页。另参考李辰：《朱次琦相关文献及其门人考略》。据此可知梁耀枢从游朱氏门下最迟应在咸丰十一年（1861）。

士，遭忧归。光绪十七年（1891）卒。《本集》卷七载《复郭中丞书》《又复郭中丞书》。

◎**同治四年乙丑（1865）　59岁**

胡景棠始师从朱次琦。

《在沪寄粤东学子书》："屏山问士于胡少恺，此问于及门明经久次十六年者。"[1]

胡景棠，字少恺，广东南海人，邑廪生。

◎**同治六年丁卯（1867）　61岁**

廖南村孝廉卒六年，其子数乞墓志铭。夏，先生乃作《廖南村墓志铭》。

《本集》卷九载《廖南村墓志铭》。

曾寿南师从朱次琦。

《读书堂杂记》："曾寿南留学七年，其为先生某，以是岁二月为来岁预报名矣。而九江同里者，是岁元日即豫报数十名，故先生后其序。先生闻之，以不能及时学业。愀然色忧。寿南慰之曰：'《学记》云：退息必有居学，今子向往之诚。吾以分吾所居请于师，必可得也。'果从其请。"[2]

曾寿南，广东顺德简岸人，邑中曾氏宾馆主人。

◎**同治七年戊辰（1868）　62岁**

夏，相国骆秉章丧归，门人问曰："闻文忠荐先生，何如？"答曰："知己之荐，汉曰举主，生则不拜，不敢私也。死则必祭，不敢忘也。徐孺子醺酒而悲，古之人有可风者矣。"

骆秉章，原名俊，以字行，改字吁门，广东花县人。道光十二年（1832）进士，选庶吉士，授编修，历给事中、鸿胪寺少卿、奉天府丞兼学政。

有岛族人因潮州明经求见，朱次琦以佗出辞，而谓明经曰："子而忘经谊乎？古之大夫，非有君命，不私觌。《礼》曰：'为人臣者无外交，不敢贰君也。'今虽在籍，敢自贰乎？昔旅都门，俄人有求见者，吾未之见也。子其辞焉。"

---

① 《清代诗文集汇编》编纂委员会编：《清代诗文集汇编》第774册，上海古籍出版社，2010年，第255—257页。

② 《清代诗文集汇编》编纂委员会编：《清代诗文集汇编》第774册，上海古籍出版社，2010年。载简朝亮：《读书堂集》卷首之二《读书堂杂记》。

◎同治八年己巳（1869） 63岁

冬，仲兄朱炳琦卒。曰："今而后，虽周行天下，岂再得一同气邪？"

◎同治九年庚午（1870） 64岁

秋，伯兄子衢尊举于乡，朱次琦鬻孤而成之。越四年卒，伤之。

陈贲如、梁知鉴从游朱次琦。

《朱次琦日记》同治九年（1870）："十一月初十日，门人陈贲如娶媳，贺。"①

《三水梁燕孙先生年谱》同治九年（1870）："是年保三封翁始从朱九江先生游。"②

梁知鉴，字沃臣，号保三，广东三水县人，光绪十九年（1893）举人。子梁士诒，民国初期曾任职北洋政府国务总理。

◎同治十年辛未（1871） 65岁

朱方辉师从朱次琦。

《朱方辉羲晋公诗文集》载："十八岁那年，得到亲友的帮助，赴南海九江，就读于朱次琦学馆。"③

朱方辉，字羲晋，广西平南人，同治十二年（1873）举人，光绪六年（1880）进士，授刑部主事。

◎同治十三年甲戌（1874） 68岁

正月，简朝亮游学朱次琦，至光绪三年（1877）离开南海九江礼山草堂。

《读书堂集》附录《简朝亮年谱》④。

简朝亮，字季纪，号竹居，广东顺德简岸人。

邓骥英从学朱次琦。

《读书堂集》卷六载《祭邓明经文》："君与我同学。"⑤

冬，闻穆宗毅皇帝之丧，哭泣成服，拜而言曰："衰病之臣，受恩厚矣。不能为万一报，今又遽服此服也，哀哉！"归三，闻国恤必縗，方衰

---

① 手稿，一册。朱次琦手书，现藏于广东省社会科学院图书馆。

② 凤冈及门弟子编：《三水梁燕孙先生年谱》，上海书店出版社，1990年，第2页。

③ 朱峯焕、冯丽杏整理：《朱方辉羲晋公诗文集》，第1—2页。

④ 简氏门人编纂：《简朝亮年谱》，1934年刻本。现藏于广东省佛山市博物馆。

⑤ 《清代诗文集汇编》编纂委员会编：《清代诗文集汇编》第774册，上海古籍出版社，2010年，第301页。

居礼山简书堂。素冠要经，丧食以终。有乡大夫来见，未易服。惊曰："子犹未闻哀诏乎！"

爱新觉罗·载淳，年号同治，庙号穆宗。

◎光绪元年乙亥（1875） 69岁

滇之外徽英人马加利死。英人布七事而抵其人，主者弗与争。朱次琦论其事，作《论马加利事》。其终日曰："情无厌，得寸入尺，我既弱如此，彼之要求将何可问，《易》所谓自我致戎，又谁咎也。"

《本集》卷六载《论马加利事》。

◎光绪二年丙子（1876） 70岁

有闻使英者以告，闵然悲之，作《论派员往英事》。

《本集》卷六载《论派员往英事》。

康有为、康有霖、赵仲廉从学于朱次琦。

《康南海自编年谱》："光绪二年（一八七六年）十九岁。是年应乡试不售，愤学业之无成。邑有大儒朱九江先生，讳次琦，号子襄者，先祖之畏友，频称之者，乃请从之学……光绪三年（一八七七年）二十岁。在九江礼山草堂从朱先生学。"[1]

康有为，又名祖诒，字广夏，号长素，广东南海人。

康有霖，字沛然，光绪十三年（1887）选学海堂肄业生。康有为堂兄，与康有为同时游于朱次琦门下。

《万木草堂诗集——康有为遗稿》载《哀赵砺隅茂才》："君名仲廉，早慧，以神童称。十五岁背诵《十三经》，补诸生。与吾同学于九江先生礼山草堂……"[2]

赵仲廉，字砺隅。

◎光绪三年丁丑（1877） 71岁

孔子涵、胡景棠、胡藻华、林清泉、陈□勳、冯泮扬、谭宗濂、黎伟梁、刘敬昭、黄嘉猷、张子相、黄澄熙、黄景熙、邝达荣、王凝坡、陈太初、杨任□、张迺瑞、陈兆元、梁泳恩、苏燮尧、马少驹、关耀初、林寿

---

① 康有为撰，楼宇烈整理：《康南海自编年谱（外二种）》，中华书局，1992年，第6—7页。

② 康有为著，上海市文物保管委员会文献研究部编：《万木草堂诗集——康有为遗稿》，上海人民出版社，1996年，第445页。

炜、陆运新、林树埔、何福智、梁仰乾、曾荫扬、邓子铺、梁培桩、林国
桢、司徒简、黄国元、郭文修、李景校师从朱次琦[①]。

见《朱次琦门人进门记名册》[②]。

◎**光绪四年戊寅（1878）　72岁**

作《答门人康达节书》。

杜凤治《望凫行馆宦粤日记》光绪三年（1877）六月二十日载："连
州大水，人死万余，训导康赞修漂流不知去向。"[③]又《康氏先世遗诗、朱师
九江佚文合集》中《答门人康达节书》："去夏令叔述之先生，邀觐自天，
声闻海宇。"又康有为于文下注："光绪二年，此与先从父竹荪公书，时以
教谕办广属缉捕，故云时事贤劳。先祖连州公奉旨入祀连州昭忠祠，故云
声闻海宇。伯祖纵之公，乡人念功崇祀同人局景贤祠，祭者数万人，故书
中及之。"

◎**光绪五年己卯（1879）　73岁**

凌鹤书、黄鲁逸游学于朱次琦门下。

《礼山遗泽录》："追从学九江二载，见先师于德行道艺，本末源流莫
不兼综条贯，金声而玉振之。听其言，若河汉。怀疑久之，自己卯至庚辰，
虽多询问，未尝取遽及此。是年冬，辞归见。先师于里第始得闻古无专经
之说，诸经各明一义，庄子言可证。日久恐忘，因翙高兄刻梓遗录，用敬
述目附其后。贲隅受业弟子凌鹤书。"[④]

《南海市文化艺术志》："（黄鲁逸）幼年（1879年始）师从舅父朱次
琦（九江先生）。"[⑤]

◎**光绪六年庚辰（1880）　74岁**

秋，七月，甲午。张制府裕抚军遣吏赍书，请朱次琦赴海防，以疾辞
不赴。

---

① 个人简介参见李辰：《朱次琦相关文献及其门人考略》，其中前七者为久门人重新入学。

② 手稿，一册，一式七页。现藏于佛山市博物馆。

③ 杜凤治：《望凫行馆宦粤日记》不分卷（同治五年五月至光绪八年十月），稿本，中山大学图
书馆藏本。

④ 转引自李辰：《朱次琦相关文献及其门人考略》。

⑤ 佛山市南海区文化广电新闻出版局编：《南海市文化艺术志》，广东经济出版社，2008年，
第459页。

◎**光绪七年辛巳（1881）75岁**

夏，五月，季弟卒，将敛目者，宗人曰："先生当避。"先生斥之，及敛，抚尸泫泫哭，泪有沾敛衣者亲拭之。

夏，六月庚子。张裕以朱次琦奏闻，曰："讲明正学，身体力行。比间族党，薰德善良。"

秋，七月壬戌，诏赐五品乡衔。

《清史稿》卷三十九："光绪七年，两广督臣张树声、抚臣裕宽荐在籍绅士山西襄陵知县、南海进士朱次琦，国子监典籍衔番禺举人陈澧笃行，诏予五品卿衔，以励绩学。"[1]

冬，十有二月，丁丑十九日，卒，及敛，面如生。家无余财，门人醵金以赙，行省两院而下皆祭，国史馆立传。

光绪八年（1882），春，正月丁卯。葬于邑西樵凤翼峰。

西樵，今广东佛山。

《康南海自编年谱》："光绪八年（一八八二年）二十五岁。九江先生卒，奔视与诸子营丧视葬焉。"[2]

作者通信地址：广东省广州市番禺区大学城外环西路378号华南师范大学大学城校区文学院，邮编：510006。

责任编辑：于百川

① 赵尔巽：《清史稿》卷三十九选举志四，民国刻本，第9—10页。
② 康有为撰，楼宇烈整理：《康南海自编年谱（外二种）》，中华书局，1992年，第10页。

文献研究

从文献记载看汉唐时期
岭南与伊朗的海上交通[*]

邵兆颖[**]

华南农业大学，广东广州，510642

摘　要：汉唐时期岭南与伊朗的海上交通是海上丝绸之路研究的重要课题之一。结合中西古典文献有关该课题的记载，可概括得知汉唐时期岭南与伊朗海上交通的历史脉络。两汉时期，以印度洋为中转的岭南—波斯湾航线形成；魏晋南北朝时期，岭南—波斯湾航线获得初步发展；唐以来，岭南—波斯湾直航路线确立，两地交通渐趋繁荣。

关键词：汉唐岭南；萨珊波斯；海上丝绸之路；《厄立特里亚海航行记》

海上丝绸之路兴起于汉，至唐一代，才趋于繁荣。从汉至唐，中国文化逐渐定型，而汉、唐时期又是中国历史上最为重要的两个盛世。作为中国文明本身与域外交往的渠道之一，海上丝绸之路无疑起着重要的作用。岭南因其天然的地理优势，自秦汉以来便成为我国海上交通和对外贸易的前沿窗口，在海上丝绸之路的历史上具有十分重要的地位。因此，对于岭南与海上丝绸之路关系的研究历来是海上丝绸之路历史研究中的重要课题之一。尤其是随着20世纪60年代以来考古发掘和研究工作的深入，汉唐

---

* 本文为华南农业大学教学改革课题项目"《丝绸之路历史专题》课程建设与改革"成果。

**　邵兆颖(1984—　)，女，汉族，广东惠州人。华南农业大学历史系讲师，历史学博士。

时期岭南与海上丝绸之路的关系越来越受到学界同仁的关注①。

然而长期以来，国内丝路史的研究因汉文史籍和境内考古的实际状况呈现出"重陆路而轻海路"的特点。人们进而认为，海上丝绸之路不仅起步晚，且发展程度远不如陆路。可以说，这一认识有其合理依据，但亦不乏偏颇。以汉唐时期岭南与伊朗海上交通为例，可很好地理解这一偏颇存在的缘由。其一，国内学界对汉唐时代中伊关系的研究多靠汉文史料说话，对非汉文史料了解不多，若西方文献有关此一时期海上丝绸之路的相关记载，或许我们会得出新的认识；其二，虽然两汉史籍并未有两地直接交往的记载，但结合文献和陆续出土的考古实物及相关研究，我们逐渐认识到早在张骞西使前，岭南与伊朗已存在海路交往的关系②。有鉴于此，本文拟在前人研究的基础上，结合传统汉文史料和国内学界关注不多的西方史籍，对汉唐时期岭南与伊朗海上交通的发展历程做一番力所能及的梳理。

一 两汉时期岭南—波斯湾航线的形成

目前学术界普遍认为，早在先秦时期岭南已与南海地区存在着海上交往关系③。然而，文献对岭南与南海乃至南亚地区海上交往关系的最初记载，可见于《汉书·地理志》，其中"粤地"条记载：

> 自日南障塞、徐闻、合浦船行可五月，有都元国；又船行可四

---

① 有关岭南与伊朗关系史问题，前人已多有建树，早期代表性研究有：顾涧清：《广东海上丝绸之路研究》，广东人民出版社，1970年；广东省人民政府外事办公室、广东省社会科学院编：《广州与海上丝绸之路》，广东省社会科学院，1991年。此外，论文类主要成果有张难生与叶显恩合撰：《海上丝绸之路与广州》，《中国社会科学》1992年第1期。近期的研究有：黄启臣：《海上丝路与广东古港》，中国评论学术出版社，2006年；李庆新：《海上丝绸之路》，五洲传播出版社，2006年；李庆新：《濒海之地——南海贸易与中外关系史研究》，中华书局，2010年。国外学者成果，有卡多纳与兰克提所编《中国与伊朗——从亚力山大到唐朝研究论集》（Alfredo Cadonna & Lionello Lanciotti, *Cina e Iran. Da Alessandro Magno alla Dinastia Tang*, 1996）；Mohammad Bagher Vosough, *The Maritime Silk Road from the Persian Gulf to the East China Sea in the Persian Historical Resources*，载陈春声编：《海陆交通与世界文明》，商务印书馆，2013年，第7—21页。

② 王三三：《帕提亚与希腊化文化的东渐》，《世界历史》2018年第5期，第95—110页。

③ 张难生、叶显恩：《海上丝绸之路与广州》，《中国社会科学》1992年第1期，第207页。

月，有邑卢没国；又船行可二十余日，有谌离国；步行可十余日，有夫甘都卢国。自夫甘都卢国船行可二月余，有黄支国，民俗略与珠厓相类。其州广大，户口多，多异物，自武帝以来皆献见。有译长，属黄门，与应募者俱入海市明珠、璧琉璃、奇石异物，赍黄金杂缯而往。所至国皆廪食为耦，蛮夷贾船，转送致之。亦利交易，剽杀人。又苦逢风波溺死，不者数年来还。大珠至围二寸以下。平帝元始中，王莽辅政，欲耀威德，厚遗黄支王，令遣使献生犀牛。自黄支船行八月，到皮宗；船行可八月，到日南、象林界云。黄支之南，有已程不国，汉之译使自此还矣。[①]

该条史料所记应是公元前2世纪武帝时代，汉代中国的船只自岭南雷州半岛出海远航的行程、所用的时间和所到达的国家。学界虽然对所达到的地方多存争议，但多数人都认为其中的黄支国即达罗毗荼的都城建志补罗（Kanchipura）[②]。因此，我们可以明确即在西汉时期岭南已从海路可至印度，这也是正史所记中国丝绸输入印度的最早记录。

那么，同时期岭南是否也与伊朗波斯湾地区存在海上交往关系呢？近些年的考古研究虽倾向于证实这一点，但两汉史籍并无明确记载。不过，同时期西方文献史料为我们提供了重要的信息。成书于公元1世纪中期的《厄立特里亚海航行记》（以下称《航行记》），其作者据说系罗马帝国时期埃及的希腊人。该书记载了从罗马时期的埃及红海西海岸港口贝雷尼斯（Berenice）出发，沿着红海、波斯湾和印度海岸航行和贸易的情况[③]。其

① （清）罗汝南辑：《历代地理志汇编》，陈建华、曹淳亮主编：《广州大典》第210册，广州出版社，2015年，第53页。

② ［日］藤田丰八著，何健民译：《前汉时代西南海上交通之记录》，《中国南海古代交通丛考》，商务印书馆，1936年，第83—117页。

③ Lionel Casson, *The Periplus Maris Erythraei: Text with Introduction, Translation, and Commentary*, Princeton University Press, 1989. 一般认为，此书成于公元1世纪末，如穆勒就认为是在公元80—89年之间，见裕尔撰，考迪埃修订，张绪山译：《东域纪程录丛》，中华书局，2008年，第144页。原书名为Περίπλους τῆς Ἐρυθράς Θαλάσσης，拉丁化为 Periplus Maris Erythraei。Ἐρυθρά，即红色的。在古希腊语中，Ἐρυθρὴ θάλασσα，指红海。即说该词源于希腊语Ἐρυθρά（Erythrae），而非Ἐρέτρια（Eretria，桨手）。尽管厄立特里亚海本意上是指红海，但对于那个时期地中海世界的人来说，它包括印度洋、波斯湾以及阿拉伯海。

中有从安条克到帕尔米拉，再经两河流域从波斯湾上船到印度，或从东地中海到佩特拉（Petra）再向南，经阿拉伯半岛到印度洋的线路，并记载了当时印度西海岸最大的贸易港口穆兹里斯（Muziris）的情况，尽管并未航行至中国，但作者在59—65章节提及了关于秦尼（Thinae）的情况[1]。经学者考证，在《航行记》中，从波斯湾到印度的近岸航线需要一年左右的时间[2]。此外，普林尼在《自然史》中也记载了中国商人在印度和斯里兰卡的活动，提到他们甚至已经在上述地点拥有自己的货栈，并且在阿里卡梅杜（Arikamedu）与希腊、罗马的商人交换货物。作者曾发出感慨，认为即便保守估计，印度、赛里斯（Seres）和阿拉伯半岛每年要从罗马帝国拿走一亿塞斯特斯（Sesterces）银币的利润[3]。二十世纪六七十年代的考古发掘表明，普林尼记载中提到的阿里卡梅杜港在公元1世纪上半叶已经成为进口罗马制造商品的贸易港[4]。

由此可知，公元1世纪前后，汉代自岭南向西航行的航线从岭南出发后，通常以沿着海岸线经东南半岛、马来半岛辗转至印度洋南岸的线路航行。但囿于地理知识和航海技术的发展，以短期航程层层中转为主，尚未出现通往印度洋的直航。从印度洋到波斯湾一段，因罗马人对季风的发现和利用，开始出现小规模直航和近岸短期航程。这条早期航线从地中海东岸经红海、波斯湾、阿拉伯海去往印度洋以西，沿次大陆的海岸线，通过东南亚沿海，可直达南中国海岸，进入岭南。这条曲折的海上交通航线可谓前萨珊帝国时期从波斯湾到岭南地区航线的雏形。在这一海上交通体系内，次大陆南岸的港口和斯里兰卡成为最主要的中间站。这里是罗马人往来贸易的最东端，同时也是中国人对西方海上世界认知中的最西端。简言之，在这一时期形成的岭南—波斯湾航线中，印度洋是彼此之间的中心，成了东、西航船转运的枢纽。

---

[1] W. H. Schoff, *The Periplus of the Erythraean Sea, Travel and Trade in the Indian Ocean by a Merchant of the First Century*, Longmans, Green, and Co., 1912, p.129.

[2] L.Casson, *Ancient Trade and Society*, Wayne State University Press, 1984, p.191.

[3] Pliny, *Natural History*, Translated by H. Rackham. Loeb Classical Library 370, Cambridge, MA: Harvard University Press, 1945, Volume IV, Book12.xli.84.

[4] *The Perilus of the Erythraean Sea*, tr. Huntingford, G.W.B., Hakluyt Society, 1980, p.119.

二　魏晋南北朝时期岭南—波斯湾航线的初步发展

公元224年，萨珊帝国的开国主君阿尔达希尔一世（Artashir I，公元224—240年）先俘虏了帕提亚帝国的末王沃洛加西斯六世，随后又杀死了他的兄弟阿塔巴努斯四世，在四分五裂的帕提亚帝国废墟上建立了萨珊波斯帝国。从阿尔达希尔一世、沙普尔一世（Sapur I，公元240—272年）到沙普尔二世（Sapur II，公元309—379年）期间，萨珊诸王东征西讨，帝国版图急剧扩张。统治范围囊括整个伊朗高原，基本承继了帕提亚帝国的核心区域，也接收了帕提亚帝国与东西方贸易的庞大遗产[①]。早期萨珊诸王不仅重视陆上丝绸之路的交通，在海上也十分重视以波斯湾为中心的东西方海上贸易通道。作为开国主君，阿尔达希尔一世新建立了八座城市，其中有三座城市散布于波斯湾和底格里斯河沿岸。沙普尔二世在包括波斯湾沿岸、法尔斯和胡泽斯坦等地共建立了十五座城池[②]。散布在波斯湾沿岸和底格里斯河入口的新建城市，显示出萨珊帝国对于南部疆土和海上通道的重视，除了军事因素之外，显然皇帝也考虑到了从两河流域至波斯湾的海上贸易因素。有记载称在阿尔达希尔的军事征服中，远至阿曼湾和印度洋北岸沿海一带的梅克兰（Makran）首领也向他遣使称臣[③]。4世纪初，在萨珊帝国的刻意经营之下，从波斯湾到印度洋的航线似乎已经成为一条常规线路，对东方的海陆贸易中时常出现波斯商人的身影。4世纪中期，罗马史家马塞林努斯（Ammianus Marcellinus，约公元330—391年）曾经记载波斯人将叙利亚的玻璃和金属器皿以及美丽的毯子贩到东方，又把印度的宝石和香料、中国的丝绸带回来，卖给罗马人。每年因此举行的集市吸引了各个阶层的人前来购物[④]。鉴于此前萨珊人对波斯湾的控制和与印度洋商贸往

①　*The Cambridge History of Iran*, edited by Ehsan Yarshater, vol.III（1）, Cambridge University Press, 1983, pp.126—133.

②　T.Nöldeke.tr. Tabari, *Geschichte der Perser und Araber zur Zeit der Sasaniden, Aus der arabischen Chronik des Tabari*, Leiden, 1973, pp.19—22.

③　T.Nöldeke.tr. Tabari, *Geschichte der Perser und Araber zur Zeit der Sasaniden. Aus der arabischen Chronik des Tabari*, Leiden, 1973, pp.17—18.

④　Ammianus Marcellinus, *Roman History*, translated by J. C. Rolfe, Loeb Classical Library No. 300, Harvard University Press, 1950, Volume I, book14, 3.3.

来的传统，马塞林努斯笔下的波斯商人不只能够从陆路进行商贸活动，还可以利用波斯湾沿岸的港口城市，经水路到达印度。

从5世纪起，萨珊波斯与中国的交往曲折但频繁。在整个5世纪里，萨珊波斯帝国面临巨大的危机，内乱频现，外有强敌。在西方与拜占庭人相争，在东方还受嚈哒人的压制。卑路斯一世（Peroz，公元457—484年）曾倾全力抗击嚈哒人，最终却落得被俘虏的下场，被迫缴纳大量赎金脱身。嚈哒人把持丝路要道与萨珊帝国对峙，让萨珊波斯与中国之间的陆路交通受到阻隔。不仅如此，在东西方贸易中获得大量财富的绿洲统治者们显然更不希望远来的波斯人瓜分利益。《魏书》曾记载："朝廷遣使者韩羊皮使波斯，波斯王遣使献驯象及珍物。经于阗，于阗中于王秋仁辄留之，假言虑有寇不达。羊皮言状，显祖怒，又遣羊皮奉诏责让之，自后每使朝献。"[①] 波斯使者回访的过程中遭到于阗王的阻拦，也从侧面说明当时的陆上交通并不稳定。然而，从官方文献来看，这一时期北魏宫廷却频繁出现波斯使者。从《魏书》记北魏文成帝太安元年（455）"波斯、疏勒国并遣使朝贡"起，从公元455年到522年间，波斯遣使达十余次之多。此后，《南史》《梁书》和《周书》皆有波斯遣使献方物的记载[②]。对于波斯使者入华路线问题，尽管大多数研究者们都支持这些使者由陆路而来，但考虑到这一时期东西方陆路交通的阻碍，似乎并没有理由完全排除水路的可能。这是由于在5—6世纪初，陆上交通在拜占庭—萨珊波斯—嚈哒人的敌对以及南北朝对峙的影响下受到冲击，但却并没有从根本上影响从波斯湾到岭南的海上往来。很明显的一点是，公元5世纪初印度洋—广州航线就已经相当频繁和成熟。约后秦姚兴弘始二年（400），法显西行求法，历十余载，足迹最

---

① （北齐）魏收：《魏书》卷一百二"于阗国"条，中华书局，1974年，第2263页。

② 据汉文史籍的记载，从公元455年首次遣使到萨珊亡国前648年最后一次遣使，萨珊共遣使近二十次。公元651年，萨珊波斯灭亡，但波斯余部仍活动于伊朗东部地区。因此，仍有波斯遣使入贡的相关记载。从公元667年到公元708年（或709年）泥涅师病卒长安，波斯遣使入贡的记载仍未断绝。据《册府元龟》记载，从公元719年（唐开元七年）到771年（唐大历六年），除了重复，波斯遣使入贡的记载仍有十七次之多，其中甚至还有波斯国王遣使的记载。具体研究可参考：阎宗临：《古代波斯及其与中国的关系》，《世界古代中世纪史》，广西师范大学出版社，2007年，第267—269页；张绪山编：《中国与拜占庭帝国关系研究》，中华书局，2012年，第272页，注释1；荣新江：《波斯与中国：两种文化在唐朝的交融》，《丝绸之路与东西文化交流》，北京大学出版社，2015年，第66页。

远行至狮子国（今斯里兰卡）。在《佛国记》中，法显记录了他从狮子国出发返回广州的海上归程①。从狮子国出发的前半段行程，因风暴历90余天到达耶婆提国，在该国逗留5个多月后，法显再次转船归国。因再遇恶劣天气，法显未能按照原定计划从广州登陆，但他记载了正常从耶婆提回到广州的路线和时长。从这份珍贵的记载中，我们得知当时的商人早已熟知从耶婆提"常行时正可五十日便到广州"的信息。显然，法显时代的人们对从印度洋经马六甲海峡回广州航线已经非常熟悉，也正因此，商旅水手们才会精确地"赍五十日粮"，从侧面证明在公元4—5世纪初期，已经存在印度洋到广州的直航。与此同时，我们还能在《南史·王僧儒传》中见到在岭南高凉地区与外国商人之间存在持续的生口和宝货交易。公元553年前后，《周书》还曾记载波斯人在南朝政治中发挥积极作用："众议推整为刺史。整曰：'本以张保肆逆，毒害无辜，阖州之人，俱陷不义。今者同心戮力，务在除凶，若其自相推荐，复恐效尤致祸。'于是乃推波斯使主张道义行州事。"②这似乎说明，萨珊人似乎比以往更积极地在南中国地区活动。

三　唐以来岭南—波斯湾航线日趋繁荣

6世纪中期，萨珊波斯帝国步入黄金时代。在东方，胡司洛一世（Khusro I，公元531—579年）与突厥人结盟消灭了盘踞东方的嚈哒人。在西部，萨珊人以共同防御卡斯皮亚之门等理由迫使拜占庭人纳贡，索要大量金钱。萨珊人不仅在陆上把控了丝路贸易的绝大多数中转利益，也牢固掌握了海上贸易的主动权。在拜占庭史家普罗科比的笔下，波斯商人的身影已遍布红海到印度洋一线。查士丁尼曾经派出使节希望通过与埃塞俄比亚人结盟控制海上贸易，分化萨珊波斯在红海和阿拉伯海沿岸的势力，但这一设想被波斯人瓦解③。公元575—577年间，从海上贸易中获取了巨额利

---

① 具体见（东晋）法显撰，章巽校注：《法显传校注》，中华书局，2008年。

② （唐）令狐德棻等：《周书》卷三十六列传第二十八，中华书局，1975年，第642页。

③ Procopius, *History of the Wars*, with an English translation by H. B. Dewing. Cambridge, 1990, Book I.xix—xx.

益的萨珊帝国从此进一步收紧了海上通道，胡司洛一世派兵攻占了阿拉伯半岛南部也门地区，控制了红海和阿拉伯海的贸易要道，彻底将拜占庭人排斥在一手海上丝绸贸易之外。而与此同时，在印度和斯里兰卡经商的波斯商人，可以享受免税权等许多特权，并拥有大范围居留地①。《基督教国家风土记》中，科斯马斯还记载斯里兰卡有波斯的基督教徒建立的教堂，这里是当时世界上少有的能够与中国进行直接交易的地段②。通过严控红海—波斯湾—印度航线，波斯人成为这一时期东西方海上贸易的最强势力和中间商。在东方几乎垄断了岭南—印度洋航线的中国商品来源，在西方则控制了拜占庭以及地中海西部各地大多数的购买途径。

萨珊帝国最后的中兴时代随着阿拉伯世界的崛起走向末路。公元651年，萨珊波斯帝国末王耶兹底格德三世（Yazdagird III，公元632—651年在位）在木鹿（Merv）被当地磨坊主所杀，曾经雄霸伊朗高原近五个世纪的萨珊帝国就此灭亡。在萨珊波斯灭亡后相当一段时间内，中国的海陆两路依然存在波斯人的身影。无论是《唐会要》和《册府元龟》中波斯使者数次来华的身影③，还是波斯国"亦泛舶汉地，直至广州，取绫绢丝绵之类"的记载④，都表明萨珊波斯帝国在海陆交往中带给中国的影响。贾耽在《皇华四达记》中对"广州通海夷道"有详细描述，其中一段专门提到了从广州出海，至印度西海岸以及波斯湾，再顺幼发拉底河上溯进入阿拉伯帝国的中心城市的航程。

> 广州东南海行，二百里至屯门山，乃帆风西行，二日至九州石，又南二日至象石。又西南三日行，至占不劳山，山在环王国东二百里海中。又南二日行至陵山。又一日行，至门毒国。又一日行，至古笪国。又半日行，至奔陀浪洲。又两日行，到军突弄山。又五日行至海峡，蕃人谓之质，南北百里，北岸则罗越国，南岸则

---

① Etienne de la Vaissiere, *Sogdian Traders: A History*, tr. J. Ward, Boston, 2005, p.207.

② *The Christian Topography of Cosmas, an Egyptian Monk*, Translated from the Greek, and Edited with Notes and Introduction, Cambridge Library Collection, 2010.

③ 具体可见：（宋）王溥：《唐会要》卷一百"波斯国"条，上海古籍出版社，1991年；（宋）王钦若等编修：《册府元龟》卷九七一至卷九九九，中华书局，1982年。

④ （唐）慧超著，张毅笺释：《往五天竺国传笺释》，中华书局，1994年，第101页。

佛逝国。佛逝国东水行四五日，至诃陵国，南中洲之最大者。又
西出峡，三日至葛葛僧祗国。在佛逝西北隅之别岛，国人多钞暴，
乘舶者畏惮之。其北岸则个罗国，个罗西则哥谷罗国。又从葛葛僧
祗四五日行，至胜邓洲。又西五日行，至婆露国。又六日行，至婆
国伽蓝洲。又北四日行，至师子国，其北海岸距南天竺大岸百里。
又西四日行，经没来国，南天竺之最南境。又西北经十余小国，至
婆罗门西境。又西北二日行，至拔䫻国。又十日行，经天竺西境小
国五，至提䫻国，其国有弥兰太河，一曰新头河，自北渤昆国来，
西流至提䫻国北，入于海。又自提䫻国西二十日行，经小国二十
余，至提罗卢和国，一曰罗和异国，国人于海中立华表，夜则置
炬其上，使舶人夜行不迷。又西一日行，至乌剌国，乃大食国之弗
利剌河，南入于海。小舟溯流，二日至末罗国，大食重镇也。又西
北陆行千里，至茂门王所都缚达城。自婆罗门南境，从没来国至
乌剌国，皆缘海东岸行，其西岸之西，皆大食国。其西最南谓之三
兰国，自三兰国正北二十日行，经小国十余，至设国。又十日行，
经小国六七，至萨伊瞿和竭国，当海西岸。又西六七日行，经小国
六七，至没巽国。又西北十日行，经小国十余，至拔离歌磨难国。
又一日行，至乌剌国，与东岸路合。[①]

这段记载不仅证明当时从我国东南沿海出发经东南亚马六甲海峡通
往波斯湾的直航已经畅通，也证实了萨珊波斯帝国灭亡后，阿拉伯人对
于波斯湾—岭南航线的承继和发展。萨珊帝国对波斯湾—印度—岭南航
线数个世纪的治理和积累，为后来阿拉伯帝国和中国海上贸易的繁荣奠
定了基础。

小　结

结合中西古典文献材料来看，波斯湾与岭南地区自西汉时期便已有了
曲折间接的海上交往关系。萨珊波斯帝国兴起后，承继了帕提亚时期从波

---

① （宋）欧阳修、（宋）宋祁：《新唐书》卷四三下地理七下，中华书局，1975年，第1153—1154页。

斯湾到印度洋的传统航路，在历代萨珊皇帝的管控治理之下，公元5—6世纪已经形成了频繁而稳定的航线。7世纪中期以后，随着萨珊帝国的瓦解，萨珊波斯与中国的海上交往也画上了句号。可见萨珊波斯与岭南地区的海上交往贯穿整个帝国史，但史料明确记载波斯湾—广州的直航时间却已是8世纪中期。然而从考古发现来看，史家们的记载经常滞后。以20世纪60年代广东英德出土的3枚萨珊钱币为例，根据夏鼐先生的鉴定应属于卑路斯时期，即打造时间当不晚于公元484年。而由墓砖铭文来看，这些钱币被埋藏的年代在公元497—499年之间[1]，要早于文献记载波斯人正式入贡南朝三十多年。由此看来，最早从波斯湾到广州的直航时间是否可能早于官方文献记载仍旧值得商榷。无论这一时间早至何时，岭南地区作为早期萨珊波斯与中国海上交往的中心地带是应当被肯定的。英德钱币埋藏的时间与制造时间相距最短不过十年。《隋书·食货志》记载："梁初，唯京师及三吴、荆、郢、江、湘、梁、益用钱，其余州郡则杂以谷帛交易，交广之域，全以金银为货。"[2]文献和考古材料倾向于表明，在公元3—7世纪以拜占庭—萨珊波斯—中国构成的欧亚大陆三极海陆贸易体系中，以广州为中心的岭南地区扮演了至为重要的历史角色。

作者通信地址：广东省广州市天河区五山路483号华南农业大学人文与法学学院，邮编：510642。

责任编辑：陈子

---

[1] 夏鼐：《综述中国出土的波斯萨珊朝银币》，《考古学报》1974年第1期，第90—110页；广东省文物管理委员会、华南师范学院历史系：《广东英德、连阳南齐和隋唐古墓的发掘》，《考古》1961年第3期，第139—141页。

[2] （唐）魏征等：《隋书》卷二十四志第十九食货，中华书局，1973年，第689页。

谈恺《平粤录》初探

袁 成[*]

台湾东吴大学，台湾台北，11102

摘 要：《广州大典》所收谈恺《平粤录》以南京图书馆藏本为底本。今于台湾大学图书馆、台北故宫博物院发现三卷本《平粤录》，其刊印时间早于南图所藏单卷本。文章从谈恺与粤地的渊源说起，主要考证《平粤录》的现存版本以及书目著录，并以此为基础兼论《平粤录》的内容构成以及文献价值。

关键词：谈恺；《平粤录》；《广州大典》

一 谈恺与粤地

谈恺（1503—1569），字守教，号十山，无锡人。嘉靖乙酉（1525）举人，丙戌（1526）进士（二甲八十三名），官至总督两广军务，兼理巡抚江西、兵部右侍郎、都察院右都御史，赠资政大夫兵部尚书。在谈恺十八任官职之中，有三任与粤地有关：第八任为广东高州府信宜县典史，第十六任为广东布政使司左布政使，第十八任为两广总督[①]。

谈恺在广东时与黄佐（1490—1566）关系甚密。谈恺《广中五先生诗集序》云："仕至广藩，索广中四杰诗读之，宫詹泰泉先生乃以是集见遗，如获拱璧，因造泰泉之居言诗，泰泉以为然，复出汪右丞集翻阅数四，益

---

* 袁成（1994— ），男，汉族，江苏无锡人，台湾东吴大学中文系博士研究生。

① 关于谈恺生平可参拙作《无锡谈恺生平考略》，《江南论坛》2019年第10期；关于谈恺著作可参拙作《无锡谈恺诗文辑佚》，《书目季刊》2020年第54卷第1期。

知愚之言为不诬也。"①谈恺从黄佐处取阅广中四杰诗集，更与黄佐言诗，这极大促成谈恺刊印《广中五先生诗集》。今黄佐六十卷本《泰泉集》收录《赠都府十山谈公序》一篇②。

　　黄佐所撰《［嘉靖］广东通志》也和谈恺有关。嘉靖十四年（1535）戴璟巡按广东有修通志之议，仅历二月而成《广东通志初稿》四十卷。嘉靖三十六年（1557）谈恺时任两广总督，有感于旧志成书仓促多有舛误，便萌生重修通志的想法，可惜委纂未成而罢归，幸而继任者皆重视修志，继续敦请黄佐，最终完成《广东通志》的修撰。

　　黄佐《〈广东通志〉序》云："嘉靖乙未，侍御四明戴公璟乃纂通志，成于仓猝，命曰初稿，意将有待云。丁巳，少司马督府毗陵谈公恺览而少之，檄我藩司聘予，俾重加搜辑，予病谢不能也。代以奉化王公钫，礼请益敦。会侍御姑苏徐公仲楫至，枉顾衡门，稽首再拜以请，予业已纳还聘币，力谢固辞。公请愈虔，至于再三，而币复重拜，不获终辞，乃于仲冬开局于贡院。"③明代无锡县属常州府，毗陵乃常州旧称，故黄佐谓"毗陵谈公恺"。嘉靖间重修《广东通志》乃谈恺首倡，黄佐亦是谈恺首聘，将《广东通志》归于谈恺委纂亦未为不可。周中孚《郑堂读书记》云："《广东通志》自明嘉靖乙未巡抚戴璟始创为《初稿》四十卷，仅两月成书，间涉潦草。越二十四年丁巳，总督谈恺复延黄佐等重加搜辑为七十卷……"④傅增湘《藏园订补邵亭知见传本书目》云："《［嘉靖］广东通志》七十卷，明黄佐撰……据《泰泉集》所载序，嘉靖丁巳谈恺委其纂修，四月而成。"⑤

　　嘉靖间新宁、恩平之间多有盗贼，常纠合瑶民为非作歹，是粤地一大

① （明）谈恺辑：《广中五先生诗集》，陈建华、曹淳亮主编：《广州大典》第500册，广州出版社，2015年，第1页。

② （明）黄佐：《泰泉集》卷四十，陈建华、曹淳亮主编：《广州大典》第424册，广州出版社，2015年，第496页。此篇即《后平粤录》所收《奉贺大司马十山谈公平寇叙》，详见本文第五部分。

③ （明）黄佐：《广东通志》，陈建华、曹淳亮主编：《广州大典》第240册，广州出版社，2015年，第7—8页。

④ （清）周中孚著，黄曙辉、印晓峰标校：《郑堂读书记》补逸卷十二史部地理类二，上海书店出版社，2009年，第1446页。

⑤ （清）莫友芝撰，傅增湘订补，傅熹年整理：《藏园订补邵亭知见传本书目》卷五下史部十一地理类都会郡县之属，中华书局，2009年，第372—373页。

隐患。嘉靖三十五年（1556）谈恺发兵征讨，逐一平定乱贼巢穴。谈恺勒石纪功，撰《岭西平寇纪略》，其文见收于《梁溪文抄》以及《［道光］肇庆府志》《［道光］恩平县志》等多种方志，其碑立于梅庵（今广东省肇庆市西郊）。嘉靖三十六年（1557）正当谈恺乘胜追击时却被弹劾，勒令致仕，由王钫（？—1566）接替，继续扫平余寇。

《平粤录》非谈恺亲编，而是旧部汪俅、杜聪所辑，寄至无锡家中。虽然现在《平粤录》常常归于杂史之属，但在当初编纂时纯粹出于纪念意义的考量，很大程度上是为了安抚被勒令致仕的谈恺。因此，《平粤录》除了收录谈恺有关平粤的奏疏，还大量收录诸家贺文。这也使得《平粤录》于"史"于"集"都有一定的文献价值。

二 《平粤录》现存版本

今《平粤录》见藏于三处：台湾大学图书馆、台北故宫博物院、南京图书馆，以下分别简称"台大本""台北故宫本""南图本"。经考察，现存《平粤录》可大致分为两种系统：《前后平粤录》三卷本、《平粤录》单卷本。

（一）台湾大学图书馆所藏《前后平粤录》三卷本

台湾大学图书馆所藏《平粤录》是现存三部之中相对完整的版本，号称海内孤本，暂时未有影印本问世。此本包括《平粤录》上下两卷，《后平粤录》一卷，共三册。《平粤录》有目，卷首有殷正茂《平粤录序》，按目录卷上为奏疏，卷下为诗、歌、词、颂、启、序文、跋。《后平粤录》无目，卷末有陈善《平粤录后序》、张大猷《武成跋》。序跋半叶七行十二字，目录以及正文半叶十行二十字。殷正茂序左右双边，其余皆四周双边。版心上端记书名与卷次，如《平粤录》卷上、《平粤录》卷下、《后平粤录》，下端记叶数。书口简记题名，如"疏""后序""捷音"等。单鱼尾，惟黑鱼尾、白鱼尾混用无定。此本曰孤本犹可，曰善本则不尽然，因《平粤录》卷下与《后平粤录》的缺页、错页情况比较严重。这里出现的缺页是仅有版框界行而无文字：《平粤录》卷下缺页三十六、五十九；《后平粤录》缺页十一、十二、六十二。此外，《平粤录》卷下所缺页三十六又误植于《后平粤录》页三十六。

《台湾大学图书馆增订善本书目》著录曰：

> 《平粤录》二卷，《后平粤录》一卷，共三册。（明）谈迁撰。明嘉靖三十七年（一五五八）广东刊本。每半页十行，行二十字。四周双边，白口，黑鱼尾，下记书名、页数。框高二〇·四公分，框宽一六·五公分。[①]

《台湾大学图书馆藏珍本东亚文献目录·中国古籍篇》著录曰：

> 《平粤录》二卷，明谈恺撰。《后平粤录》一卷，明汪佃等撰。明嘉靖三十七年（一五五八）刻本，十行二十字，白口，四周双边。[②]

两者都将刊刻时间系于1558年，不知所据为何，殷正茂《平粤录序》、陈善《平粤录后序》皆题"嘉靖丁巳"（1557），此本宜题作"嘉靖三十六年刊本"。谈迁（1593—1658）乃明清之交史学家，著有《国榷》《枣林杂俎》等，浙江海宁人，与无锡谈氏无涉。《平粤录》行文以空字的形式避讳谈恺之名，仅出现其"十山"之号。盖《平粤录》归于杂史，有时行文之中"谈"后亦是缺字，是以前者误署史家"谈迁"。后者称"明汪佃等撰"，有可能是参照《北平图书馆善本书目》，实际上《前后平粤录》三卷皆由汪佃和杜聪所辑，曰"撰"不妥。此外，两种书目对于书口和鱼尾的描述与笔者的观察也略有出入。

（二）台北故宫博物院所藏《前后平粤录》三卷本（残本，存二卷）

台北故宫博物院所藏《平粤录》原为国立北平图书馆旧藏，此种同样属于三卷本，但仅存《平粤录》卷下与《后平粤录》，两卷订为一册。

---

① 台湾大学图书馆编辑，周骏富审订：《台湾大学图书馆增订善本书目》，台湾大学图书馆，2001年，第88页。

② 张宝三主编，谷辉之编辑：《台湾大学图书馆藏珍本东亚文献目录·中国古籍篇》，台湾大学图书馆，2013年，第68页。

《明杂史十六种》(中华书局，2013年)、《原国立北平图书馆甲库善本丛书》(国家图书馆出版社，2013年)所收即据此本影印。就残存两卷来看，台北故宫本的版式与台大本一致。台北故宫本多谈志伊《平粤录跋》，位于张大猷《武成跋》与陈善《平粤录后序》之间，行格同于正文，半页十行二十字。可惜此二跋及一后序上端虫蛀严重，不少部分无法识读。尽管台北故宫本没有类似于台大本的空页，但非常大的缺憾是《后平粤录》页一至页三十四整体错置于书末。这样一来，不仅紧接《平粤录》卷下的直接是《后平粤录》页三十五，而且张大猷《武成跋》、谈志伊《平粤录跋》、陈善《平粤录后序》等三种序跋的位置从书末变成书中，着实令人费解。

近人王重民(1903—1975)为此本《平粤录》作跋：

> 《北平(京)图书馆善本书目》卷二页二十二下《平粤录》题云："明汪俅等撰。"按《明史·艺文志》卷二《杂史类》有谈恺《前后平粤录》四卷。又李春芳撰《谈公恺墓志铭》云："公字守教，无锡人。嘉靖五年进士。以兵部右侍郎兼右佥都御史，移镇两广。两广山菁险密，蛮寇盘据已久。明年，突发岭西，联络新会溪洞，四出焚掠，杀千户黎元。公画策分兵进剿，一鼓而歼其渠率，补斩五千五百有奇。公在军日久，念母王太淑人发鬒鬒白，时方剿大罗山贼，将就俘矣，乃恳乞致仕。后总督王某追疏公迹，乞首录以劝，诏进公右都御史。所著有《平粤录》三卷。"《明志》卷数有误，全书当为三卷，凡《前录》二卷，《后录》一卷。此本《前录》阙上卷，故无撰人。《北平(京)图书馆善本书目》题"明汪俅等撰"者，盖据谈志伊跋文"大参汪公俅，金宪杜公聪汇是录也"而误也。名从主人，兹改题谈恺。(一九九四年十月十二日。)①

王重民主要针对责任者进行考辨。《平粤录》卷上收谈恺奏疏，卷下收诸家贺文，《后平粤录》实为补遗。《前后平粤录》三卷之中仅录汪俅

---

① 王重民：《平粤录跋》，《中国善本书提要》，上海古籍出版社，1983年，附录第2页。

《武成》二首以及《恭贺平粤》一首，《北平图书馆善本书目》题"明汪佃等撰"固有不妥。然此三卷本《前后平粤录》题"谈恺撰"，未若题"汪佃、杜聪辑"为宜。

（三）南京图书馆所藏《平粤录》单卷本

南图所藏单卷本《平粤录》相当于三卷本系统中《平粤录》卷上部分，即谈恺奏疏。自《玄览堂丛书三集》（国立中央图书馆，1948年）影印出版，此种单卷本《平粤录》流传相对较广。《中国野史集成》（巴蜀书社，1993年）、《边疆史地文献初编》（中央编译出版社，2011年）、《广州大典》（广州出版社，2015年）皆有收录。

南图本的内容即《平粤录》卷上，而台北故宫本存《平粤录》卷下与《后平粤录》，两种是否本是一书后散落两处？诸多证据表明南图本乃别本单行：南图本版心仅题"平粤录"而未标注卷之上下，此其一；我们还可以比照台大本来判断南图本是否属于三卷本系统，台大本有目录，而南图本无目录，此其二；台大本殷正茂序半页七行十二字，而南图本殷正茂序行格同于正文，半页十行二十字，此其三。

近人顾廷龙（1904—1998）《玄览堂丛书三集提要》著录曰：

> 《平粤录》一卷，明谈恺撰，明嘉靖三十六年刊本。
> 　　恺，字守教，无锡人，嘉靖丙戌进士，官兵部右侍郎兼右金都御史。嘉靖廿五年，两广蛮民起义岭西，联络新会溪洞事，其首为许以明、陈孔荣。按许以明自称承天霸王，陈孔荣自称通寨总兵。《广东通志》云："巡抚谈恺檄诸路士兵，诛其魁陈以明，悉平诸巢。"是以许以明、陈孔荣误合为一人矣。[①]

南图本的主要内容是谈恺奏疏，题"明谈恺撰"无不妥。顾廷龙根据谈恺奏疏内容纠正方志的记载，《平粤录》的文献价值可见一斑。惟顾廷龙所谓"嘉靖廿五年"，当是"嘉靖三十五年"。

---

① 顾廷龙著，《顾廷龙全集》编辑委员会编：《顾廷龙全集·文集卷》，上海辞书出版社，2015年，第251—252页。

三 《平粤录》历代著录

从现有的材料来看，最早著录《平粤录》的当属李春芳（1510—1584）《都察院右都御史十山谈公墓志铭》。李春芳称谈恺"所著有《孙武子》十三卷、《虔台续志》五卷、《平粤录》三卷、奏议文集若干卷"。谈恺次女适秦梁之子秦燮，而秦梁与李春芳有同年之谊，此墓志铭由谈恺之子谈志伊通过秦梁向李春芳请得。根据此墓志铭，我们基本上可以确定《平粤录》的最初面貌即三卷本，而单卷本乃是后出。与卷下歌功颂德、华而不实的诸家贺文相比，谈恺奏疏的史料价值相对较高，这也许足以解释为何专取卷上作别本单行。

传统书目对于《平粤录》的著录情况按年代可梳理如下：

《千顷堂书目》	谈恺《平粤录》二卷，又后《平粤录》二卷。 嘉靖丁巳殷正茂序。
《明史·艺文志》	谈恺《前后平粤录》四卷。
《绛云楼书目》	《平粤录》。
《传是楼书目》	《平粤录》，明谈恺，一本。
《天一阁书目》	《平粤录》一卷，刊本，残。
《［道光］广东通志》	《前后平粤录》四卷，明谈恺撰，佚，见《明志》。 《平粤录》一卷，不著撰人，未见，见《天一阁书目》。
《［光绪］无锡金匮县志》	《前后平粤录》四卷，谈恺。《虔台续志》五卷，谈恺。 以上见《明史》。
《［光绪］广西通志辑要》	《前后平粤录》，明谈恺著，见《明史·艺文志》，四卷，今佚。
《锡金历朝书目考》	《前后平粤录》四卷，《虔台续志》五卷。以上见《明史》。
《小渌天孙氏鉴藏善本书目》	《平粤录》，嘉靖本，一册。

黄虞稷（1629—1691）不仅著有《千顷堂书目》，还入史馆编著《明史·艺文志》，故《明史·艺文志》内容多由《千顷堂书目》出。王重民《平粤录跋》已据李春芳《都察院右都御史十山谈公墓志铭》指出《明史·艺文志》"四卷"的记载存在讹误，黄虞稷所见大概率是三卷本。钱谦益（1582—1664）《绛云楼书目》著录时不记卷数，徐乾学（1631—1694）

《传是楼书目》记为"一本"，孙毓修（1871—1923）《小渌天孙氏鉴藏善本书目》记为"一册"，有可能是单卷本，但也不能排除是三卷本中《平粤录》卷下与《后平粤录》合订为一册，即台北故宫博物院所藏残本。而范氏《天一阁书目》明言"一卷"，又称"残"本，有可能是台北故宫博物院藏本所缺《平粤录》卷上。《［光绪］无锡金匮县志》《［光绪］广西通志辑要》《锡金历朝书目考》皆是从《明史·艺文志》转录，《［道光］广东通志》则是综合《明史·艺文志》和《天一阁书目》两种记载。成于明嘉靖间的《平粤录》至于清道光间就已被记为佚书，今两岸所存三部《平粤录》可称珍本。

需要注意的是，谈志伊《平粤录跋》为台北故宫本所独有。跋曰："是录也，非家君意也。家君致仕逾年，大参汪公俅、金宪杜公聪汇是录梓于苍梧，寄至家君……家君之功人或知之，而家君之心人或未知①，□□□附数言，复请之家君而授之梓，嘉靖乙丑②□□□日不肖男志伊百拜谨书。"按此跋语则三卷本系统先有嘉靖丁巳（1557）苍梧刊本后有嘉靖乙丑（1565）无锡刊本，无谈志伊跋的台大本为苍梧刊本，有谈志伊跋的台北故宫本为无锡刊本。然而台大本错乱，台北故宫本残缺，以笔者有限的能力难以找到翻刻的痕迹。此说恐难有定论，姑且记之，以俟方家。

四 《平粤录》内容构成

以三卷本系统为标准，《平粤录》的内容构成可整理如下：

	序文	平粤录序	殷正茂
平粤录卷上	疏	剿平久反稔恶剧贼查核功罪疏	谈恺
		兵部覆题前事疏	——
		处置兵后地方疏	谈恺
		谢恩疏	谈恺
		兵部覆题处置兵后地方疏	——

---

① "未"后四字皆漫漶，"知"字据上下文补。
② "乙"后四字皆漫漶，"丑"字据时间线补。

平粤录卷下	五言古风	武成三首	伦以谅
		颂武成一首	吴章
	五言律诗	武成二首	伦以谅
	五言排律	武成一首	伦以谅
		颂武成一首	吴章
		贺越中平寇	俞维屏
		贺平寇一首	王国桢
		恭贺平粤	汪俅
	七言律诗	武成二首	汪俅
		武成三首	吴章
		武成三十首	伦以诜
		贺平寇一首	王国桢
	七言绝句	贺平寇十八首	王国桢
	歌	凯歌十二首	李义壮
		武成十首	李义壮
		凯歌十章有序	冯承芳
	词	贺军门大征凯旋词有引	张烜
	颂	武成颂序	李义壮
		平蛮颂序	陈九成
		平南粤剧寇颂并引	张大猷
		恭贺平粤上勋颂并引	经彦宷
	启	贺武成启	吴章 李义壮 伦以谅 伦以诜
		贺平寇启	俞维屏
	序文	贺岭南海寇平序	黄佐
		贺广肇合剿宁会武成序	湛若水
		奉贺总督两广大司马大中丞十山谈公平寇序	伦以诜
		贺平寇序	莫如士
		武成序	伦以谅
		武成序	伦以诜
		贺大司马大中丞十山翁谈老先生大人东征奏捷序	张烜

续表

后平粤录	疏	逆贼冲营劫寨烧屋立号占据逼降乞早加兵急救生灵大难疏	谈恺
	捷音	捷音事	王钫
	序文	奉贺大司马十山谈公平寇叙	黄佐
		大司马十山谈老先生平粤序	殷正茂
	颂	平粤颂有序	周于德
	附录	怀德祠记	庐璘
		武成跋	张大猷
		平粤录跋	谈志伊
		平粤录后序	陈善

五 《平粤录》文献价值

顾廷龙在《玄览堂丛书三集提要》中就已提及《平粤录》的文献价值：据谈恺奏疏可知乱贼首领为许以明、陈孔荣，而阮元所修《［道光］广东通志》将两人误合为一人"陈以明"。其实，史志辗转承袭，此误传非常普遍，从《国榷》《明史》《明纪》《明通鉴》《明书》《皇明史概》《罪惟录》《名山藏》到《［同治］义宁州志》《［道光］新宁县志》《［道光］肇庆府志》《［宣统］高要县志》《［民国］恩平县志》《［民国］清远县志》等等皆错言"陈以明"。而《平粤录》所载并非孤证，汪道昆（1525—1593）所撰《许襄公传》亦明确记录"会宁寇许以明、陈孔荣"（见《太函集》卷三十四，又收于《本朝分省人物考》《国朝献徵录》）。

《平粤录》所载谈恺奏疏对于"史部"的补正价值是毋庸置疑的，《玄览堂丛书三集》《中国野史集成》《边疆史地文献初编》《广州大典》先后都将南图所藏单卷本《平粤录》影印出版，足见《平粤录》作为"杂史"的重要价值。在此，笔者想要着重讨论一下三卷本《平粤录》对于"集部"的辑佚作用。

虽然谈恺以刊刻《太平广记》而闻名，但是其个人别集《十山文集》今已不传。《［万历］无锡县志》《［康熙］无锡县志》《［嘉庆］无锡金匮县志》《［光绪］无锡金匮县志》皆著录谈恺《十山文集》，而卷数俱不见载。李春芳所撰《都察院右都御史十山谈公墓志铭》但言"奏议文集若干卷"，可能《十山文集》此时尚未最终校定付梓。清光绪间高鑅泉《锡金书目考》著录《十山文集》同样未标明卷数，既谓"书目考"，可知其并未经眼，大抵是由县志转录。所幸三卷本《平粤录》流传至今，得以存下谈恺四篇奏疏：《剿平久反稔恶剧贼查核功罪疏》《处置兵后地方疏》《谢恩疏》《逆贼冲营劫寨烧屋立号占据逼降乞早加兵急救生灵大难疏》。

再如黄佐《泰泉集》，《四库全书》本删削严重仅有十卷，而《广州大典》采用清康熙二十一年（1682）黄遂卿刻本，足有六十卷，但《平粤录》所收仍有逸在此六十卷外者。《平粤录》卷下收《贺岭南海寇平序》，署名为"嘉靖三十五年岁次丙辰，赐进士出身中顺大夫詹事府少詹事兼翰林院侍读学士，前南京国子祭酒经筵讲官同修国史玉牒泰泉黄佐撰"，此篇《泰泉集》失收。又《后平粤录》收《奉贺大司马十山谈公平寇叙》，署名为"嘉靖三十六年岁次丁巳季秋之吉，赐进士出身中顺大夫詹事府少詹事兼翰林院侍读学士，前南京国子祭酒经筵讲官同修国史玉牒治生泰泉黄佐撰"①。此篇见收于《泰泉集》卷四十，题为《赠都府十山谈公序》，署名则省去。

诸家贺文之中名气最大的当属甘泉学派创始人湛若水（1466—1560）。《平粤录》卷下收《贺广肇合剿宁会武成序》，署名为"嘉靖丙辰岁六月吉日，赐进士出身资政大夫，前南京兵部尚书奉教参赞机务国子祭酒翰林侍读同修国史经验讲官，赐一品服，九十一甘泉生湛若水撰"，此序也未见于各种湛若水集。

伦以谅、伦以诜为明代状元伦文叙之子。按《明史·艺文志》，伦以谅有《石溪集》十卷，伦以诜有《穗石集》十卷，然今皆未见。幸以《平粤录》伦以谅存五言古诗三首、五言律诗二首、五言排律一首、序一篇，而伦以诜存七言律诗三十首、序两篇，此外还存有兄弟二人与吴章、李义壮合撰《贺武成启》一篇。

有的作者文名不甚显著，官衔所署也不像黄佐和湛若水那么华丽，多

---

① 黄佐年长于谈恺，修《广东通志》时需谈恺敦请，再考察空字与换行，两处署名的处理情况并不一致，此处所署"治生"二字恐纂辑者妄加。

是以"治生"和"属下吏"的身份撰写贺文，亦未留下个人别集。天壤之间，他们的文章或许只存此孤篇，今天不得不怀着敬畏之心来看待。

作者通信地址：台湾省台北市士林区临溪路70号东吴大学人文社会学院，邮政编码：11102。

责任编辑：黄小高

《学海堂集》初探

林子雄[*]

广东省方志馆，广东广州，501155

摘　要： 清嘉道年间，两广总督阮元在广州创办的学海堂，是清代著名书院之一，它对清代之学术，尤其对晚清乃至后来的广东学术都有着重要的作用和深远的影响。《广州大典》（2015年广州出版社出版）收辑与学海堂相关的文献五种，其中最有代表性、最重要者应属《学海堂集》。《学海堂集》是学海堂师生的诗文集，汇集了大量学海堂师生的学术研究、诗词文学作品。《学海堂集》从初集至四集有文章430篇，诗歌2417首，作者412人，130多万字。作为翔实反映学海堂历史的重要文献，《学海堂集》为后人研究总结学海堂教育文化成就提供了重要的文献依据。

关键词： 学海堂；《学海堂集》；广东；阮元；《广州大典》

书院是中国古代教育机构之一，作为各地各级学校教育的补充，在组织制度、教师选拔、课程设置、人才培养、开办经费等方面具有自身特色，形成各自不同的风格，因此，每一所书院都可以成为一个独立的研究个案。有学者认为："学海堂与广州其他书院一样，都以研究儒学经典为前提。这反映在道光五年至光绪十二年间（1825—1886）出版的四部《学海堂集》所收入的诗文课卷的编排上。在学海堂考试之外的其他文字作品中，学者们也投入了很大的注意力去辩论正确的学习方法和经典的最佳诠释。这类文字也已经引起了现代中国、日本和西方的学者们极大的注意，他们写出了著作来介绍学海堂，其创建者阮元，及其最杰出的学者陈澧

---

[*]　林子雄（1957—　），男，广东广州人，广东省方志馆研究馆员。

（1810—1882）。"①本文拟从编纂《学海堂集》的建筑、背景和《学海堂集》的编纂、内容、作用和影响等方面进行一些初步的探究。

一 建筑

《学海堂集》的编纂之地，或者说学海堂建筑主要有三：学海堂、启秀山房、文澜阁。清道光四年至六年（1824—1826），学海堂、启秀山房、文澜阁先后在粤秀山（今越秀山）建立，它们是学海堂开展文化教育活动的主要场所。三所建筑在民国年间废毁，其遗址说法不一②。

（一）学海堂

清嘉庆二十五年（1820）三月初二日，两广总督阮元在广州城西文澜书院创办学海堂。有人认为学海堂的建立是"粤人知博雅皆自此堂启之"③，此语可见学海堂的创办在粤人心目中之地位。清道光四年（1824）九月，阮元"亲至粤秀山觅地，欲建学海堂，遂在山半古木丛中定地开工。盖因连年以经古课士，士人之好古者日多，而学海堂惟在文澜书院虚悬一匾，并无实地，是以建堂于此，实有其地而垂永久焉"④。同年十二月，粤秀山上的学海堂建成。"堂为三楹，前为平台，瞻望狮洋景象，甚为雄阔。又于堂后建小斋三楹，曰启秀山房，盖依粤秀山也。最后最高处建一亭，曰至山亭，盖取学山至山之义也。"⑤学海堂是各学长与应课学生交流汇聚之地，首先是每年四课，课题张贴在学海堂及各学长寓所，同时注明某月某日在学海堂收卷。

---

① ［美］麦哲维著，沈正邦译：《学海堂与晚清岭南学术文化》，广东人民出版社，2018年，第20页。

② 2004年4月至8月，广州《羊城晚报》有数篇文章探讨学海堂遗址在越秀山的位置，众说纷纭，其中有学者认为"学海堂主体建筑位置在现在的孙中山读书治事处"。见广州《羊城晚报》2004年8月7日A6版。

③ （清）戴肇辰等修，（清）史澄、（清）李光廷纂：《［光绪］广州府志》卷六十六，陈建华、曹淳亮主编：《广州大典》第269册，广州出版社，2015年，第326页。

④ （清）阮福：《雷塘庵主弟子记》卷六，（清）张鉴等撰，黄爱平点校：《阮元年谱》，中华书局，1995年，第146页。

⑤ （清）阮福：《雷塘庵主弟子记》卷六，（清）张鉴等撰，黄爱平点校：《阮元年谱》，中华书局，1995年，第147页。

学长在堂中评阅课卷，诸学长"依期公集堂中，汇齐互阅，各无异议，即列拟取名单存查，仍封固俟送。如所阅有拟选刻者，各列选单，汇交管课处核定，以待发榜后钞存备刻"①。每次课卷评定的名次在学海堂右廊山墙张榜，膏火也在学海堂内发放。其次是学海堂师生的雅集，自学海堂建成，"每年春孟，同人团拜于堂，仰止师承，如亲提命，因定于正月二十日期会，仪征公寿日也。四方之宾，一国之望，渊源渐被，介祉偕来，堂中翘楚，少长咸集，日景方长，衣冠气盛，春光明丽，四坐同欢，开岁雅游，斯为首路"②。除此之外，每年花朝上巳（农历二月上旬的巳日）、三月三十日、七月五日、中秋、冬至，以及三月看木棉、十一月观梅③，都是文人学者汇聚学海堂的日子。再是师生在学海堂中训诂文字，切磋学问，即金锡龄所言："弱冠肄业学海堂，为钱心壶给谏所奖誉。卢敏肃公督粤，创举学海堂专课生，龄以童生与其列，同时诸名士如侯君谟、侯子琴、杨黼香、朱子襄、陈兰甫、张彦高以著述相砥砺，凡阅经史子集，靡不手加丹黄，偶有所得，随笔札记，不下百数十卷。"④《学海堂集》中诗文正是来自应课之优秀者以及雅集、研讨之作。学海堂西序竖立着"高一尺零五分，凡四幅，共广二尺五寸，幅二十五行，行八字"⑤的端溪石，其上镌刻的是阮元手书《学海堂集序》，显示出《学海堂集》的地位。

（二）启秀山房

启秀山房与学海堂同年落成，位于学海堂之北，更加接近粤秀山顶，

---

① （清）林伯桐编，（清）陈澧等续补：《学海堂志·事宜》，陈建华、曹淳亮主编：《广州大典》第230册，广州出版社，2015年，第647页。

② （清）林伯桐编，（清）陈澧等续补：《学海堂志·雅集》，陈建华、曹淳亮主编：《广州大典》第230册，广州出版社，2015年，第662页。

③ 张维屏有《三月初九日陈兰甫孝廉澧招同梁章冉广文廷楣谭玉生明经莹许青皋茂才玉彬金芑堂孝廉锡龄李砚卿茂才应田集学海堂看木棉》《十一月二十八日徐铁孙谭玉生招同黄苍厓吴石华曾勉士熊荻江梁子春集学海堂看梅花》等诗。（清）张维屏：《张南山全集》（上），陈建华、曹淳亮主编：《广州大典》第93册，广州出版社，2015年，第115、278页。

④ （清）金锡龄：《八十自述》，《劬书室遗集》卷十六，陈建华、曹淳亮主编：《广州大典》第464册，广州出版社，2015年，第531页。

⑤ （清）林伯桐编，（清）陈澧等续补：《学海堂志·石刻》，陈建华、曹淳亮主编：《广州大典》第230册，广州出版社，2015年，第660页。

《学海堂志》云："山房为三楹七架，三面深廊，一如堂式。其后即粤秀山巅，地势既高，所见逾远。掩扉开卷，游屐无喧，白云初出，时鸟有声，清风乍来，翛然入室。阶前大湖方石案一，明莹如玉，可供数人啸咏其间。春秋佳日，草色花香，透入帘幙，至若金波穆穆，玉露溶溶，静伫移时，不异湖中泛月。"①启秀山房亦为学海堂师生唱酬地之一，又是编纂阅读书籍之所，《学海堂集》从初集至四集均在此处编纂修订。清同治二年（1863），以启秀山房奉阮元神位，榜于门曰"阮太傅祠"。

（三）文澜阁

文澜阁在学海堂之右，外门东向，与学海堂门相对，是清道光六年（1826）阮元捐廉所建。阁中设文昌、魁星神位供人祭祀。文澜阁又是学海堂收藏书板和印刷书籍的场所，《学海堂集》的版片在这里庋藏，《学海堂集》也在阁中印刷成书。直至清咸丰七年（1857），英军入侵广州城，炮轰粤秀山，击毁文澜阁一石柱，"学长等以山堂多藏书板，募有能取出者厚赏之。有通事某甲取出，然缺失者大半矣。乃以舟载至城西之泌冲，庋于邹氏祠堂"②。虽然《学海堂集》扉页有"启秀山房藏板"一行文字，但根据《学海堂志》记载，文澜阁一直用来收藏学海堂书板和印刷图书，并有"守门条规"严格约束守阁者及印书工匠，以确保阁中书板及印书过程的安全。启秀山房则始终未见有庋藏书板的详细记载。

值得一提的是，《学海堂初集》目录后有"仙城西湖街简书斋刊刻"，《学海堂三集》书后有"粤东省城西湖街富文斋承刻刷印"，《学海堂四集》亦有"羊城内西湖街富文斋承刊印""粤东省城西湖街富文斋刊印印发兑"的字样，这说明《学海堂集》书板由广州城内西湖街简书斋、富文斋等书坊雕刻，该书还曾在书坊销售。以后书板存放在文澜阁中，若有需要可在文澜阁取板刷印。

---

① （清）林伯桐编，（清）陈澧等续补：《学海堂志·图说》，陈建华、曹淳亮主编：《广州大典》第230册，广州出版社，2015年，第641—642页。

② （清）林伯桐编，（清）陈澧等续补：《学海堂志·经板》，陈建华、曹淳亮主编：《广州大典》第230册，广州出版社，2015年，第658页。

二 背景

阮元在浙、粤两地任职，都以建设书院和刻刊文集为主要文化举措，他先是在杭州创设诂经精舍，编纂《诂经精舍文集》，以后又在广东开办学海堂，出版《学海堂集》，因此考察诂经精舍及《诂经精舍文集》有助于了解《学海堂集》的编纂背景。

（一）诂经精舍

清嘉庆五年（1800）阮元出任浙江巡抚，他以杭州西湖之阳编纂《经籍纂诂》的五十间房子建立诂经精舍。阮元在解释诂经精舍的名称时说："'精舍'者，汉学生徒所居之名。'诂经'者，不忘旧业且勖新知也。"① 诂经精舍重视经学训诂，奉汉许慎、郑玄两木主于精舍而祀之。后阮元以诂经精舍经验在粤建设学海堂，他亲撰学海堂楹联："公羊传纪，司马记史，白虎德论，雕龙文心。"这与诂经精舍的楹联几乎一模一样②。颇为巧合的是，在诂经精舍之后六十六年，杭州也建起了一座学海堂。时刚刚经历过太平天国动乱，江南许多书院毁于兵燹。为振兴教育，清同治五年（1866），浙江巡抚马新贻等在孤山苏公祠之右新建一座学海堂，马新贻为记云："往时阮文达公抚浙创诂经精舍，而督两广则有学海堂之建，凡以考校经义，修明朴学，衍贾、郑之绪，浚周、孔之源，故其时儒彦辈出，彬彬称盛。今诂经既复故制，因并取学海之名颜斯堂，匪敢抗迹前轨，亦窃慕文达造士之意，吐纳群流，为国瑰宝，诸贤祁祁勉勖而已。"③

后来陈宝箴的《河北精舍学规》亦云："乾嘉之际，士稍以为陋，一二巨人长德，相承为考证之学，仪征阮文达公遂创建诂经精舍、学海堂于浙江、广东，余尝览其学规，盖亦勤密矣……嗣是江苏、湖北、四川、陕西渐设精舍而俱不出学海堂之制。"④ 诂经精舍、学海堂皆阮元亲手创立，

---

① （清）阮元撰，邓经元点校：《揅经室集》，中华书局，1993年，第547页。

② 张崟《诂经精舍志初稿》载阮元所署楹帖有云："公羊传经，司马著史，白虎德论，雕龙文心。其实事求是，崇尚汉学之初心，又于是寓焉。"《文澜学报》1936年第2卷第1期，第7页。

③ 《［光绪］杭州府志》卷十六，1922年，第16页。

④ 张崟：《诂经精舍志初稿》，《文澜学报》1936年第2卷第1期，第21—22页。

教育理念和方法大致相同，名噪一时，成为近代学院的典范模式之一。

（二）《诂经精舍集》

清嘉庆六年（1801）十月，阮元亲订《诂经精舍文集》八卷本，以诂经精舍名义刻刊。次年又有扬州阮氏琅嬛仙馆十四卷本，阮元出资刷印再版，足见其重视程度。这是诂经精舍建立后的第一部文集，许宗彦云："兹集所载，于古今学术，洞悉本原，折衷无偏，实事求是，足以发明坠义，辅翼经史。其余诗古文，或咀六代之腴，或挹三唐之秀，风标峻上，神韵超然。盖吾师因其质之所近以裁之，而诸君亦各能以长自见。览斯集者，犹探珠于沧瀛，采玉于昆阆也。诸君其益进而不已，蕲至古之立言者，以称吾师教育盛心。"①《诂经精舍文集》凡十四卷，有156个题目，332篇文章。它"既是肄业生徒课艺之佳作，也是具有较高学术价值的研究成果"②。以后诂经精舍出版了续集八卷（罗文俊编），三集至八集共六十六卷（俞樾编），编例仍旧，内容均是课艺佳作。

由于诂经精舍、学海堂的创办意图和教学方法相仿，故《学海堂初集》与《诂经精舍文集》的编纂方式和内容都是相似的。梅启照在《诂经精舍四集序》也提到学海堂与诂经精舍的密切关系："粤东有学海堂，西湖有诂经精舍，兹二院皆阮文达公所创也。"③清道光四年（1824）十二月，在阮元的指示下，学海堂仿《诂经精舍文集》之例，编订《学海堂初集》，由阮元亲自以骈体文及七分楷书撰写序言，镌刊于石，嵌于堂壁。

三　编纂

《学海堂集》曾经四次编纂出版，即初集、二集、三集、四集，书前皆有主编述及编纂过程，对各集的编纂者、编纂方式、出版时间有所反映，兹将各集编纂出版情况归纳如下。

1.《学海堂初集》十五卷附一卷（以下简称《初集》），题启秀山房订，

---

① （清）许宗彦：《诂经精舍文集序》，（清）阮元编：《诂经精舍文集》，嘉庆六年刻本卷首。
② 陈东辉：《阮元创设诂经考略》，《中国文化研究》冬之卷（总第18期），1997年，第51页。
③ 张崟：《诂经精舍志初稿》，《文澜学报》1936年第2卷第1期。第35页。

刊于清道光四年至五年（1824—1825）。道光四年（1824）十二月，学海堂开启，《初集》开始编纂雕板。阮元撰序云："道光四年，新堂既成，《初集》斯勒，四载以来，有笔有文，凡十五卷。潜修实践之士，聪颖博雅之资，著书至于仰屋，岂为穷愁论文期于贱璧，是在不朽及斯堂也。"① 后来阮福亦称："是时学海堂课士，经解诗赋诸作已得数十题，乃刊为初集，大人撰序一篇，冠诸集首。又书刊于石，嵌于堂壁。"② 书中卷端有题："启秀山房订"，而目录终下则有"嘉应吴兰修编校监刻"一行，可知吴氏是《初集》的编纂者之一③。另一人为时任广州粤秀书院主讲的何南钰④，"道光四年冬，芸台座师建学海堂于粤秀山，粤士于斯堂各有所述，积一百余卷。师授南钰阅之，时南钰主讲粤秀书院也。因录尤佳者若干篇共为一卷，续于初集之末，纪事详明，各体兼备矣"⑤。《初集》前十五卷已编成，阮元让何南钰审阅关于学海堂建设的文章，并作为附录一卷刊于《初集》之后，此时估计已是道光五年（1825），故阮氏道光四年（1824）撰序说《初集》"十五卷"，并未提及"附录一卷"。

《初集》各种体裁和篇数分别为：训诂 12 题，书后 1 题，跋 6 题，说 2 题，考 4 题，注 1 题，赋 2 题，启 1 题，记 4 题，碑 1 题。诗歌大题 59 目，小题 138 目⑥。

2.《学海堂二集》二十二卷（以下简称《二集》），题启秀山房订，刊于清道光十六年（1836）十月。是集目录后有吴兰修撰文讲述编纂刻书经过。吴氏云："宫保中堂云台夫子于甲申冬选刻《学海堂初集》，自乙酉春

① （清）阮元：《学海堂初集序》，（清）阮元编：《学海堂初集》，陈建华、曹淳亮主编：《广州大典》第 512 册，广州出版社，2015 年，第 468 页。

② （清）阮福：《雷塘庵主弟子记》卷六，（清）张鉴等撰，黄爱平点校：《阮元年谱》，中华书局，1995 年，第 147 页。

③ 吴兰修（1789—1839），字石华，广东梅县人。清嘉庆十三年（1808）举人，任信宜训导，监课粤秀书院，为学海堂首聘八学长之一。

④ 何南钰（约 1756—1831），字相文，广东博罗人。清嘉庆四年（1799）进士，历官翰林院庶吉士、河南监察御史、云南临安知府。辞官归里，受聘于广州粤秀书院。

⑤ （清）何南钰：《学海堂集跋》，（清）阮元编：《学海堂初集》卷十六，陈建华、曹淳亮主编：《广州大典》第 512 册，广州出版社，2015 年，第 737 页。

⑥ 按：大题之下为小题，如《学海堂初集》卷十一《和方孚若南海百咏》为大题，其下有《番山》《禺山》诸小题。

至丙戌夏，尚经数课如《释儒》《一切经音义跋》《何邵公赞》皆是其'用江文通杂体'，拟古诸作则丙春阅兵时舟中点定者，今卷十八各诗是也。迨丙秋移节，始设学长料理季课，嗣后督抚大吏如成大司寇、李协揆、卢宫师、祁宫保暨翁、徐、李、王、李诸学使皆亲加考校，乐育日深。而堂中后起亦多聪颖好学之士，蒸蒸濯磨，各体佳卷，兰修等录存积成卷帙。适嘉兴钱新梧给谏游粤，为之汇选，至邓制府课堂中士，屡询近选，于是《二集》刊成。凡为学指归《初集》叙中隐栝已尽，大抵勖以有本之学，进以有用之书，兰修等谨守师法，不敢愆忘，此集卷帙稍增而义例如一因前功也。"①据此，《二集》编纂者为钱仪吉②，在曾编纂《初集》的吴兰修之协助下，《二集》顺利出版。

《二集》体裁和篇数为：训诂37题，考1题，解1题，问答1题，跋4题，论1题，书后3题，辨1题，赋10题，铭5题，记1题，赞1题，露布1题。诗歌大题95目，小题59目。

3.《学海堂三集》二十四卷（以下简称《三集》），题启秀山房订，刊于清咸丰九年（1859）三月。清张维屏撰序云："自道光乙未年《学海堂二集》刻成后，制府、中丞、学使课士如旧，阅己酉年积卷既多，叶相国命选刻《三集》，维屏等选为一帙，厘为二十四卷，呈请鉴定，以付梓人。会有兵事，今乃告竣，续于《初集》《二集》之后而印行之。"③己酉，即道光二十九年（1849）。叶相国，指时任广东巡抚的叶名琛。《三集》由张维屏主编④，从编辑到出版整整花了10年，期间发生了英法联军入侵事件，广州城被英军占领。咸丰八年（1858）十一月，英军将叶名琛掳到停泊在香港的"无畏号"军舰上，押运到印度加尔各答囚禁。次年三月初七叶客死他乡。同月，《三集》出版。

---

① （清）吴兰修：《学海堂二集序》，（清）吴兰修编：《学海堂二集》，陈建华、曹淳亮主编：《广州大典》第512册，广州出版社，2015年，第763页。

② 钱仪吉（1783—1850），字蔼人，浙江嘉兴人。清嘉庆十三年（1808）进士，授户部主事，官至工科给事中。后游学广州，受两广总督卢坤之聘，任教学海堂。

③ （清）张维屏：《学海堂三集序》，（清）张维屏编：《学海堂三集》，陈建华、曹淳亮主编：《广州大典》第513册，广州出版社，2015年，第407页。

④ 张维屏（1780—1859），字南山，广东番禺人。道光二年（1822）进士，历任黄梅、长阳、广济等县令，官至南康知府。曾两度担任学海堂学长。

《三集》体裁和篇数为：训诂39题，解1题，问答1题，跋8题，表1题，书后3题，序2题，檄文1题，论2题，赋21题，铭5题，记1题，赞2题，碑4题（碑记、碑颂、碑文属此，下同），颂2题。诗歌（含乐府）大题39目，小题192目。

4.《学海堂四集》二十八卷（以下简称《四集》），题启秀山房订，刊于清光绪十二年（1886）三月。金锡龄撰序云："《学海堂三集》咸丰己未年刊成。嗣后督抚、学使每年季课考校如旧，岁月既久，卷帙遂多，陈兰甫先生选为四集，未成而殁。锡龄等编成之，分为二十八卷付梓，迄今告竣，爰述其缘起于篇端。"①据是序，陈澧曾主编《四集》，至光绪八年（1882）陈氏卒，《四集》编纂仍未完成，由金锡龄继承此事②。从咸丰九年（1859）至光绪十二年（1886），共二十七年，这是《学海堂集》编纂时间跨度最长的一次。

《四集》体裁和篇数为：训诂76题，考3题，序6题，跋8题，论15题，书后10题，例言1题，表1题，疏2题，赋31题，铭3题，记4题，赞1题，碑13题，颂3题，露布1题，巧对1题。诗歌（含乐府）大题98目，小题167目。

四　内容

学海堂之开办，遵照的是阮元"为课通省举、贡、生、监经解诗古之所"③的宗旨，其教学既继承诂经精舍的"问以十三经、三史疑义，旁及小学、天部、地理、算法、词章，各听搜讨书传条对，以观其识，不用扃试糊名之法"④。学海堂学长制定课题的原则是"凡经义子史前贤诸集，下及选赋诗歌古文辞，莫不思与诸生求其程、归于是，而示以从违取舍之

---

① （清）金锡龄：《学海堂四集序》，（清）陈澧、（清）金锡龄编：《学海堂四集》，陈建华、曹淳亮主编：《广州大典》第513册，广州出版社，2015年，第735页。

② 金锡龄（1811—1892），字伯年，号艺堂，广东番禺人。道光十四年（1834）选为学海堂肄业生，次年中举人。咸丰三年（1853）补学海堂学长。

③ （清）林伯桐编，（清）陈澧等续补：《学海堂志·文檄》，陈建华、曹淳亮主编：《广州大典》第230册，广州出版社，2015年，第643页。

④ 张鉴：《诂经精舍志初稿》，《文澜学报》1936年第2卷第1期，第35页。

途"①。由此可知学海堂尤重经学和史学的研究，同时涉及天文地理、金石文字、文学音韵等各个方面，这些也成了《学海堂集》中的主要内容。

（一）经学

阮元在杭州开设诂经精舍时说："圣贤之道存于经，经非诂不明。汉人之诂，去圣贤为尤近。"②又说："余之学多在训诂。"③在学海堂，阮元仍以"尊经崇汉"为办学宗旨，关于经学的教育与写作是学海堂师生的主业之一。《学海堂集》前面数卷均为经学文章，或对经籍的考证，或对文字的笺释，处处显示训诂之风气，从《初集》至《四集》皆然。

学海堂的经学研究，是在阮元带领下开展的，《学海堂初集》首篇作品，也是第一篇经学文章即为阮元《易之象解》。在《诂经精舍文集》，凡阮元的文章称之为"程作"，即示范之文。但在《学海堂集》里，阮元之文仅注"附录"二字，这说明在阮元的倡导下，学海堂比诂经精舍学风愈趋平实，彼此关系更加融洽。据统计，《初集》有11题21篇经学文章，《二集》经学文章共38题49篇，《三集》经学文章为44题81篇，《四集》经学文章有77题93篇，以上合共170题244篇经学文章，它们一定程度上反映了清末广东经学的研究成果。

《学海堂集》的经学文章属学长之作108篇，撰写文章的学长22人，平均每人撰写近5篇；由肄业生撰写者136篇，撰写文章的肄业生53人，平均每人撰写2.5篇。从这个比例看，《学海堂集》收入的经学文章以学长为主，其中又主要出自林伯桐、曾钊、侯康、陈澧、廖廷相、林国赓等人之手。

林伯桐（1775—1845），字桐君，号月亭。其先由闽迁粤，世为番禺人。林伯桐是阮元聘任的第一位学长，其好为考据之学，"生平于学，无所不窥，尤笃志经学，研经宗汉儒而践履则服膺朱子，《十三经注疏》皆手自丹铅"④。林伯桐著有《毛诗通考》《毛诗识小》《冠婚丧祭仪考》等经

① （清）吴岳：《新建粤秀山学海堂碑》，（清）阮元编：《学海堂初集》卷十六，陈建华、曹淳亮主编：《广州大典》第512册，广州出版社，2015年，第738页。

② （清）阮元撰，邓经元点校：《揅经室集》，中华书局，1993年，第547页。

③ 转引自陈东辉：《试论阮元在训诂学上的贡献》，《古籍整理研究学刊》1997年第2期，第11页。

④ （清）张维屏：《林伯桐小传》，《清代碑传全集》卷七十七，上海古籍出版社，1987年，第1211页。

学著作。《初集》《二集》收入林氏《问仪礼释宫何人为精确》《释儒》《仪礼名义说》《周礼故书考》《尔雅足以辨言说》等经学文章。

曾钊（？—1854），字敏修，又字勉士，广东南海人。曾氏被誉为引导学海堂经学的人，后人传说曾钊在广州翰墨园书坊为阮元校勘《十三经注疏》，由此受阮氏赏识，时"勉士建设立学海堂之议，即以勉士为学长。粤东经学训诂，倡于阮元，而实导于勉士"[①]。曾钊著有《周礼注疏小笺》《虞书命羲和章解》《周易虞氏义笺》等书。《初集》《二集》有曾钊《释广》《诗毛郑异同辨》《系辞说》《释儒》《日月为易解》《庶姓异姓同姓同异解》《亚饭三饭四饭考》等文章，其中《诗毛郑异同辨》上下两篇，有学者以为系岭南治《诗》名篇[②]。

侯康（1798—1837），字君谟。其先江南无锡人，祖金铉迁广东，遂为番禺人。侯康从林伯桐治经研史，其精于注疏，尽通诸经，被称之为"经师"。侯康的经学著作有《春秋古经说》《穀梁礼证》等。《初集》和《二集》有侯康的16篇经学文章，学长撰写的经学文章以侯康发表最多。

陈澧（1810—1882），字兰甫，先世江南上元人，祖与父宦居广州，遂为番禺人。陈澧先为学海堂肄业生，问诗学于张维屏，问经学于侯康。道光二十年（1840）补学海堂学长。生平读书，心有所得，即手录之，著有《东塾读书记》。汉学宋学，能会其通，尤精于小学音韵。著有《说文声表》《切韵考》《切韵考外篇》等书。《二集》《三集》收入陈澧7篇经学文章，其中《二集》所收《骓牝三千解》《春秋刘光伯规杜辨》《书江艮庭征君六书说后》三篇文章，应是陈氏在肄业生时期的作品。

廖廷相（1844—1898），字泽群，又字子亮，广东南海人。清同治七年（1868），选学海堂肄业生，治《礼记》，是陈澧高足。清光绪二年（1876）中进士，授编修。未几归里。光绪七年（1881），补学海堂学长。廖氏著有《三礼表》《君经今古文家法考》等经学著作，陈澧曾写信鼓励其研究：

---

① 刘成禺：《世载堂杂忆·岭南学派述略》，《近代中国史料丛刊》第72辑，文海出版社，1971年，第283页。

② 汪鸣銮云："岭峤治《诗》者，李绣子《毛诗絪义》、曾勉士《毛郑异同考》，得先生（林伯桐）书，鼎足而三矣。"见李绪柏：《清代广东朴学研究》，广东省地图出版社，2001年，第130页。

"《三礼表》之书，乃经学所必当有之大书，吾弟肩此任，甚善。"①《四集》收有廖廷相经学文章9篇，其中包括《毛公述传独标兴体说》一至六篇。

林国赓（1855—？），字扬伯，广东番禺人。清同治十一年（1872），选为学海堂肄业生。清光绪十二年（1886），补学海堂学长。林氏从陈澧习经，澧尝称赞林国赓、林国赞兄弟曰："二林，国之宝也。"②林国赓生平著述多不存③，且后来"国赓以经学非见之实用，则无裨于世"④，转而研究史学地理，故《四集》所收林氏13篇经学文章是其前期治经之作，尤显珍贵。

《学海堂集》收入肄业生所撰之经学文章以潘继李为最多。潘继李（1807—？），字文彬，广东南海人。曾钊主讲西湖书院，潘氏曾从其学，治诗宗毛郑，旁及三礼。清道光十四年（1834）选学海堂肄业生。潘氏经学文章均收在《三集》，共有16篇，其数量与身为学长的侯康相同，这说明潘继李是学海堂肄业生治经之优异者。

一位学海堂肄业生的经学研究引起了皇帝的关注，这在当时确是一件了不起的事情。桂文灿（1823—1884），字子白，一字昊庭，广东南海人。"游陈澧之门，澧大器之。"⑤以经解第一补生员，清道光二十九年（1849）举人。同治元年（1862），桂文灿至京师，献呈自著《经学丛书》，得旨留览。后同治谕曰："所呈诸书考证笺注均尚详明，《群经补证》一编于近儒惠栋、戴震、段玉裁、王念孙诸经说，多所纠正，荟萃众家，确有依据，具见潜心研究之功。"⑥《三集》及《四集》则有桂文灿的《释士》《周礼授田解》《裼袭考》《郑氏诗笺礼注异义考》等文章。

此外，学海堂肄业生撰写经学文章较多者还有吴俌、侯度、吴文起、黄以宏等。

① 李绪柏：《清代广东朴学研究》，广东省地图出版社，2001年，第133页。

② 梁鼎芬等修，丁仁长等纂：《［民国］番禺县续志》卷二十三《人物志》，陈建华、曹淳亮主编：《广州大典》第279册，广州出版社，2015年，第322页。

③ 据容肇祖《学海堂考》，林国赓所著图书六种，仅存一种。《岭南学报》1934年3卷4期，第55页。

④ 梁鼎芬等修，丁仁长等纂：《［民国］番禺县续志》卷二十三《人物志》，陈建华、曹淳亮主编：《广州大典》第279册，广州出版社，2015年，第322页。

⑤ 容肇祖：《学海堂考》，《岭南学报》1934年3卷4期，第122页。

⑥ 《桂文灿传》，《清代碑传全集》卷七十五，上海古籍出版社，1987年，第1195页。

（二）史学

清道光十四年（1834），阮元学生、两广总督卢坤指示："课业诸生于《十三经注疏》《史记》《汉书》《后汉书》《三国志》《文选》《杜诗》《昌黎先生集》《朱子大全集》自择一书肄习。"①自此，学海堂教育除经学之外，对史学以及文学皆有所侧重，从《二集》中收有侯康《惠氏后汉书补注跋》《后汉书补注续》《问三国志裴注至详瞻杭氏世骏又补其阙此外尚有可补正者否》《晋书跋》《书赵德夫金石录后》《百越先贤志跋》《唐张九皋碑跋》，谭莹《晋书跋》，孟鸿光《后汉书文苑列传跋》，侯度《南唐书马陆两家孰长论》等文章得到了证明。

《三集》的史学地理著述有陈澧《黑水入南海解》《牂牁江考》，谭莹的《黄衷海语跋》《拟郦道元水经注序》《徐偃矫制命鼓铸盐铁论》《李晟表荐张延赏为相论》《拟广州北门外明季绍武臣冢碑》，虞必芳《两汉循吏赞》等。此外，《四集》有谭宗浚《两汉学术论》《东汉风俗论》，廖廷相《拟重刊两汉纪序》《宋史孙奭传书后》，赵齐婴《汉书西域图考》，马贞榆《汉书地理志应劭水道考》及汤金铭《史记天官书后》等文章。《四集》收入林国赞《重刊〈两汉纪〉跋》一文。林国赞（1850—1889），字明仲，广东番禺人。光绪元年（1875）选为学海堂专课肄业生，十一年后中举人。光绪十四年（1888）六月补学海堂长，次年成进士。国赞"生平喜读乙部书，日尽数卷，丹黄烂然。尤精邃于陈寿《三国志》"，"陈澧称其'博闻强识，考史之学罕出其右'"②。

《学海堂集》史学内容还体现在乐府诗上，如《二集》的《读后汉书乐府》四十首，《三集》的《读汉书拟西涯乐府》二十首、《拟南史乐府》二十首、《拟北史乐府》二十六首，《四集》的《续王渔洋读三国志小乐府》《读晋书载记小乐府》《南汉乐府》等，均为学海堂师生之治史心得。

---

① （清）林伯桐编，（清）陈澧等续补：《学海堂志·课业》，陈建华、曹淳亮主编：《广州大典》第230册，广州出版社，2015年，第656页。

② 梁鼎芬等修，丁仁长等纂：《［民国］番禺县续志》卷二十三《人物志》，陈建华、曹淳亮主编：《广州大典》第279册，广州出版社，2015年，第323页。

（三）文学

阮元开辟学海堂，不课举业，专勉实学，推崇经史诗文，确实是一次教育改革的尝试。清道光四年（1824），阮元让八股文不工的阮福改学经史诗文，并命对《学海堂策问》①。后来陈澧也说过："文章之弊，至时文而极，时文之弊，至今日而极。"②陈澧还认为为时文者"妄立名目，私相沿袭，心思耳目，缚束既久，锢蔽既深，凡骈散文字诗赋皆不能为"③。在阮、陈等人的推动下，学海堂积极培养应课学生的文学修养，提高其动笔能力和文学水平。

在《学海堂集》里，文学作品占有相当的比例④，这与学海堂季课文学课题较多有关。如清同治七年（1868）学海堂冬季课艺共 8 题⑤，其中有 5 题属文学类，占 62.5%：

（1）《拟重修粤秀山文澜阁碑记》（骈体）；

（2）《梅田赋》（古体）：萝冈洞以种梅为业，花时村原弥望，阡陌尽缟，署曰梅田，盖赋之；

（3）《岭外游仙诗七首》，拟郭景纯《游仙》，即次原韵；

（4）《火轮船行》（七古）；

（5）《行庵杂咏八首》（七律）：《癭瓢》《赤藤滇杖》《笠》《屐》《麈尾》《铜瓶》《英石研山》《盆鱼》。

上述文学 5 题，包含记并骈体文一篇、赋一篇、各体诗共十余首，内容丰富，体裁多样，确实令人耳目一新。课题又与广州景物有关，如粤秀山文澜阁、萝冈梅田。重视对岭南风物的研究，这是《学海堂集》的另一文学特色。

---

① 王章涛：《阮元年谱》，黄山书社，2003 年，第 767 页。

② （清）陈澧：《科场议》，《东塾集》卷二，陈建华、曹淳亮主编：《广州大典》第 463 册，广州出版社，2015 年，第 740 页。

③ （清）陈澧：《科场议》，《东塾集》卷二，陈建华、曹淳亮主编：《广州大典》第 463 册，广州出版社，2015 年，第 741 页。

④ 宋巧燕《岭南学海堂书院的文学教学》将史论文归入文学类，认为《学海堂集》中的文学作品占 80% 至 90% 的比例。《学术研究》2003 年第 4 期，第 102 页。

⑤ 容肇祖：《学海堂考》，《岭南学报》1934 年 3 卷 4 期，第 148 页。

从《初集》的《端溪砚石赋》《端州石室铭》《和方孚若南海百咏》《续和南海百咏》《春日访南园故址》《九日登白云山望海上白云》《拟元人十台诗咏粤东十台》《岭南荔枝词》，《二集》的《百越先贤志跋》《唐张九皋碑跋》《白云山九龙泉铭》《拟冼夫人庙碑》《越台怀古拟高常侍古大梁行》《游六榕寺拟韩退之山石》《岭南劝耕诗》《南海神庙碑歌》《咏岭南茶》《岭南四市诗》《岭南刈稻词》，《三集》的《五仙观大钟赋》《拟虎门铭》《镇海楼铭》《海幢寺放生羊》到《四集》的《越王台赋》《镇海楼赋》《岭南新正乐府》《岭南怀古》《粤乐十二楼诗和元人十台即今其体》《广州灯夕词》等，以赋、铭、跋、碑、乐府、诗、词等描写岭南风物，其中曾受到阮元赞赏的谭莹《岭南荔枝词》一百首，更是广州及学海堂"繁荣时期"的象征[1]。

《学海堂集》文学内容还体现出它的实用性。考虑到应课生的需要，学长往往要求用不同的文体撰写文章，其中序、跋、书后、疏、铭、记、碑、檄文、露布等应用文体，对于肄业生或应课人士来说，无论日后任职官员、抑或充当幕僚都是颇为实用的。例如撰写书籍序跋，即为《经典释文》《一切经音义》《孟子音义跋》《论语义疏》《说文系传》《隶释》《郡斋读书志》《十三经注疏》《武功县志》《海语》《后汉书补注》等撰写跋文，为《水经注》《两汉纪》《两汉会要》《庾开府集》等撰写序文，这些书籍都是已经出版了的，方便应课生寻找阅读。在《初集》有吴兰修、张杓、林伯桐、郑灏若、曾钊、邓淳六人各撰写一篇《嘉定钱氏十驾斋养新录跋》。钱大昕（1728—1804）撰写的《十驾斋养新录》一书，早在清嘉庆九年（1804），即学海堂成立前16年已经出版，即使在清光绪二年（1876）浙江书局重刊的《十驾斋养新录》里我们也找不到这几篇跋文，说明它们都是应课之作。

此外，《学海堂二集》中的《恭拟平定回疆露布》《拟重修广州城南三大忠祠碑》，《三集》的《拟谕米利坚佛兰西等各岛夷檄》《拟袁督师祠堂

---

[1] （清）汪瑔《夏日杂诗六首》其一云："阮公祠下路萦纡，讲舍人稀老树疏。忽记荔枝诗百首，广州全盛道光初。"诗后有注云："阮文达公祠在学海堂后，公尝以荔枝词课士，谭玉生学博莹绝句百首，为公所赏。诗今载《学海堂初集》。"见（清）汪瑔：《随山馆猥稿》卷八，《随山馆全集》，陈建华、曹淳亮主编：《广州大典》第100册，广州出版社，2015年，第92页。

碑》《拟广州北门外明季绍武君臣冢碑》《拟清明节祭共冢文》《拟虎门铭》《镇海楼铭》《拟重修五仙观碑铭》，《四集》的《恭拟金陵大功告成祭告南海神庙碑》《拟重修南海神庙碑》《拟重修惠州白鹤峰苏文忠公新居碑记》《东莞伯何公祠堂碑》《新建应元书院记》《重修拱北楼记》《重修三十六江楼碑记》《拟重修粤秀山安期生祠碑记》等文章，都从不同的角度反映出学海堂文学教学的广泛实用性。

学海堂课艺的实用性，让当时的广州穷书生获得了出路，他们踊跃应课，撰写文章，先是赢取膏火，进而得到官员的赏识而入幕。汪瑔在《随山馆丛稿自序》中说："余年十四从童润斋先生游，先生授之《文选》，自唐宋八家文教以行文之法，顾未久即舍去，弗竟学也。后数年，居广州，贫甚，闻学海堂以词赋课士，漫应之时，但为膏火计尔。而见者或以为工，辄来征文，既入有司幕，章奏书檄之外亦颇有文字之役。"①汪瑔并非学海堂肄业生，但《学海堂集》收了他的《新凉赋》《十二月十九日妙高台祝东坡生日诗序》《重修三十江楼碑记》《学海堂补种花木记》《斗龙船行》《寄题都中顾林先生祠》《消夏六咏》等多篇诗文。按照汪氏在《拟设西学馆课士议》一文记载，学海堂课卷分上、次、下三等，"上取奖银三两，次取二两，下取一两"②，汪瑔正是靠这些奖励帮补生计。

五 作用

学海堂从建立至今190多年，在清光绪十二年（1886）出版的《四集》也有134年历史，近两百年来，《学海堂集》能发挥什么作用，给予后人哪些启示，值得总结。

（一）学海堂历史的反映

《学海堂集》中有多篇以学海堂为题的诗文，它们是后人研究学海堂

---

① （清）汪瑔：《随山馆丛稿》卷首《随山馆丛稿自序》，《随山馆全集》，陈建华、曹淳亮主编：《广州大典》第100册，广州出版社，2015年，第136页。

② （清）汪瑔：《随山馆丛稿》卷四，《随山馆全集》，陈建华、曹淳亮主编：《广州大典》第100册，广州出版社，2015年，第177页。

历史的第一手材料。如学海堂的建立,《初集》中赵均、崔弼《新建粤秀山学海堂记》,吴岳、谭莹《新建粤秀山学海堂碑》《新建粤秀山学海堂上梁文》,樊封《粤秀山新建学海堂铭》《新建粤秀山学海堂题名记》,居溥、谢念功《新建粤秀山学海堂诗序》,吴兰修《学海堂种梅记》以及徐荣、郑菜的《新建粤秀山学海堂诗》十首,详尽地记述了学海堂建立的过程。《二集》以后,还有汪琼《学海堂补种花木记》、谭宗浚《重修学海堂记》以及林伯桐诗《登学海堂至山亭拟黎维敬登九成台》、简士良诗《咏学海堂中草木九首》等,读了这些诗文,再加上林伯桐、陈澧编撰的《学海堂志》,对学海堂的历史会有相当的了解。此外,容肇祖撰《学海堂考》一文,专列《〈学海堂集〉选取人名考》一章,从《学海堂集》中找出327个既非学长、又无肄业记录的人名进行考证,将学海堂研究推向深入。对于这些研究成果,张崟在1936年编撰《诂经精舍志》时曾自叹不如,他赞叹曰:"广州学海堂之故实綮备(前有林伯桐纂志、陈澧补志,最近又有容肇祖之《学海堂考》),则我浙人殊愧绕朝赠策之言矣。"[1]

此次考察《学海堂集》,有1位作者及作品未见载于《学海堂考》:刘景熙,《四集》收载刘景熙的七言律诗《鹧鸪》两首[2]。此外,《学海堂考》载:"吴远基,未详。光绪二十三年(公元1807)选学海堂专课肄业生。苏启心,未详。光绪二十三年(公元1807)选学海堂专课肄业生。"[3]广东省立中山图书馆藏有《学海堂课卷》一册,其中有专课生苏启心、吴远基的学海堂课卷(理学)各一篇,题目均为《王阳明〈传习录〉书后》。另有《学海堂课卷·诗学》,内有苏启心五律《琼州杂诗——次老杜秦州杂诗韵》二十首,封面有注"顺德县监生苏启心"。再有吴远基《仁礼属阳义智属阴论》(菊坡精舍课卷)一篇,课卷上注:"特等第拾陆名,肇庆府生员吴远基。"据上述课卷,苏启心为顺德县监生,而吴远基为肇庆府生员,兼读菊坡精舍。

---

① 张崟:《诂经精舍志初稿》,《文澜学报》1936年第2卷第1期,第4页。
② (清)刘景熙:《鹧鸪》,(清)陈澧、(清)金锡龄编:《学海堂四集》卷二十七,陈建华、曹淳亮主编:《广州大典》第514册,广州出版社,2015年,第527页。
③ 容肇祖:《学海堂考》,《岭南学报》1934年3卷4期,第98—99页。

（二）阮元学术思想的体现

阮元创办学海堂，从择地建舍、选举学长、颁布章程，乃至拟定课题等，都是事事关心，无微不至，他的学术思想在《学海堂集》亦得以体现。

阮元作为清代学术的重要人物，经学是他最为关注的领域之一，阮氏称自己的住所为"揅经室"，钱穆先生也称其为"清代经学名臣最后一重镇"①。在浙江，阮元组织编纂《经籍纂诂》，校勘《十三经注疏》。来粤后阮元全力推动经学研究，他初时欲辑《学海堂经解》，清道光元年（1821），顾广圻致书感谢阮元："……询及拙著说经之书，许以附刻《学海堂经解》中，感愧交并。"②此事议于嘉庆二十三年（1818），征集资料不迟于道光元年（1821）③。尔后虽然《学海堂经解》未有刻成，但阮元率学海堂师生汇辑清代经学巨著《皇清经解》1400余卷。《皇清经解》于清道光五年（1825）八月在学海堂编辑开雕，总编辑是诂经精舍肄业生严杰，监刻者为吴兰修，校对者为学海堂诸生④。如果说阮元原来打算编纂《学海堂经解》来体现自己在学海堂重视经学教育和研究的主张的话，那么这一主张后来就从《学海堂集》占文章总数一半以上的经学文章中得到反映。

阮元在粤时说："岭南学人惟知尊奉白沙、甘泉，余已《学海堂初集》大推东莞陈氏《学蔀》之说，粤人乃知儒道。"⑤《初集》收载吴岳、林伯桐、阮元所撰《书东莞陈氏学蔀通辨后》一篇。陈建（1497—1567），字廷肇，号清澜，广东东莞人。其学术思想集中体现在所著《学蔀通辨》十二卷。吴岳在自己文章的后记中说："嘉庆甲子冬，愚于清澜先生《学蔀通辨》反复究观，斯时如暗室张炬，固不疑于所行矣。今道光元年辛巳九秋，

① 钱穆：《中国近代三百年学术史》，《钱宾四先生全集》第17册，联经出版事业股份有限公司，1998年，第617页。

② （清）顾广圻：《与阮云台制府书》，《思适斋集》卷六，《续修四库全书》编纂委员会编：《续修四库全书》第1491册，上海古籍出版社，1996年，第53页。

③ 王章涛：《阮元年谱》，黄山书社，2003年，第699页。

④ （清）阮福：《雷塘庵主弟子记》卷六，（清）张鉴等撰，黄爱平点校：《阮元年谱》，中华书局，1995年，第148页。

⑤ 转引自李绪柏：《清代广东朴学研究》，广东省地图出版社，2001年，第30页。

复潜心先生《治安要议》，已再从事于《通辨》，圈注订正，融会贯通，遂揭其要，附以平昔议论，为《书后》一篇。"[1] 吴岳早在嘉庆九年（1804）注意《学蔀通辨》一书，阮元督粤，吴岳在阮元的支持下，愈加深入研究陈氏著述，并极力推介《学蔀通辨》，称之为"非吾粤一隅之书，而天下万世之书也"[2]。林伯桐则认为："朱子之学，实学也……是书（指《学蔀通辨》）既出朱子之实学，人人共见矣。"[3] 这些都与阮元"提出陈建《学蔀通辨》一书，使一部分人放弃其支离的理学而为切实的学问的研究"[4] 的意图相一致。

（三）广东文献的保存

近代著名图书馆学家杜定友先生（1898—1967）对"广东文献"的定义有三，即广东史料、粤人著述和广东出版物。《学海堂集》完全符合上述三点，它本身便是重要的广东文献。

首先是广东史料，《学海堂集》除了反映学海堂历史，还包括有丰富的广东乃至岭南的历史。如《白沙学出濂溪说》《广州城北新建昭忠祠碑记》《拟重修南海神庙碑》《海珠李忠简公祠碑》《粤秀山新建菊坡精舍碑文》《新建应元书院记》《越王井铭》《镇海楼铭》《五仙观大钟赋》《拟张文献公荔枝赋》《大庾岭赋》《唐荔园赋》《罗浮山见日台赋》《白云山九龙泉赋》等文章，有丰富的史料价值。《学海堂集》还有大量广东历史文化题材的诗歌，如《初集》里由李光昭、仪克中、赵均、林伯桐、吴兰修、吴应逵、谭莹等10多位师生参与撰写的《和方孚若南海百咏》100题128首古体诗，记述了广东各地的名胜古迹：番山禺山、任嚣城、清海军楼、五仙观……仅广州就有80多处，每首古诗考证描写兼备，颇为详尽。如《番山》一诗，前面有400多字序言，诗内有多处按语，讲述番山历史。

---

① （清）吴岳：《书东莞陈氏学蔀通辨后》，（清）阮元编：《学海堂初集》卷五，陈建华、曹淳亮主编：《广州大典》第512册，广州出版社，2015年，第545页。

② （清）吴岳：《书东莞陈氏学蔀通辨后》，（清）阮元编：《学海堂初集》卷五，陈建华、曹淳亮主编：《广州大典》第512册，广州出版社，2015年，第536页。

③ （清）林伯桐：《书东莞陈氏学蔀通辨后》，（清）阮元编：《学海堂初集》卷五，陈建华、曹淳亮主编：《广州大典》第512册，广州出版社，2015年，第551页。

④ 容肇祖：《学海堂考》，《岭南学报》1934年3卷4期，第15页。

如《五仙观》诗序云:"在郡治西。其先有五仙人各执谷穗一茎六出乘羊而至，衣与羊各异，色如五方，既遗穗与州人，忽腾空而去，羊化为石，州人因其地为祠。石今尚存。或云吴滕修时，或云赵佗时，或云郭璞迁城时，俱未详。"①

《学海堂集》是一部粤人别集，清同治三年（1864），张之洞编撰《书目答问》一书，没有将《学海堂集》编入总集，而是归入别集②，认为它是粤人别集之总汇。《学海堂集》中诗文的作者以本地人士为主，凡外籍人士的作品均作为附录，以示区别。据统计，《学海堂初集》收载五位外籍人士，即阮元、方东树、秀琨（冯子璞）、范浚、阮福五人的作品，其中：文章5篇，阮元4篇，方东树1篇；诗歌7首，秀琨2首，范浚1首，阮福4首。

古代私人刻刊著作是一件非常不容易的事情，广东学者的著作不少仅存遗稿，它们能够保存至今已甚稀罕。据容肇祖《学海堂考》，55位学长中有赵均、谢念功、杨荣绪、李征霈、许其光、陈瀚、黎维枢、高学耀、林国赓、林国赞、黄钰、伍学藻、潘乃成、刘昌龄、黄绍昌、周汝钧、范公诒、韩贞元等无诗文集存世，时至今日，若他们的书稿已遗失的话，其在《学海堂集》的作品则是弥足珍贵的广东文献。民国二十八年（1939），张学华编纂《广东文征》二百四十卷，广泛搜罗粤人著述，收录汉至元凡八十二家，明三百家，清三百二十家，释道各五家，其中清人部分，《学海堂集》是张氏重视和利用的广东文献之一。

除了广东文献之外，有些诗文也十分珍贵。如清道光四年（1824），阮元让学海堂肄业生编撰《四书文话》一书，并亲为作序云:"余令学海堂诸生周以清、侯康、胡调德纂之，诸生共议，分二十四门编之……虽未甚精详，然已积卷帙矣。录成二部，一存粤东学海堂，一携归江南，盖江南遗文旧说为岭南所无者尚多，俟再令家塾子弟补成之。时甲申冬日。"③谭莹后来说:"诣侯赢之宅，《文话》不存。"④即原藏学海堂之书稿不存。今

---

① （清）仪克中：《五仙观》，（清）阮元编：《学海堂初集》卷十一，陈建华、曹淳亮主编：《广州大典》第512册，广州出版社，2015年，第662页。

② （清）张之洞、范希增：《书目答问补正》，北京燕山出版社，1999年，第225页。

③ （清）阮元撰，邓经元点校：《揅经室集》，中华书局，1993年，第1069页。

④ （清）谭莹：《胡稻香遗集序》，《乐志堂文续集》卷一，陈建华、曹淳亮主编：《广州大典》第460册，广州出版社，2015年，第780页。

检阅《贩书偶记》诸书目，未见有《四书文话》的著录，或阮元携归江南之稿亦失。若此说成立，则《初集》中周以清、侯康、杨懋建、梁杰、郑灏若各撰一篇《四书文源流考》，便成了《四书文话》一书仅存的五篇文章。

六　影响

学海堂的教学方式和《学海堂集》，无论对学者，还是对书院，其影响都是巨大和深远的。

阮元在学海堂推行的是一种师生同作、教学相长的教学形式，即学长每季出课题时，应先作拟程一篇，这种制度早在诂经精舍已经实行，"主试者每逢出题，恒自撰程作或称拟作一篇，为诸生凯式"[①]。在《诂经精舍文集》便有阮元的《西湖诂经精舍记》《重修会稽大禹陵庙碑》《论语一贯说》《释邮表畷》《浙江即岷江非浙江考》等文，注明为"程作"。在学海堂，"学长如有拟程，可以刻集，但不给膏火"[②]。据统计，《学海堂集》有包括阮元、方东树在内的41位学长撰写诗文，此人数占《学海堂集》全部作者人数不足10%，但学长撰写的文章共204题（篇），占文章总数的47.2%；撰写诗歌181题761首，占总数的31.4%。《初集》收阮元《易之象解》《书东莞陈氏学蔀通辨后》《四书文话序》《一切经音义跋》四篇文章，而在《揅经室集》还有《岭南荔支词》八首[③]。除阮元及学长外，在粤学者亦喜依学海堂课题拟作，或作消遣。在方东树《仪卫轩诗集》里有《唐荔园怀古拟元遗山西园诗》《白云山拟苏子瞻武昌西山》《云泉山馆拟王右丞蓝田山石门精舍》《越台怀古拟高常侍古大梁行》《游六榕寺拟韩退之山石》《西郊游拟柳柳州南涧中题》《听琴诗拟欧阳永叔赠沈遵》《试西樵茶恩平绿石砚拟黄山谷团茶洮州绿石砚诗》《儒林乡渔庄图拟虞道园渔村图诗》诸诗，均是《学海堂集》的同题之作。清同治四年（1865）冬，在粤

---

① 张岙：《诂经精舍志初稿》，《文澜学报》1936年第2卷第1期，第38页。

② （清）林伯桐编，（清）陈澧等续补：《学海堂志·文檄》，陈建华、曹淳亮主编：《广州大典》第230册，广州出版社，2015年，第643页。

③ （清）阮元撰，邓经元点校：《揅经室集》，中华书局，1993年，第962—963页。

任盐运使的方浚颐见《初集》有《和方孚若南海百咏诗》一题，作《南海百咏》，以百首五言律诗吟颂粤东100处名胜古迹。方氏诗后有跋云："学海堂分和七古，颇有佳篇，然非一人所作，其续和之五古则只选二十首，未窥全璧。今春向谭玉生学博借得旧刊本，思欲属和，碌碌靡暇。近与林芗溪同年以诗酬唱，得数十篇，不觉吟兴勃然，更以拙稿就正芗溪，谓须多作五律。因于簿书之暇，辄复构思，凡十九日成此百篇。"①芗溪，即林昌彝，字惠常，福建侯官人。道光十九年（1839）举人，治经精博，兼长诗词。方浚颐接受林昌彝的建议，用五言律诗作《南海百咏》，以补《初集》该题五律之阙。

《学海堂集》最直接影响了陈澧所编的《菊坡精舍集》。

清同治五年（1866），广东巡抚蒋益澧、盐运使方浚颐在广州粤秀山上原长春仙馆旧址建立菊坡精舍，聘请陈澧为山长。陈澧在《菊坡精舍记》中说："澧既应聘，请如学海堂法，课以经史文笔，学海堂一岁四课，精舍一岁三十课，可以佐之，吾不自立法也。"②在陈澧的主持下，菊坡精舍"为举、贡、生、监肄业之地，课以经史古文辞诗赋，如前制府阮文达公学海堂之例"③。后有研究者认为"菊坡精舍在办学宗旨以及讲求专门之学方面，完全效法学海堂"④。

办学既如学海堂，出版文集亦然。《菊坡精舍章程》规定"课卷前列可备选刻者另钞一册，由监院收存。俟集有成数，酌议送呈操选政者选改发刻，卷仍随时散给各生"⑤。类似的条款，在《学海堂志》中亦能看到："课卷可备选刻者，另钞一册，由学长收存，俟可以成集之日，照《学海堂初集》例选改发刻。"⑥这说明菊坡精舍的选收课卷和编纂文集的方法源

① （清）方浚颐：《二知轩诗钞》卷十四，清同治四年刻本，第11—27页。

② （清）陈澧编：《菊坡精舍集》，陈建华、曹淳亮主编：《广州大典》第514册，广州出版社，2015年，第551页。

③ （清）钟谦钧：《菊坡精舍新设经费记》，（清）菊坡精舍编：《菊坡精舍新设经费章程》，陈建华、曹淳亮主编：《广州大典》第337册，广州出版社，2015年，第445页。

④ 李绪柏：《清代广东朴学研究》，广东省地图出版社，2001年，第82页。

⑤ （清）菊坡精舍编：《菊坡精舍新设经费章程》，陈建华、曹淳亮主编：《广州大典》第337册，广州出版社，2015年，第450页。

⑥ （清）林伯桐编，（清）陈澧等续补：《学海堂志·文檄》，陈建华、曹淳亮主编：《广州大典》第230册，广州出版社，2015年，第643页。

自学海堂。同时精舍还专门拨出二千两银，"生息存留"，作为出版文集和修缮舍宇之用①。

清光绪二十三年（1897），《菊坡精舍集》出版，这是陈澧学生廖廷相将陈澧生前整理的从同治六年（1867）至光绪七年（1881）凡十五年的菊坡精舍课卷的书稿汇编成集、整理校对出版的。是集仍按《学海堂集》经学、史学、文学文章及诗歌的顺序，收有王国瑞、黄涛、邓维森、郭汝舟等101人的123题154篇文章、57题248首诗歌。上文提到，学海堂的肄业生同时就读菊坡精舍，同样，陈澧、陶福祥、林国赓、林国赞、谭宗浚、廖廷相等学海堂学长也曾在菊坡精舍任教，所以《菊坡精舍集》也收入了他们的文章。既是学海堂学长、肄业生，或有诗文见于《学海堂集》者，其诗文又见于《菊坡精舍集》者共有40人：于式枚、王国瑞、邓维森、叶官桃、刘昌龄、李肇沅、苏梯云、苏棫、吴鉴、张文澧、张燏煌、陈澧、陈庆修、陈昌源、陈树镛、林国赓、林国赞、杨裕芬、杨继芬、金佑基、金保基、郑权、胡鸣冈、姚筠、饶轸、桂文炽、桂坛、黄涛、梁起、梁于渭、陶福祥、彭学存、蔡尚鋆、谭宗浚、廖廷相、廖廷福、漆葆熙、黎维枞、黎永椿、潘乃成。其中曾担任学海堂学长者有刘昌龄、苏梯云、陈澧、林国赓、林国赞、杨裕芬、姚筠、陶福祥、谭宗浚、廖廷相、漆葆熙、黎维枞、潘乃成等13人。文章未见于《学海堂集》而见于《菊坡精舍集》者则有苏梯云、杨裕芬、姚筠、漆葆熙4人，从保存广东文献的角度看，这四位学长的文章得以留存下来，是《菊坡精舍集》的功劳。

其次是《学海堂课艺》一书。时至民国，原学海堂应课生黄任恒（1876—1953）与广东三水人黄荣康（1877—1945）在广州城西南岸仿学海堂模式办学，聘原学海堂肄业生汪兆铨、汪兆镛，应课生沈泽棠和姚筠俊、潘应祺、周朝槐、何藻翔、林鹤年八人为学长，"命题分校，悉如旧观"。1922年，黄荣康仿照《学海堂集》编纂办法，将该学堂的课艺汇集出版，名曰《学海堂课艺》。有学者认为，此事"确能反映出学海堂的巨大影响力之所在，虽已废弃多年，仍能使后人仰慕不已，振其遗风"②。

---

① （清）钟谦钧：《菊坡精舍新设经费记》，（清）菊坡精舍编：《菊坡精舍新设经费章程》，陈建华、曹淳亮主编：《广州大典》第337册，广州出版社，2015年，第445页。
② 李绪柏：《清代广东朴学研究》，广东省地图出版社，2001年，第264页。

再就是学海书楼及其《学海书楼主讲翰林文钞》。1923年，原广雅书院肄业生、清进士赖际熙（1865—1937）"因景仰前贤阮元督粤时创办学海堂行谊，故沿用学海二字，以名书楼，用表继承学海堂之遗绪焉"①。赖氏在香港创设的学海书楼先后延请陈伯陶、朱汝珍、温肃、区大典、区大原、岑光樾等清朝遗老为主讲，"以四书五经为主，阐扬孔孟之道与春秋微言大义，冀扬国粹，挽救世道人心于失坠之余，古道热肠，用心良苦，诚可敬也"②。据邓文，学海书楼的这种教学一直延续至今，现在该楼特约讲师俱有国学造诣，各有所长。1991年，学海书楼出版《学海书楼主讲翰林文钞》，收入首任主讲陈伯陶、区大典、赖际熙、温肃、区大原、朱汝珍、岑光樾的诗文104篇。观书溯源，此亦《学海堂集》之遗风。

作者通信地址：广东省广州市天河北路618号，邮编：510635。

责任编辑：黄小高

---

① 邓又同：《香港学海书楼七十年概况》，何竹平主编：《学海书楼七十周年纪念文集》，学海书楼董事会，1993年，第10页。

② 邓又同：《香港学海书楼七十年概况》，何竹平主编：《学海书楼七十周年纪念文集》，学海书楼董事会，1993年，第11页。

简论清佚名《广东全省海图总说》
成书时间和价值

黄利平*

广州市南沙区虎门炮台管理所，广东广州，511458

摘　要： 收录于《广州大典》34辑29册（总238册）的清佚名《广东全省海图总说》（不分卷）一书，由于编写时间、作者等相关信息的缺失，利用起来相对困难。检索可见，书中出现的最晚时间为"光绪十二年（1886）"，其中沙角台和牛山台的资料也早于最终成书于光绪十三年（1887）七月张之洞的《广东海图说》和同年十月张之洞《建筑牛山炮台完竣折》所记的牛山台。该书不但记述了光绪时期广东海防的基本情况，而且对清初以来全省海防设施的沿革及保存状态有着多角度的记载和评述，是一部重要的清代广东海防通史资料，对研究今天尚存的海防遗址也有着重要的价值。

关键词： 海防；编纂；年代；价值

收录于《广州大典》34辑29册（总238册）中的清佚名《广东全省海图总说》（不分卷）无编纂时间。该书图虽不存，但记载了大量光绪时期重要的西式海防和有清以来全省海防设施的沿革信息。由于光绪时期广州西式海防建设更新频繁，编纂时间的缺失影响了今天对此书资料的解读和利用。鉴于晚清广东海防相关文献缺乏的现状，有必要对这部海防著作成书时间进行考订，对史料价值进行揭示。

---

* 黄利平（1956—　），男，汉族，西安人，广州市南沙区虎门炮台管理所研究馆员。

一 成书时间

《广东全省海图总说》分形势总说、营防总说、测量总说、潮信总说、中路图说、西路图说、南路图说和东路图说共8部分。作者只在营防总说篇中明确了这部分资料是依据光绪十二年（1886）的资料："惟营制今昔不一，将弁移调不时，谨胪举总纲，以光绪十二年为定。"①但对与其密切相关的大量军备资料的形成时间却没有交代，由此影响到对全书成书时间的判定。由于晚清广东海防建设的核心是引进德、英两国新式大炮建西式海防，广州珠江上的德国克虏伯炮和英国阿姆斯特朗大炮及其炮台在光绪九年（1883）到光绪二十年（1894）之间快速增加，炮台分布变动巨大②。本文以海防的沙角台和江防的牛山台两台里安装西洋大炮的炮台变动以及相关记载来推断其成书时间。

首先，从沙角炮台数量变动推断。沙角西式台是由援粤湘军统帅彭玉麟于光绪十年（1884）始建，当时共建成12座"暗炮台"，是一种类似于只开有炮口的山洞③。光绪十一年（1885）张之洞为加强沙角台防务，开始在此增建4座"明炮台"，即露天炮池。这一年七月他在奏折中说："于沙角环抱之处，倚山迤逦筑台四座。"④即濒海台、联珠台、临高台和镇海台。沙角台里安装西洋大炮的炮台由此增加至16座。张之洞《广东海图说》：

> 沙角凡六所，计正台十三座，副台二座，置洋炮十六尊……光绪十年一律改建新式……沙角现驻三底营，湘军提督熊铁生所部。⑤

---

① （清）佚名：《广东全省海图总说》，陈建华、曹淳亮主编：《广州大典》第238册，广州出版社，2015年，第123页。

② 黄利平：《〈广州现存晚清西式炮台火炮一览表〉及其编制说明》，广州市文化广电新闻出版局编：《广州文博》（拾贰），文物出版社，2018年，第396页。

③ （清）王治：《广东海防图》（虎门海防图），转引自刘卫：《广州古城水系与城市发展关系研究》，华南理工大学出版社，2016年，第99页。

④ 中国第一历史档案馆等：《明清皇宫虎门秘档图录》，人民出版社，2011年，第301页。

⑤ （清）张之洞：《广东海图说》，广东省地方史志办公室编：《广东历代方志集成》，岭南美术出版社，2006年，第821—822页。

张之洞《广东海图说》，内容涵盖全省，将各地分为冲要等差、所属县营、道里远近、潮汐、沙屿、内通水道、形势、轮船、商船渔船、炮台、勇营等部分。但极简略，最甚者一节仅有几个字。它是时任两广总督张之洞对自己任内广东海防的一个总结。书虽刊印于光绪十五年，但资料多选录于光绪十二、十三年。张之洞《进呈粤海图说折》中有该书编纂"自光绪十二年正月开办起，截至十三年七月蒇事"[①]《广东全省海图总说》中沙角炮台部分有：光绪十年筑沙角炮台凡六所，由南向北，鼻湾山台暗炮台正副二座，左台设后膛洋炮一尊，右为副台，设前膛洋钢炮一尊；白鹤山暗炮台正副二台，设后膛洋炮一尊，右为副台，亦设前膛洋炮；归藏山、旗山暗炮台各一座，各设后膛洋炮一尊，归藏土炮台一座，设土炮；仑山暗炮台凡二座，一为霹雳台，一为震雷台，各设前膛洋炮一尊；捕鱼山暗炮台为左、前、后、右台四座，左、右、前三台设后膛洋炮各一尊，后台设前膛洋炮一尊。沙角明炮台三座：由北向南为濒海台、联珠台、临高台，各设后膛洋炮一尊。共计洋炮十五尊。驻守沙角各台的是记名提督熊铁生统带的湘勇庆字中、左、右三营[②]。

比较二者可见，《广东全省海图总说》虽较为详细，但正、副炮台数量及驻防官兵与张之洞《广东海图说》相同，说明两书资料的时间相近。不同的是《广东全省海图总说》沙角台西洋炮台及西洋大炮数量均只有15，没有镇海明炮台，当是该台此时尚未建成。说明《广东全省海图总说》沙角台军备资料略早过最终成于光绪十三年（1887）张之洞的《广东海图说》，应是依据光绪十二年（1886）资料写成。

其次，从牛山炮台置炮数量变动推断。牛山炮台的建造过程可谓是一波三折，光绪十一年（1885）设计要建造8座炮台，安装德国克虏伯炮8尊。光绪十二年（1886）二月，张之洞在《札东善后局存储专款建筑炮台》说：

　　照得省河东路北岸之牛山地方，距省约七十里，为省防陆路
最冲、最远之所，正与沙路南北相对，实为长洲之左臂，鱼珠之

---

① 苑书义等编：《张之洞全集》第1册，河北人民出版社，1998年，第729页。

② （清）佚名：《广东全省海图总说》，陈建华、曹淳亮主编：《广州大典》第238册，广州出版社，2015年，第136、166—167页。

外屏，形势极为扼要。上年饬委德弁周览炮台形势，佥谓此处必宜筑造炮台，方不致令敌人由波罗一带登陆，袭我鱼珠后路。现就该山建筑炮台八座，炮路所向正扼四沙口之咽喉……上年九月间，即饬李镇先义督率副将吴元恺、都司吴良儒，相度形势，绘具图说。经本部堂核定后，督饬营勇，刻日兴工，力求核实节省，由善后局拨付经费在案。统计该处台工造成，比照他处台工约计需银三万两，共安克虏伯二十一生特，三十五倍口径新式大炮八尊。[1]

但是在工程进展中，由于各方条件的变化，对原设计又有重大修改：原计划安装8座炮台改为7座，原定安装8尊克虏伯炮的计划也调整为3尊克虏伯炮和4尊阿模士庄（阿姆斯特朗）炮。光绪十三年（1887）十月，最后一尊阿模士庄炮安装完毕，通过验收。在山脊（顶）有3座呈品字形排列的克虏伯炮台，在山麓有4座呈线形排列的阿模士庄炮台（牛山7座炮台至今仍完整保存）。光绪十三年（1887）十月二十五日，张之洞正式向朝廷进呈《建筑牛山炮台完竣折》：

> 饬记名总兵李先义督率副将吴元恺……就该山建筑新式炮台七座，兵房、暗道、子药房均依法配造。炮路所向正扼四沙口咽喉……安设阿模士庄十二吨新式钢炮四尊，克虏伯二十一生特三十五倍口径新式钢炮三尊，各炮系先后电托出使大臣曾纪泽、许景澄分向英、德两厂订购。台工于本年二月间告竣，各炮自前年六月至今年十月陆续到齐，安放妥贴。[2]

查核《广东全省海图总说》，牛山炮台的两处记载都是仅有3座：

> 牛山新建明炮台一所，凡三座……台在山顶，筑于光绪十一年，广胜军一营驻守……鱼山之东为牛山，高八十三尺，建台三

---

① 苑书义等编：《张之洞全集》第4册，河北人民出版社，1998年，第2481—2482页。未尽从整理本。

② 苑书义等编：《张之洞全集》第1册，河北人民出版社，1998年，第615页。未尽从整理本。

> 座，如品字形，工未竣。[①]

从"山顶"与"品字形"等记述来看，"三座"炮台是正在施工的克虏伯炮台，符合牛山台开始时要建造8座克虏伯炮台的计划。据此，《广东全省海图总说》牛山炮台的记载也是依据光绪十二年（1886）资料写成。

二 价值简论

《广东全省海图总说》不但记述了光绪时期广东海防的基本情况，而且对清初以来全省海防设施的沿革及保存状态有着多角度的记载和评述，是一部重要的清代广东海防通史资料，对研究今天尚存的海防遗址也有着重要的价值。

首先，《广东全省海图总说》是深化对晚清广东海防认识的重要资料。该书光绪时期西式海防部分既有炮台位置的山川形势，也有炮台构造、西洋火炮配置和驻防官兵等相关信息。比如在虎门炮台部分，在详细记述了威远13座炮台位置和名称后，还特别记载了修建工程是分为两个阶段：

> 光绪八年，新筑威远东台及山腰台，余皆十一年增修，改从新式。[②]

由此能区分出以光绪十年（1884）为界的前后任两广总督张树声和张之洞各自在威远所建的炮台。

其次，《广东全省海图总说》能够帮助我们深化理解清代海防的相关资料。比如张之洞《广东海图说》记虎门：

> 海心两炮台，曰上横档一所，计八座，置洋炮七尊；下横档

---

① （清）佚名：《广东全省海图总说》，陈建华、曹淳亮主编：《广州大典》第238册，广州出版社，2015年，第138—139、164页。

② （清）佚名：《广东全省海图总说》，陈建华、曹淳亮主编：《广州大典》第238册，广州出版社，2015年，第136页。

一所，计六座，置洋炮七尊。光绪十年从旧台改建新式。[①]

　　这里的"八座""七尊"和"六座""七尊"具体何指，为什么台、炮数目不符，没有任何交待。我们知道当时这些西洋海岸重炮必须安装在适合自己的单独炮台里，每台一炮，所以下横档台的"六座""七尊"更难以理解。而《广东全省海图总说》中关于上、下横档各台名字的记载，就合理解释了这些疑问。该书记载上横档八座炮台分别是定远台，上、下东台，上、下中台，上、下西台和土台；下横档六座炮台分别是神威台、眼镜台、东新台、上西台、上西小台和东台[②]。分析这些台名可知，"土台"之名说明其中安装的是土炮而非洋炮。上横档台"七炮"指的是"洋炮"，即定远台炮名广福的3.3万斤乌里治前膛炮；东台炮名耀武的15厘米口径克虏伯炮、炮名霹雳的21厘米口径克虏伯炮；中台炮名镇边的21厘米口径克虏伯炮、炮名广隽的21厘米口径克虏伯炮；西台炮名鞠旅的15厘米口径克虏伯炮、炮名靖逆的21厘米口径克虏伯炮[③]。另外，下横档台中的"眼镜台"顾名思义是对称的两座台（当地人称孖台，遗址尚存），即有通道相连的邻近两座相同的炮台，里面安装着两尊规格相同的洋炮。换句话说，下横档"六台"中有一个是双台，故实际还是七座炮台。

　　第三，《广东全省海图总说》记载的清初以来全省各地海防设施的历史沿革为认定现存炮台文物遗址提供了依据。

　　（一）江门新会崖门现存古炮台，门楼上刻字："咸丰五年乙卯，镇崖台，知新会县事陈应聘重建"。《广东全省海图总说》：

　　　　崖山西南麓有旧炮台，即崖门东炮台也。东台名镇崖台，西

① （清）张之洞：《广东海图说》，广东省地方史志办公室编：《广东历代方志集成》，岭南美术出版社，2006年，第821页。

② （清）佚名：《广东全省海图总说》，陈建华、曹淳亮主编：《广州大典》第238册，广州出版社，2015年，第170页。

③ （清）王治：《广东海防图》（虎门海防图说），转引自刘卫：《广州古城水系与城市发展关系研究》，华南理工大学出版社，2016年，第99页。

台已圮没，不可考。[①]

指明崖门现存的这座标识为"镇崖台"的炮台就是始建于嘉庆十四年（1809）的崖门东炮台，深化了对这座广东现存唯一完整的鸦片战争时期古炮台历史的认知。

（二）阳江闸坡海陵岛上现存一座形制类同清初炮台的古炮台。由于多部史书都记载清代该岛上曾有两座炮台，一是康熙五十年（1711）的硇船澳炮台，另一是咸丰九年（1859）的澳新炮台。因现存炮台本体上没有任何文字遗存，故而无法确定其是两台中的哪座炮台。从张之洞《广东海图说》"海陵旧炮台在硇船澳，岛上旧设山顶，后移近水，不得地势"[②]和《广东全省海图总说》"海陵炮台原建在山顶，因炮高力弱，抛线难准，咸丰九年移建墩台于东石夹"[③]的记载来看，两书都记旧炮台（硇船澳炮台）位于山顶，再结合炮台形制，这样的多重证据使我们可以断定现存山顶的这座炮台是康熙五十年（1711）的硇船澳炮台。

（三）湛江雷州双溪口炮台是康熙时期广东省西路海防的著名炮台，但现存的双溪口炮台形制与清初炮台完全不同，各书对此均无说明[④]。《广东全省海图总说》记该台是"旧垣久圮，咸丰间复修"[⑤]。这个重要记载解开了长久困扰人们的谜团，由此得知现存双溪口炮台是咸丰年间（1851—1861）的建筑。

（四）香港大屿山有建于道光十一年（1831）的海防工事，今人称为东涌炮台，但其形制与道光时期炮台相差甚远。《广东全省海图总说》："东涌口城，在大屿山岛，建于道光十一年，防守岛内境地兼扼香港右路。城

---

① （清）佚名：《广东全省海图总说》，陈建华、曹淳亮主编：《广州大典》第238册，广州出版社，2015年，第174页。

② （清）张之洞：《广东海图说》，广东省地方史志办公室编：《广东历代方志集成》，岭南美术出版社，2006年，第849页。

③ （清）佚名：《广东全省海图总说》，陈建华、曹淳亮主编：《广州大典》第238册，广州出版社，2015年，第180页。

④ 广东省文物局编：《广东明清海防遗存调查与研究》，上海古籍出版社，2014年，第234页。

⑤ （清）佚名：《广东全省海图总说》，陈建华、曹淳亮主编：《广州大典》第238册，广州出版社，2015年，第187页。

今圮。"①据此记载可知，这处海防工事名为"东涌口城"，而不是炮台。"东涌炮台"应是后人的叫法。

结　语

综上可见，以沙角和牛山两炮台建设历程和资料比较《广东全省海图总说》的相关记载，可知清佚名《广东全省海图总说》略早于最终成书于光绪十三年（1887）七月张之洞的《广东海图说》。结合光绪十三年（1887）十月张之洞《建筑牛山炮台完竣折》与《广东全省海图总说》书中所记的最晚时间光绪十二年（1886），推断清佚名《广东全省海图总说》可能成书于光绪十二年（1886）。该书从海图的角度对有清一代广东全省海洋形势、海防、江防等方面的记述，给我们留下了宝贵的资料，是我们今天深入探讨明清广东海洋相关历史的重要文献，值得给予应有的重视。

作者通信地址：广东省广州市番禺区沙头街银平路番禺博物馆，邮编：511400。

责任编辑：张玉华

---

① （清）佚名：《广东全省海图总说》，陈建华、曹淳亮主编：《广州大典》第238册，广州出版社，2015年，第132页。

史料发掘

鸦片战争前两份产生于澳门的《洋事杂录》*

汤开建**

澳门大学，澳门，999078

摘　要： 分别藏在上海社科院历史研究所和广东省立中山图书馆的两份《洋事杂录》，是鸦片战争前两广总督林则徐派往澳门的情报人员所获得的情报汇纂，内容涉及澳门的经济、社会及人物等各个方面，是反映澳门和广州的西洋事务的重要中文文献。本文将以上两种文献予以介绍并汇释，分析其重要的史料价值。

关键词： 《洋事杂录》；澳门；林则徐；西洋

　　澳门历史研究在当下而言，新史料的发现与利用尤为重要，特别是清代澳门历史，其中空白处甚多，必须有新史料的发现而予以弥补。鸦片战争前两份产生于澳门的《洋事杂录》就是极为重要的且未被人利用的新史料，内容极为丰富，涉及澳门的政治、经济、社会及人物等各个方面。这两份《洋事杂录》应该都是鸦片战争前来广东出任两广总督林则徐派出的情报人员从澳门调查采访而获得的有关情报。第一份《洋事杂录》，原藏于上海社会科学院历史研究所，原件为手抄本，后在2002年收入海峡文艺出版社出版的由《林则徐全集》编辑委员会编纂的《林则徐全集》第10册《译编卷》。根据抄本的记录称："道光二十六年丙午，自春二月至夏六月，在少穆先生幕下，得录此千百之一。子茂陈德培自记。"据此可知，这份

---

* 本文为国家社科基金重大项目"澳门与东西方经济文化交流汉文档案文献整理与研究（1500–1840）"（批准号：19ZDA206）阶段性成果。

** 汤开建（1949—　），男，汉族，湖南长沙人。澳门大学历史系教授，博士生导师。

《洋事杂录》就是道光二十六年（1846）还充当林则徐幕僚的陈德培辑录编辑而成。陈德培，生卒不详，字子茂，江苏关县人，是林则徐任两广总督时的幕僚，与林则徐关系甚为密切，两人有多封信件往来。第二份《洋事杂录》，原藏于广东省立中山图书馆，系清代档案稿本，现在编入《清代稿钞本八编》第354册，该书原名为"鸦片战争史料"，这应该是现代人整理时的题名，我认为此题名不妥，根据陈德培《洋事杂录》之内容看，本书当为《洋事杂录》的另一种，其内容有一部分与陈德培《洋事杂录》完全相同，但也有一部分为陈氏《洋事杂录》所无，故该书也应该命名为《洋事杂录》，但这一份《洋事杂录》的编辑者不详。这两份《洋事杂录》均为清道光时期产生于澳门且主要反映广州与澳门西洋事务极为重要的文献，但收录文献极为宏富的《广州大典》并未收录，当为《广州大典》漏收重要文献之一。下面分别就两份《洋事杂录》所涉西洋事务及澳门本土的情况予以介绍。

第一份　陈德培辑《洋事杂录》

陈德培《洋事杂录》全文共分为十三部分，主要内容是介绍欧美各国及其属地的政治经济及社会风俗等情况，是为两广总督林则徐全面了解西洋各国及澳门情况所收集的各种情报。情报均未署明时间，但从内容上看，都应该来自于道光十八、十九年以后。有一部分情报有作者，如史济泰、容林、彭邦晦、袁德辉、温文伯等，有一部分情报则没有作者，或为当时人赴澳门的调查，或为当时的翻译人员从西洋书籍和报刊中译出。本处并非全文侈录，仅择其西洋事务及澳门情况之重要者予以介绍。

史济泰、容林同述史济泰系医生；容林，香山南屏村人，到过嘆咭唎。

一、嘆咭唎国疆域不大，国都在懒顿即兰墩，并无城池，周围约六十里。楼房重叠，至矮亦有五层。房屋华丽，街道洁净，终宵灯火辉煌，照耀如同白日。

一、嘆夷国王系少年女人，现年约二十三四岁，已立四五年，国号喊（域）哆唎吔，貌极富厚、美丽，澳夷有其图像，识字，善琴。国中政事，有头等番官四人综理。

一、国王、番官所居之屋款式与民房毫无区别，惟门首书明有某官字样，绘有采画，以别官民。又，大门外只有番兵一二人，持枪峙立把守，此外并无护卫。

一、嘆国来粤路程，先至噫即乌鬼国地方。买足伙食，出大洋由西路历孟买至新埠；由东路则历嗑哑啦至新埠，合路至粤。统计水程约行五个月。若夷船回国，货物满载，则不走孟买、嗑哑啦各路，经历大洋望东行，过小西洋至噫，水程约须三个月，再由噫至嘆国，水程仍须一月方到。

一、噫系海中一岛屿，内有千余人户，猪、羊、牛、肉、鸡、鸭、麦、面均甚相因，山水亦好。如花旗、吕宋、嘀咚、嘛咛哂、嘆咭唎各国夷船来粤贸易，必由此过，买足伙食，取足山水，始出大洋。惟大洋风性不测，水极腥臭，波涛汹涌，莫如此极，顺风亦得七八日方能走完。各国海舶至此，最惧失事，过此可以无虑。

一、嘆国、荷兰、嘛咛哂、大吕宋、双、单鹰、花旗各国至粤贸易，由噫出大洋最为险恶，程途又远。各夷于四年前探知嘟刮即大白头地方有数山，一经凿穿，走船非但可免噫之险程，并且程途较近。前经收银一千余万两，凿山疏河，已有一半工程。去年因所收之银业已用完停工，以待收有银两，再行兴工开挖，约四年可以完工。

一、嘆夷秤每重一斤为一棒，较中国秤重十二两。量每长一尺为一码，较中国尺长二尺四寸。洋银一棒系五圆，斯特凌钱一个亦合五圆洋银。

一、每年以三百六十五日为一岁，以中国冬至后三日为冬至日，以伊国冬至后七日为元旦日。每逢二月，只有二十八日，其余有二十九日，有三十日，有三十一日，有三十二日者。闰日不闰月，几年逢闰一日。并何月是大建，何月是小建，记忆不清，仅记得闰日总在二月间。正月三十一天，（二月二十八天或二十九天），三月三十一天，四月三十天，五月三十一天，六月三十天，七月三十一天，八月三十一天，九月三十天，十月三十一天，十一月三十天，十二月三十一天。

一、嘆国交易行使洋钱有五种：大者七钱二分，曰打拉；中者三钱六分，曰哈打喇，又曰花儿晋；小者一钱八分，曰时呤，又小者九分，曰半时呤；其最小者只重二分半，曰喱，边厘。又有名咣吐者，亦洋钱之类，每咣吐一个七厘二毫，每百个合大洋一圆。

一、交易行使铜钱系红铜所铸，如洋钱式，宽如中国钱，厚倍之，有五十个易打拉一圆。

一、离国都约一日程途，有一埠头曰吻，设有炮台守口。

一、嘆国在西北乾方，国都西有二埠头：吻、摄吧唦哹；西南有四属国：嗑哑喇、孟买、蔓哒啦萨、波路便浓。

一、嘉庆年间，嘆咭唎与咈囒哂争斗时，有白旗将军名唠咴喱咂[①]统摄兵权，原为御敌咈囒哂而设。十三年，因大班喇咈[②]与压冬之奸夷啼咃喱·曼嗌[③]等图占澳门，专人回国，捏称得有内地马头，请兵弹压。唠咴喱咂许之，遂带兵船大小二十七只，先到西洋，向借澳门夷楼居住。因西洋曾为咈囒哂所窘，英国救之，感其德，遂允檄谕澳夷，交其携往。嘆兵陆续开驶，是年七月二十五日到齐，抛碇澳门洋面。唠咴喱咂自加东海王白旗大将军，将谕送给澳夷，派兵头领兵三千，于八月初二日上澳，占住炮台、溢口、夷楼等处。澳民相率迁避。经澳门前山厅、营会同香山营、县前往查询，该夷捏称防护货物至此。诘以护船何以遽住炮台？该夷答以炮台系屯兵之所，西夷可住，嘆国亦可住，语多不逊。营、县据禀大府。九月中旬，唠咴喱咂驾兵舶二只闯入黄埔。饬府查诘，仍敢抗违。且言嘆咭唎贸易最大，数十年来输饷不知凡几，今欲见大宪面话。随经大府檄饬虎门镇堵御，虎门、碣石镇防堵，立德、香山协韶州参将、抚中参将领兵三千防守澳门。旋嘆兵驾驶三板数十只欲闯入省，被立德官兵施放三千斤大炮，轰

---

① 唠咴喱咂，应即威廉·啊嗥嚟·喥路唎，又译都路厘，又译嘟路喱，又译喥路唎（？—1811），英国远征军司令，海军少将，1808年曾率领英军侵占澳门。其英文名为William O'Brien Drury。

② 喇咈，又作喇佛，又译啰咱吐，又译罗伯赐（1793—1813），英国东印度公司大班，1807至1810年任东印度公司广州特选委员会主席。其英文名为John William Roberts。

③ 啼咃喱·曼嗌，当即托玛斯·曼宁，英国东印度公司商馆职员，翻译，1807年1月来广东，后学习中文，1816年充当阿美士德使团汉语秘书。其英文名为Thomas Manning。

毙七夷，遂不敢进。复经大府檄广协带兵围公司夷馆，拿获压冬
奸夷呭嘅四名，羁留督署关帝厅，并将洋商管押封舱，不准贸易。
复传谕英夷，如再抗违不去，即欲搜拿喇唭，同所获四夷立即正
法，且明备火排、火具，声言烧毁夷船，奸夷震恐。冬月，哕咮
嘅呸退出澳洋，领兵回国。因恨起衅始于喇唭，以致縻饷失机，
悉以上闻其主。十四年，行文调取喇唭回国。因四班嗌哗喊①于占
澳时不肯佥名同谋，先期避回新埠，随令接大班之手，籍喇唭家，
以偿所縻之饷，未治其罪。旋饬其领兵占夺噶喇吧，以赎前愆，
胜之。十七年春，复令来粤充大班，大府不准，驱逐回国，潜住
澳门白鸽囚夷楼。冬月病死，埋于楼之后园，今有石赞在焉。喇
唭既死，人莫识其病，群夷剖腹视之，见胃内黄沙数粒，大如绿
豆，粘着处均成小孔，咸谓其在噶喇吧受水毒所致云。

一、嘆咭喇公司之设，因该夷国用不足，签国中富户聚资贸易
中国，使专其利，他人不得与贾。凡国中岁需正供外有不足者，悉
取资焉，谓之公司。始议公司之限以三十年为届，满届即散，听民
自贾，不限年数。乾隆间，公司之届满，该国因用度仍不敷，再展
一限。嘉庆甲戌、乙亥间，二届复满，公司仍复请展，俾清帐目，
许以十年为限。嗣因与哷唑哂比岁连兵，军需不继，用公司款项过
多，复又予限十年，于道光十四年散去，计公司立局共有八十年，
至此国人始得自贾。闻其国人云，日后国用不足，又须重复公司矣。

一、黑土产自嗑啊啦属邑叭哒嗱，白土产自孟买、哪嚜，红
土则产于曼哒喇萨。叭哒嗱，本么啰地，英夷至彼兴贩，稔知地
肥产旺，乾隆四十七八年统兵占得；他如孟买、哪嚜、嗼哒嚇等
国，亦以次占得，派兵镇守产鸦片地，募土番栽培，收获悉数输
缴，每箱定发工本唠哹二百圆，扣洋钱百圆，历久照（收），没
有增减。即以镇守兵目驻局，径司收售。凡各夷至局购买，自腊
月至四月，交市五次，论箱计值。时价虽有低昂，约计每箱总在
四百圆内外。除工本百圆，余剩之银，以三分之一发局开销地方

---

① 嗌哗喊，即押呬臣，即益花臣，英国大班，1811—1815年担任东印度公司驻广州特选委员会
主席。其英文名为 John Fullarton Elphinstone。

一切款项，以三分之二归入王家。其银即由局中核缴。闻各夷兴贩至粤鸦片，黑土二万七八千箱，白土约二万箱，红土仅二百余箱，综计来粤鸦片约四万余箱；以内地所售之数而计，英国所得之饷约有洋钱八九百万圆。内地销售，如白土卖价六百圆，黑土卖价七百圆，约除资本四百圆，又船脚、保标、趸租各费，白土每箱可获息一百六七十圆，黑土每箱可获息二百六七十圆。若内地规费，则出买家。

一、叺哒嗥无论平芜高冈，均可撒种子栽种，听其生长，无须灌溉。春花夏实，形如婴（罂）粟。五月熟时，夜划其皮，早收膏液。闻其制法：筑一大厂，内掘百十方池，经宽三丈，深约一丈，身底石砌，涓滴不漏，收液贮之，拌以砒霜，取其不生虫蛆。另药二味，未得其详。贮满覆以木盖，对年始出。近地有亭阁一座，七八层高，约十丈，顶层无神像，仅有大铜炉一具。岁之清明日，延吆啰僧二三百名，日焚檀香千斤，先在亭顶面朝东北跪拜讽经。僧旋至池，每池四僧，分列四角，如前讽诵七七四十九天而止。讽经始日，每僧持活乌鸦一只至池，每池四僧，亦分列四角，揭盖咒诵，杀鸦入池，仍覆盖，至五月取出，用器盛之，捏为团，以干叶包裹，计重三斤，贮箱交局。再闻该夷讽经焚香，烟向东北。数年来，烟向西南，莫非天意庇佑中国，永绝鸦片欤！孟买、哪嗹、嘎哒啦萨土地稍瘠，须在平芜择地而种。栽植制造一如叺哒嗥，惟诵经无亭阁，捏团大小不一，若颜色各别，因地出产，而种类制法实无二致也。

一、嘆国、花旗例禁吸食鸦片，体面人有犯，监禁一年释放；贫贱人有犯，鞭责二百，仍着打扫街道一年。用铳打入海，讹传也。

一、外夷嘆咭唎、花旗、嗬哒、唏哒哂、大小西洋、俄罗斯、大小吕宋等国，吸食鸦片各有例禁，并无人吸食。若燕刁、叺罗、骂终音来三番种类，历无禁条，听民自吸，惟系吸食生土，毋须熬煮。其枪弯曲，斗如碗大，内藏暗火，贮入烟土，无论行坐皆可吸食矣。

一、英华书院系在吗啦哚，先日系吗吼嗰①倡建，故塑有其像，上学瞻拜。闻先在院教读系湖南一人、徽州茶叶客一人。无论汉人、夷人，进去都是读汉书。至新埠，并无书院。

一、红毛及大吕宋、吐呶、花旗、唛哓咕、大西洋、了润唎哷等地均出金。红毛、嗬咝、哖咝哂、花旗之唛哓咕俱出银。大吕宋、红毛、花旗、哖咝哂、嗬咝俱出铜。红毛属埠头计哒产黑铅。闻外夷无白铅。红毛、嗜吧唪哷及大西洋产马口铁。

一、息辣即新忌坡，亦名新州府，系红毛新辟土地，即《海录》所载旧柔佛，海道四达，为红毛等国来往必由之路。至广东，风顺八日，逆风半月；至红毛，约三四个月。

一、花旗与红毛中隔一海，由红毛至花旗，横渡约一月水程。由广东至红毛，约四个月；至花旗，约四个半月。

一、西洋语云人皮拉多者，是皇帝二字。称山为爱伦。

一、镪水系红毛、嗬咝、哖咝哂、花旗等国所出。制法用甫挖出五金沙和药，熬炼成水，发给药局。外夷外科用之，取其杀虫。其性毒，误食致命，医家可得，不售市肆，能烂铁器，迸裂石块。

一、外夷国君之名，以始得国人之名名之。其子孙之承续者，第别以代数，不易其名也。如嘆咭唎，始得国者为雅治②，其子孙嗣位者亦为雅治，相传四代；始曰雅治第一③；次曰雅治第二④；至雅治第三⑤，系于嘉庆二十五年正月二十九日故，其子孙于道光元年七月十九日立，曰雅治第四⑥。如本支无续，以旁支及女嗣位者之名为名，其后仍以代数别之。⑦

---

① 吗吼嗰，即马礼逊（1782—1834），伦敦会牧师，第一位来华的基督新教传教士，1809年到1832年担任东印度公司广州商馆翻译，二十余年间主要在广州、澳门两地传教。其英文名为 Robert Morrison。

② 雅治，又译乔治（George）。

③ 雅治第一，即英国国王乔治一世（George I），1660—1727年在位。

④ 雅治第二，即英国国王乔治二世（George II），1727—1760年在位。

⑤ 雅治第三，即英国国王乔治三世（George III），1760—1820年在位。

⑥ 雅治第四，即英国国王乔治四世（George IV），1820—1830年在位。

⑦ 《林则徐全集》编辑委员会编：《林则徐全集》第10册《译编卷》，海峡文艺出版社，2002年，第5144—5149页。

这一份情报来自于一位名叫史济泰的英国医生和一位去过英国的香山南屏人容林的报告。这是一份全面介绍英国及英属殖民地的历史资料，涉及英国国家的政体、国家疆域与首都、来广东的途程、度量衡、历法和货币，还详细介绍了嘉庆十三年（1808）英国军队占领澳门的原因、过程，提出在这一事件中英国商人东印度公司大班喇咈及益花臣所起的作用。其中还介绍了英军退出澳门后，喇咈在嘉庆十七年（1812）又被派来澳门主管东印度公司的广东贸易，但未获广东政府的批准，并被驱逐回国。喇咈并没有执行，而是"潜住澳门白鸽囚夷楼。冬月病死，埋于楼之后园。"报告中还介绍了英国东印度公司建立的时间、原则以及解散的原因。报告中还有大量的篇幅介绍英属殖民地的物产，包括各地的鸦片等等。其中还提到马礼逊在马六甲创建的英华书院，资料为他处不载。虽然嘉庆以后关于英国的介绍并不罕见，但如此细致深入地对英国的政治、经济及与中国的贸易进行介绍者，这应该是第一份。

袁德辉说袁德辉，广东南海人，能写拉体讷字，原籍四川巴县人。

常熟钱良择《出塞纪略》载：俄罗斯文移用蜡帝诺字，蜡帝诺即西洋拉体讷也。《东华录》载：大学士等以鄂罗斯贸易来使赍至原文翻译之文进呈圣祖仁皇帝阅之。谕曰：此乃喇提诺、托多乌祖克、鄂罗斯三种文也。外国文亦有三十六字母者，亦有三十字、五十字字母者云云。喇提诺亦即拉体讷也。

一、新忌坡、吗啦㖉、新埠均系三处嘆咭唎属地，共一岛屿。由粤东出口，西南行约二十日，先到新忌坡，再行二日到吗啦㖉，又行二日可到新埠。地方土番名吗啦由，即无来由种类。新忌坡店铺约有四五百家，吗啦㖉店铺只有一百余家，新埠店铺约有一二千家，均系滨临海岸。闽、粤之人在三埠开设杂货铺、裁缝铺、钟表铺、鞋铺、木匠铺，各款生意居其大半。哶咭唏、嘀㖡、嘆咭唎均有在彼住家，房屋高大华丽。吗啦㖉镇旁建立书院一所，额曰"英华书院"。有汉人朱姓在院教课。小夷人诵读汉书，每年修金三百圆。汉人子弟亦有在内读书。至汉人与土番，多有吸食鸦片。三处埠头，嘆咭唎均派官兵镇守，凡有煮熬鸦片烟膏者，必须在番官处请领牌票，方准熬煮售销，未请牌票者不准私开。此外，尚有酿酒、屠宰、赌博三款，亦须纳税，所纳之饷与煮熬鸦片同重。贸易行使累子系红铜熔铸，如洋钱式，每百个易洋钱一圆，十余个买猪肉一斤。土产胡椒。

一、汉人至新埠等处携带货物：茶叶、土茯苓、薯莨、绸、潮烟、丝烟、腌蒜、咸菜、水缸、粗碗、边爆。回来携带胡椒、红树皮、沙锅、米。

一、内地渡洋，海船均由新会县属之江门载货出口。

一、嗑呀啦土番，即吆啰黑鬼，脚长，无腿肚。红毛选其身材高大者充伍，谓之叙跛兵。[①]

这是来自广东南海人袁德辉的报告。袁德辉，原籍四川巴县人，后入籍广东南海。他应是从马来西亚槟榔屿回国的华侨，因为懂英语，所以担任钦差大臣两广总督林则徐的译员，他翻译过滑尔达《国际法运用在行为和民族与主权事务的自然法则的原则》一书的部分章节，并定名为《各国律例》。这一份报告主要是对英属马六甲、槟榔屿和新加坡三地的介绍，其中特别是关于马六甲英华书院的介绍，资料为他处所无。

温文伯述广东民人曾到嗑呀啦，回粤已近三十年。

一、红毛即唤咭唎，地名唤呤。粤东去约五月路程。现在国王系女主，年方十九岁，天文、地理皆能通晓。国号咲唛哆唎。辖下有三大港口：一嗑吖嚟，粤东去须两个月。到红毛尚有三月路程。有税馆一所，即在此处，并有兵头文武衙门。所有烟土俱囤积此处。至公土出在嚤噜国，叭哒啥地方做好，运在公司，公司如中华会馆，然后发售各处。二十年前，每箱约须三百余元，近来时价有无加长，难以亿断。每百元收课二元，照公司单验放。

一、嗑吁嚟即吗嚟哗，由嗑吖嚟去二十余日，离唤呤尚有三月路程。公土之种到其地再种，即变为白土，皆在本所发卖，亦有税饷，照公土一律纳饷，其余与嗑吖嚟相仿。

---

① 《林则徐全集》编辑委员会编：《林则徐全集》第10册《译编卷》，海峡文艺出版社，2002年，第5150—5151页。

一、嘚唭即嗌咪，由嗌吖噂去约四十余日，离嘆呛尚有三月路程。其地出白土，又出红土，即金花红。其种俱由叭哒嗟带来。亦有税馆，纳饷俱与嗌吖噂相同。

一、嘩噜国地名嘞㗇唥。国主名喇嚹咆。粤东去约四个月，离嗌吖噂二月路程。所辖叭哒嗟去嗌吖噂一个月，到嘞㗇唥亦是一月。叭哒嗟地方土产鸦片，其地租与红毛国。红毛人仍批回叭哒嗟夷人耕种，收成后，因叭哒嗟无人会做，故运回嗌吖噂做好发卖。烟叶与中国芥兰菜相似。

一、咪唎㘓即花旗，素与哹咥哂贸易交好，因红毛国主欲夺嚙咥港口，故哹咥哂亦往相争，即橄花旗相助，于嘉庆二年起，直斗至二十二年止。因各国亏空，故求和好。先时，红毛、哹咥哂、嚙咥、吕宋、黄旗皆遵哕嚹呐为王，后因哕嚹呐退隐，各国遂各霸一方，各起国号。文字各有不同，惟花旗与红毛相仿。至各国关口课饷，盐为最多。红毛因战斗多年，需耗费，所以买卖银钱皆用纸票，每张二三千元、七八千元不等。令殷户出银换票，每月算利二厘，以图生息，期限十年，本利归完。至于民间殷户前夺港口，大打仗则所耗兵费皆出官民捐补，小打仗则殷户签银请兵争夺，如夺得港口，即进国主，照例纳税，败则国主不问。

一、盂雅拉地方平地无山，并无金银矿。其地所用之银，名曰唠啤，形如洋钱，不过差小，字纹各别。字系厶啰字，有花一朵似菊。分三等：大者重三钱三分，用作三钱六分；次者减半；又次者再减半。汉人以厶啰字似芽菜，故谓之芽菜银，系红毛人至各港贸易，收找碎银，各色旧银器皿倾铸唠啤。又外夷各国交易，俱用光板洋钱，一有戳记者不用。

一、外夷各国倾铸洋钱，有用由各港口贸易收买旧碎银倾铸者，有用纹银倾铸者，均搀白铅。纹银色足，搀铅较多。其各国所铸洋钱，作工精致，吕宋为最，他国皆不及焉。

一、嘆咭唎、西洋、哹唥吼、花旗、荷兰、吕宋、双鹰、单鹰、喘、黄旗等国，均以中国冬至后十日为元旦日，以三百六十五日为一年，并无闰月，或逢四年闰一日，或五年闰一日。

一、嘆咭唎国有二十六字母。初学读吐啤吟识字审音，次读哆吐咃嗻如中国四书，呅咣如中国纲鉴。吟啤昳谦如中国诗集，哑喱唝嘀算法，唘呵噁嗜讲天文地理。嘀咂咪唎字典，噁嗛哎注解，喊吐讲究学习各艺之用。其余书籍尚多，以及别国书籍，俱未见闻。

一、新忌坡系喛咭唎新开疆域，约有二十年，土番系无来由种类。汉人至彼贸易、耕种、手艺者闻有二万余人，闽居三分之二，粤居三分之一，并无别省人至。闽、粤之人有在彼娶番女为妻。

一、孟雅拉地方，如武彝（夷）茶叶一种，内地值银三钱五六分，孟雅拉可售值五钱。土番只饮水，不吃茶。他国夷人、内地华民至彼方吃茶。夷人吃茶，早晨八点钟一次，晚七点钟一次，吃法以白糖、牛乳冲吃。煮饭用姜黄，系么啰国因只饮水，不吃茶，恐受潮湿太重，故饭菜俱以姜黄同煮，他国偶有效之。

一、红毛教曰克力斯顿教医生米尔尼[1]以耶稣教主之名作经流传。西洋教曰加特力教吗哂厘西[2]所传。[3]

这是从印度、孟加拉国归国的广东人温文伯的报告，也是对英国及其属地及十八世纪初国际形势进行的一般性介绍。

英国往返日期

据新闻纸，上年十二月系中国戊戌年十一月义律寄信回国，论禁止内河、黄埔等处鸦片贸易之事，样样俱准。今年十月系中国己亥年九月接到本国回信。计往来十个月零。

又，义律于夷国八月十五日接到二月二十七日来文。一百七十日。

又，义律寄信回到兰顿。一百九十八日。

---

[1] 米尔尼，即米怜（1785—1822），英国传教士，1809年加入伦敦传教会，1813年抵澳门，为继马礼逊后第二位来华的基督教宣教士。1815年南赴马来亚马六甲，协助马礼逊传教，创办英华书院。其英文名为 William Milne。

[2] 吗哂厘西，即利玛窦（1552—1610），意大利耶稣会士。1582年抵达澳门，后进入内地传教。其西文名为 Matteo Ricci。

[3] 《林则徐全集》编辑委员会编：《林则徐全集》第10册《译编类》，海峡文艺出版社，2002年，第5151—5153页。

己亥十一月十六日新闻纸云：衣里沙士地咭船。系八月初二日中国六月廿三日。自兰顿开船，言兰顿七月三十日中国六月二十日知道缴鸦片之事。①

这份报告主要译自澳门报纸的内容，报告道光十八年（1838）英国驻华商务监督义律（Charles Elliot, 1801—1875）的行程和活动。

记罗卜担语

英吉利国王，嘉庆年间在位者，其国号曰着查，序第三，道光元年没。传其子，亦号着查，序第四。道光九年没，无子。其叔序第四者为王，国号威连，道光十七年没。现系女主，国号威多里鸦，在位已四载。道光十九年，计该女主年二十岁，未招夫婿。此女主系老着查及威连之侄女，而小着查之堂妹也。

红毛兵有四支：步兵穿红衣；马兵有红有蓝；大炮兵穿蓝；散兵穿绿。武官职分颇同内地。

星忌利坡乃小岛，属㖫国，在中国与孟雅喇国半途之间，地窄人少，却是热闹市镇。

印度读作天竺。即轩都士丹别名也。轩都士丹，黑脸兵丁也。共三十万，行伍系黑面的，其武官系红毛人。前十三年与缅甸战胜，皆用叙跛兵。②

罗卜担，即罗伯聘（Robert Thom, 1807—1846），英国商人。1834年来华，加入怡和洋行工作，曾在澳门居停过很长一段时间，此人极具语言天赋，懂得西班牙语、法语、拉丁语和希腊语，而且在广州与澳门期间又学会了中文。1840年，他与他的中文教师"蒙昧先生"由广州周报出版社在澳门出版了《意拾喻言》（即《伊索寓言》）一书，他当时采用的笔名为

---

① 《林则徐全集》编辑委员会编：《林则徐全集》第10册《译编卷》，海峡文艺出版社，2002年，第5154页。

② 《林则徐全集》编辑委员会编：《林则徐全集》第10册《译编卷》，海峡文艺出版社，2002年，第5154—5155页。

"懒惰生"。该书为一本采用中英双语对译的专门介绍《伊索寓言》的著作，全书共介绍《伊索寓言》中的故事81则。这一段罗卜担的话不知道是谁翻译介绍的，也是在介绍英国的政治与军事。

嗊啊啦所用各种钱

金钱三种：俄尔摩值大洋钱八元。

阿特里值大洋钱四元。

西机值大洋钱二元。

银钱六种：打拉即整块大洋钱，重七钱二分。

吥啤值半元，重三钱六分，与哈打拉相同。

阿打尼洋钱四分之一，与时吟相同。

早洼尼洋钱八分之一。

娜阿尼洋钱十六分之一。

奋尼洋钱三十二分之一，亦名阿拿，每个值拜士四个。

铜钱二种：拜士每大洋钱一元值拜士一百廿八个。

瓜打拜士每四个抵拜士一个。

嘆咭唎有哓吐一百个哓吐值大洋钱一个。[①]

这份情报主要介绍英属殖民地孟加拉国所用货币的币值。

嘆咭唎国王发给该国商船禁约八条

一、往别国，遵该国禁例，不可违犯。如违犯亦有罪。

一、往广东贸易，遵领事官验牌，不得从（纵）水手酒醉行凶，恐伤华人。

一、往广东（须）遵法，违禁货物不可带去及违禁货物亦不可带回。如违者有罚。

一、广东妇人不可带回本国。

一、往广东由西南路入，不得见安南头。如见安南头，伙长

① 《林则徐全集》编辑委员会编：《林则徐全集》第10册《译编卷》，海峡文艺出版社，2002年，第5155—5156页。

罚俸。

一、往广东由东路入，不得见万里长沙。如见万里长沙，伙长罚俸。

一、往广东，在洋面遇船欺凌，抢夺财物，回国以强盗论，办死罪。

一、往广东闹事，贻累别船，赔还别船银两，仍要治罪。[1]

这里公布了英国国王颁发给英国商船海外（主要指广东）贸易的八条禁令，这八条禁令亦不见他处有载，其中特别提到不准将广东妇人带回英国。

外夷行船船中规条十条

一、行船所有各水手听伙长号令。如不听伙长号令，轻者杖藤鞭五十或一百，重者槌脚镣，押舱，回国办罪。

一、到埠不许水手与该国人争斗闹事。

一、船不许私放三板埋山[2]汲水洗衣，必要经（禀）明方准。

一、遇风雨，各司其事，必齐踊跃，殆抗者罚。

一、开舱上落货，水手不得偷泄货物，如有，以贼论。

一、管食司厨之人，每照分两排定，不得减少分毫。

一、落货不照法，遇风雨舱内货物摇动，管舱之人罚。

一、看更失更遇泄，看更之人罚。

一、管炮之人该放炮不放炮，罚。

一、行船遇大秋鱼拦头，或遇龙上水，看头之人不喝令放炮，罚。[3]

这份情报报道了外国船只行船的十条规例，也不见他处有载。

---

[1] 《林则徐全集》编辑委员会编：《林则徐全集》第10册《译编卷》，海峡文艺出版社，2002年，第5156页。

[2] 埋山，广东方言，靠岸之意。

[3] 《林则徐全集》编辑委员会编：《林则徐全集》第10册《译编卷》，海峡文艺出版社，2002年，第5156—5157页。

花旗国各说

咪唎㘇国即花旗，疆域较大，先为英属，近今数十年来自为一国，并无国王统摄。域中有二十四埠头，各埠公举公正一人为乡正，管理词讼、粮饷一切事务，定例有五年一更换者，有三年一更换者，办事公允，公议再接手管理。否则，不俟期满，即行废黜，另行举人。风俗较嘆国淳厚俭朴，余俱相同。

咪唎㘇夷众于三十年前，不服嘆国统辖，有兵头哗呕嗔领首纠兵起事，争战数年，不分胜负。嗣得哗咂哂兵头哪吒吅到国助战，于夷国七月初四日大获胜仗，将嘆兵杀逐，而国遂定，插立花旗。夷众因虑一经再有国王，日后又复暴虐，故不议立。

咪唎㘇复国系于七月初四日，故自此以后国人每年逢此日停止贸易，操兵演炮，游玩如云，筵宴庆贺，极为胜会。

咪唎㘇先年争复疆域，系兵头哗呕嗔为之倡，故国人至今尊之如圣人。今人或生子，或开馆，或造船，或有新地方，所名多有依旁哗呕嗔字意，取其吉庆。

咪唎㘇钱，系红铜熔铸，无孔，谅即咣吐。较英钱差小，每一百个易打拉一圆，七钱二分重洋钱也。①

这份情报主要是对美国各方面情况的介绍，包括国土疆域、与英国的关系等。

庚子八月廿三日吐呐嗔供

广东在嘆咭唎之东南方，约水程三万余里。该夷吐呐嗔来时，在途三个半月。嘆咭唎本国，初过哗咂哂，再过士边，士边另有国主。再过葡萄咖即大西洋。以上三处行走二十日，都可望见山头形势。再走十日，至呀哬哩咖，此处系各主其国。海外是红毛属，过此尽系巨洋大海，并无山麓。又走两月，方至嘉化。系荷兰属。又走四五日至安南。又走四五日至琼州。又走三四日进

① 《林则徐全集》编辑委员会编：《林则徐全集》第10册《译编卷》，海峡文艺出版社，2002年，第5157—5158页。

万山。如遇南风，即不由小吕宋过，如遇北风，即由小吕宋过。

嘆咭唎国王所居之地，名曰嗬呛，在俄罗斯之西，约海程二十日。嗬呛东方去一日，即荷兰国。又走六七日至士呹顿另有国主。又走一日至颠没，另有国主。又走十日至俄罗斯国主所居之地咘嚕呧喋呦顿唦。

打打里在俄罗斯之南，只有一二日陆路。另有国主。阿付颜呢士旦，在打打里之南约七八日陆程。另有国主。嗎喋在阿付颜呢士旦之东南一二日陆路。系红毛属，或即印度。巴社在俄罗斯之南约十日陆路。另有国主。

回疆在嘆咭唎之东南，相距一月。缅甸在嘆咭唎之东，相距四五个月。如由陆路，两月可到，须经俄罗斯过。西藏在嘆咭唎之东，相距两月，须走回疆，无路可通。

番鬼字典，名曰力神拉哩，系已故之吗吼咽所著。[①]

这是道光二十年（1840）八月二十三日英国人吐呀顿供词中的内容。吐呀顿，即维森特·士担顿（Vincent Stanton），英国剑桥大学神学生，1838—1839年来澳门，任丹拿儿子的私人教师，1840年8月6日在澳门剀狗环被清政府以间谍罪抓捕，拘押在广州。当时清政府审讯士担顿，留下了一份供词，这应该就是供词中的一部分内容，主要讲的是英国来广东的海上行程，特别提到了马礼逊所著的《英华字典》，当时中国人称为番鬼字典。

香山县丞彭邦晦查

大西洋国现系女王掌理国务，年仅二十岁，招红毛之人为婿，前年、去年连生二子。该国夷例，有女即不传侄，其婿不能袭王位，所生子女均可传位。

在澳夷人多系大西洋来者，计五种：曰西洋，曰红毛，曰嗹哩，曰吕宋，曰啡咜哂。兵头、兵总如中国总兵管（官）、唛嚟哆，系大西洋人。散兵有自小西洋来者，小西洋为大西洋属国。澳门

---

① 《林则徐全集》编辑委员会编：《林则徐全集》第10册《译编卷》，海峡文艺出版社，2002年，第5158—5159页。

去大西洋较远，有事禀小西洋转达。

大西洋离粤程途约计半年可到，小西洋约计两月可到，均系出万山夷洋，自东南转折西北。

地满即哋唎，系大、小西洋所属，无与红毛之事。离粤程途计五十日，水土极为恶劣。有兵头驻守。凡大、小西洋及澳夷犯事者戍之。

唎哆哂与嘆咭唎对峙，中隔一海，火船横渡一日可到，疆域亦不甚大，国都在吧哪唎，并无城池，周围约有五六十里，房屋华丽，街道洁净，与嘆咭唎无异。老国王名嗒咏啪，性喜争斗，昔年因与嘆咭唎不睦，互相攻击，被嘆夷一擒再擒，放置于嘆属之嗽哋嗤，不令回国。本国另立新王，不知其名。嗣闻老王已死于嗽哋嗤。嘉庆廿一年进贡文内言，唎哆哂霸王波那巴耳已服了。又云假王般那毕地已捉获。

唎夷秉性奸巧，造物精致，即如饮食、器具，无不力求其精，钟表亦以为最。男女服色均极华丽，淫乱莫有比伦。枪炮、火药制配极精，各夷皆不能及。

唎夷系十字教门，俗与西洋鬼同。凡遇礼拜之期，有跪拜诵经之仪。

嗬哆国疆域亦不甚大，与嘆咭唎、唎哆哂相距程途各二三日。国都在喊哪咟，亦无城池，周围约五十里，河道缠绕弯曲如羊肠。国王住屋宽深约有三里，四面石墙，楼台五层，屋檐雕凿花卉，极其精致。街道房屋随河之曲折创筑，两岸皆然，每一里造一木桥以通往来，无桥处所有小船摆渡。

嗬哆亦系十字教门，礼拜仪注与唎哆哂相同。

诺克拓，嘆咭唎医生之称。阿依勒，系医生之姓名，著有《西果啰彼喱哑》书一部，计四十余卷。《西果啰彼喱哑》译汉语《文学字典》四字，是书天文、地理、舆图俱全。各国俗向（尚）、人情、物理（产）、技艺、医算以及水法、火法、草、虫、禽、兽、出产鸦片，无不记载。①

---

① 《林则徐全集》编辑委员会编：《林则徐全集》第10册《译编卷》，海峡文艺出版社，2002年，第5159—5160页。

这是香山县丞彭邦晦的一份调查报告。该报告分为两部分，前半部分介绍了葡萄牙及亚洲属地果阿、澳门和咖喇的情况，而后半部分则介绍了法国、荷兰两国的部分情况，还介绍了阿依勒医生编纂的百科全书。

地球招牌

加利新地球，将船户姑万、哥瓦二人在咪喇喳西北滨海访出之地，又将啤啰嘶考准鞑子之边地，并今时行人所知之地，一概收入列之于上。

一千八百一十六年三月初一日，加利在呛顿斯坦街造卖。按：伦顿即红毛国都

地图招牌

订正地图，吩哩在者斯那东北角第四条街发卖新出地理志。

一、精致总图有六十二张，界画色别，价值十棒。每棒五圆。

一、经典地理志，价值四棒。

一、花旗地图六大张，价值八棒。

一、全图六张，价值七棒。

一、欧罗巴地图四大张，价值六棒。

一、亚西亚地图四大张，价值六棒。

一、亚佛利加地图四大张，价值六棒。

一、南米利坚地图，价值四棒。

一、花旗各方手卷地图。

一千八百三十一年否拉多尔否亚城[1]

红毛番书 澳门有卖

地理图外夷各国地图俱全，无唐字，有大小板。嚟

地理志外夷各国风俗俱全，无唐字。唏嗯㗴喇啡

唐番字典半唐半番字。噫呧哪哩孖厘臣撰

番字典无唐字。噫呧哪哩

戊戌年外国茶价 新闻纸内译出

卢啤小洋钱，重三钱二分；

---

① 《林则徐全集》编辑委员会编：《林则徐全集》第10册《译编卷》，海峡文艺出版社，2002年，第5161—5162页。

时吟小洋钱，重一钱八分；

边喱红毛铜钱，五十个易七钱二分重洋钱一圆，核算每边喱值银一分四厘四毫；

棒红毛以一斤为一棒，中国只有十二两。^①

这份情报主要是收集者所见到的地球仪和各国地图以及它们出售的价格、在澳门售卖的红毛番书、道光十八年（1838）的外国茶价。

图章^②

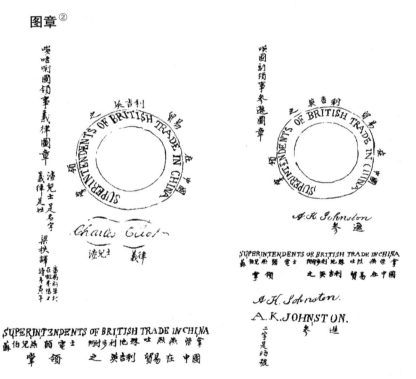

左面是英国在中国贸易的首领义律的印章，为梁秩译；右边是英国在中国之贸易首领英国副领事参逊的印章。

---

① 《林则徐全集》编辑委员会编：《林则徐全集》第10册《译编卷》,海峡文艺出版社,2002年,第5162页。

② 《林则徐全集》编辑委员会编：《林则徐全集》第10册《译编卷》,海峡文艺出版社,2002年,第5163—5166页。

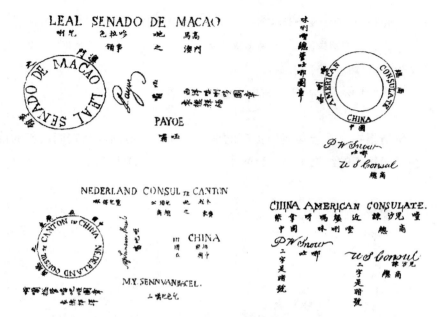

左边为澳门领事西洋议事会唛唎哆嚧哇（Payoe）印章，袁德辉译；右边为咪唎坚中国总商吐哪印章。

钱币[1]

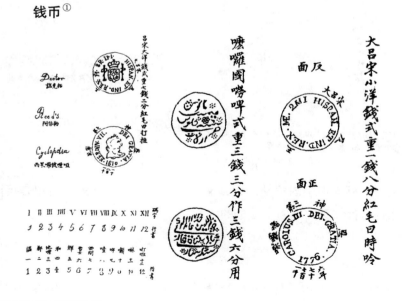

———————————

[1] 《林则徐全集》编辑委员会编：《林则徐全集》第10册《译编卷》，海峡文艺出版社，2002年，第5167—5168页。

这里介绍了西班牙、英国及英属印度的钱币形制、重量、币值等。

第二份　佚名辑《洋事杂录》

这一份《洋事杂录》原名"鸦片战争史料"，但细观其内容，并非记录鸦片战争之事，我认为这应该是后来整理者命名的错误。因为该书与陈德培所辑《洋事杂录》形式与内容完全一致，故我亦将其命名为《洋事杂录》。全文不分章节。同陈氏《洋事杂录》一样，很多情报的来源亦出于史济泰、容林、温文伯等人之手，但此份《洋事杂录》中史济泰提供的情报特别多，也特别详细。值得注意的是，陈氏《洋事杂录》虽然同时记录西洋与澳门事，但关于澳门本土的情况记录并不太多，而这一份资料包含大量的关于澳门本土政治、经济、军事及社会风俗等方面的记录，如《史济泰口述澳门情形》《胡、马密查澳门情形》《烟犯纪亚九供略》《西洋》及《史济泰述艮歹夷人》五份情报都是专门报道澳门之事情，特别详细地介绍了葡萄牙商人在澳门鸦片贸易中的地位和作用，为陈氏《洋事杂录》所无，亦为以往澳门鸦片史研究者所未关注者。这五份报告应该说是目前我们所见鸦片战争前关于澳门历史最为详细的记录，为我们研究鸦片战争前澳门社会历史提供了极为丰富细致的资料。我尽量利用葡文史料和其他中文文献与此处所录澳门事情相互比证，力求丰富鸦片战争前澳门社会历史之原貌。

史济泰、容林同述

……

一、嘆夷国王、番官均无关防，可以任亲族出入。

一、嘆夷来粤贸易，必须在国王处请领执照，并吩谕船至中国要遵天朝法度，不许日久不回，如有逗留日久及无执照者回国，船则入官，人即治罪。

……

一、遇父母丧，帽以黑巾缠绕，衣黑服，至穿孝若干月，数不知其详。

……

一、嘆国天气寒冷，每逢冬月后辄下雪，至三月方止。□无论贫富，均不衣裘，不衣棉夹，惟衣洋布单衫二件，背心一件，外衣大呢衫一件。在家烘火，出门衣雪衣。

一、嘆夷饮食嗜烧矣，严寒不加衣，性喜烘火，致受火热，是以必得内地茶叶、大黄，频频吃之，以解火毒。

一、男女婚姻，自行择配者多，由父母作主者少，或赘或娶，亦无一定。婚配之日，或延番僧至家，或男女同至庙中谒见番僧，告知情由，并番僧询明系属两厢情愿，即与讽经，男女一同回家。凡夫妇序次，女居左首，男居右首。

……

一、遇天朝谕檄赍赴夷国，着洋商设法专人送去，自无遗失。若给夷人自行带去，断不呈投。

一、嘆夷并不吸吃鸦片。

一、夷人兴贩鸦片至中国销售，国王不办。其□利，其有重饷也。

一、男女不回避，如遇从未见面之客，男女同在一处坐□。①

陈德培辑《洋事杂录》也有《史济泰、容林同述》一目，但此处内容比陈氏《洋事杂录》要多，此处所录者均为陈氏《洋事杂录》所无，故知此处介绍英国情况较陈氏《洋事杂录》详细。

史济泰述

……

一、吐哂㖦十八九岁时，曾随员入都，学会官话。嘉庆廿一年，遂充正贡使，具表乞居大屿山，冀避澳门之税关。其时同谋者尚有孖吟②，孖吟颇识汉文，㧟官话。嘉庆中□□，住澳门之南湾，贾且□，服华服，以汉字教夷人，时充副贡使。

---

① （清）佚名辑：《洋事杂录》不分卷，《清代稿钞本八编》第354册，广东人民出版社，2017年，第372—377页。

② 孖吟，即马礼逊，参见前注。

......

一、新埠额设兵船，不过五六只，又与新埠附近之新忌坡、吗啦喙、嗃买、哪猛、嘎哒啦萨，各有兵船三四只，明嗺啦兵船十二只，皆有兵头统领，彼此均可通听调动。卖鸦片之奸夷，请他私来保标，只要认识，随埠可请。第新埠系来往必由之处，每有认得，故请新埠兵船居多。

一、红毛王之下有三大将，为各官之长，一守国都，一统东北各路埠头，一统西南各路埠头。吗他唅向统西南路，去年在粤，扦夷私请来粤，闻系想占大夷山，并派来收鸦片规。

......

一、新埠并不产米，小吕宋出米，系装运入澳，并无鸦片。明呀喇、噶喇吧两处出米，系港脚船装运来粤，抛椗伶汀洋。米之下皆是鸦片。

一、红毛出金，未知山名。大吕宋、吐呦、花旗、唛哴咭、大西洋之润柳哷等地，均出金。

一、出银地方，红毛、嗬咥、哷咥西、花旗之唛哴咭俱产。此外，未悉其详。

一、出铜地方，红毛、大吕宋、花旗、哷咥西、嗬咥等国俱产。

一、出铅地方，系红毛属埠头计哒产黑铅，闻外夷并不产白铅。

一、马口铁，系红毛、嗜呃哺哷所产，大西洋亦出。

一、外国并不出砒霜，至缅甸是否出产，不得其详。惟闻红毛每年有海船一二只前往贸易。

一、玻璃出自红毛、嗬咥、哷咥西、大西洋等国。

......

一、外夷不穿皮衣，因嫌其厚笨，行走不便，男人仅于雪衣领间有用之，女人用皮褡在胸之前后。

......

一、谢清高不在澳门。

......

一、红毛解鸦片药水，其色如浓茶，玻璃小瓶装贮，三钱价银二员，瘾轻者可解，瘾重者无效。澳门现在有买，至因何药料配制，未悉其详。近闻大西洋并白头吆啰亦出。

……

一、坤球系地理图，有用铜壳制造，外用纸糊者；有用象牙镶成者。图形绘日月星宿，是乾球；绘地理，是坤球。嘉庆廿一年，嘆吉利贡物内有二球。

……

一、婵吔啱①名噂，系红毛人，居家两处，一在国都嗽顿，一在唊吐唯呢啾，巨富，并无妻子，并无功名，三弟一妹。本人现存，约七十余岁，先年充公司大班、总商，嘉庆二十一年回国退，洽斯当东接手管理。

一、斯当东即吐哟唓，自幼来粤，贸易多年，官话土话俱能通晓，后接充公司大班总商。嘉庆二十一年充贡使，后回国。此后并未来粤，此人有功名，不大，约六十余岁，尚存。

一、啰咖事理、罗耳都敢吏耳、啼喊啥三名，未悉其事。②

这份亦为英国医生史济泰报告。该报告中很多资料均为独家所有，是研究中英关系及英国与澳门关系极好的资料。如嘉庆二十一年（1816）吐哟唓曾经上表恳请清政府批准英国人居留大屿山，企图逃避澳门关税，这应该是英国人觊觎香港的最早的记录。

史济泰口述澳门情形

一、澳门三面滨海，一面陆路，通前山，东西宽二里余，南自码阁，至北之陆路关闸汛止，程约九里。澳门华夷杂处，约共五千余户，华居其四，夷居其一。

一、西洋澳夷设立澳炮台六座，为日已久。一在澳尾妈阁，

① 婵吔啱，又译唎吩臣，又译押吔臣，即益花臣，见前注。
② （清）佚名辑：《洋事杂录》不分卷，《清代稿钞本八编》第354册，广东人民出版社，2017年，第380—391页。

一在西望洋，一在架思阑，一在南湾中约，系防海口，一东望洋炮台在入澳陆路口，一大炮台居澳之中。二者最为紧要。

一、西洋澳夷大中小户，约五百余家。老幼男女，五千余名。大夷馆七十余所，中夷楼二百余所，小夷房二百余间。巨富十七八家，小康三四十家，余皆穷乏。

一、澳夷将大夷楼租给红毛、花旗、荷兰、咈哖西、吕宋、白鬼等夷居住，此共卅余间，并有典出红毛者十余间。西夷近已贫乏，恐将悉归红毛。

一、澳夷向建司打一所，楼房宽阔，系办事公所，凡遇会议事件，兵头、番差、判事咸至司打会议，判断事毕，各散回馆。

一、澳夷兵头一名，番差一名，系由国王发来，五年一更换；判事四人，系澳夷公举，一年一更换；喊嚟哆，亦系公举住澳之夷承充，一年一更换。西洋叙跛五百名，每月给兵粮，艮六员，一月共须艮三千员。岁发兵装二套，每二套须艮十两，每年须艮五千两。

一、澳门西夷设立税馆一所，西洋额设船只装载货物，出洋入澳，均须报税，每年约可收艮七万元。税馆设总理一人，分司八人，系住澳夷承充。

一、澳夷每年收外夷租楼房二万元，收汉人地租艮四千余元，并税艮七万，每年所入总有十万。除官俸兵粮输纳租外，余剩艮两业归司打存贮。

一、澳夷额定海船二十五只，近已缺额，只剩十三只。

一、旧定章程，西夷所住之地，岁在香山县纳租艮五百两，长以一千三百八十余丈为界限，毋许越界。日久添筑房屋，竟有越占。

一、澳夷向来恭顺，今日夷情奸猾，大非昔比。因其新王嚜味喵①于道光二三年接位②后，将发来兵头、番差之权柄削去一

① 新王嚜味喵，即指葡萄牙国王若奥六世（João Ⅵ），其葡文全名为João Maria José Francisco Xavier de Paula Luís António Domingos Rafael，1816—1826年在位。

② 道光二三年接位，是指1823年5月27日，葡萄牙王子唐·米格尔（D. Miguel）在本国弗朗科斯（Franco）镇发动政变，解散议会，废除宪法，恢复其父若奥六世专制君主的权力。

半。凡澳中夷务，多系富夷数人专擅。澳夷生长内地，洞悉官场民情，遇事多有挟制，即如华民地租，岁底拮据难赀，动辄斗，甚至持毁。其强悍之习，类多如此。先年，西夷欲饰，与红毛各别。近之，俱仿红毛，实无分别。

一、兵头哦吨呶①携有家眷，番差咘吟嗉②家眷未来，俱住南湾。

一、夷庙十座：一曰花夷庙③，一曰大三巴，一曰板樟，一曰大庙，一曰米自万地④，一曰隆松⑤，一曰风顺，一曰小三巴，一曰袜奴边也⑥，一曰弥姑⑦。逢各房星昴之日，男女俱至庙礼拜，共有十庙，每期只到一庙，余庙俟期礼拜，周而复始，七日礼拜一次，跪次男下女上。

一、奉禁鸦片，澳门奸夷有资兴贩，咸不愿缴；贫夷无资兴贩者，议缴。闻昨会议，各自争执。

一、弥姑庙生落水坑尾⑧坊，闭门扁户，庙规整肃洁净，衣服饮食俱自窦。进入庙为尼，俱系富家之女，贫者不得进去。有女为尼，父母俱为极荣。同行番官司打签字粘贴庙中，入庙之日，宴会亲朋，番官司打咸送至庙门首。女入，当家老尼出接拉手而入，扁闭门，终其身不得复出。父母每年至庙外隐窗见面三次。

---

① 哦吨呶，当即边度，1837年至1843年出任澳门总督。其葡文名为 Adriao Acáio da Silveira Pinto。

② 咘吟嗉，当即巴士度，1838年出任澳门按察使，即为首任澳门地区法官。其葡文名为 José Maria Rodrigues de Bastos。

③ 花夷庙，应即花王庙，又称花王堂，又称圣安多尼教堂，1558年至1560年之间建于澳门，其葡文名为 Igreja de Santo António。

④ 米自万地，即仁慈堂，为葡萄牙人在16世纪中于澳门建成的第一家慈善机构，其葡文名为 Santa Casa da Misericórida。

⑤ 隆松，即龙嵩庙，又称龙松堂，又称圣奥斯定堂，1587年由西班牙奥斯汀会士建于澳门，其葡文名为 Igreja de Santo Agostinho。

⑥ 袜奴边也，即嘉思栏庙，亦称圣方济各会教堂，1579年由西班牙方济各会士建于澳门。其葡文名为 Igreja de Santo Francisco。

⑦ 弥姑，即尼姑庙，又称圣家辣堂，又称圣克拉拉教堂，为方济各第二会之修道院，1634年建于澳门，其葡文名为 Mosteiro de Santo Clara。

⑧ 水坑尾，原文作"水尾"，当脱一"坑"字，据补。

女甫进庙，司门三年，招递法内习教读经。老死则火葬，埋于庙后。西夷尊尼最为郑重，如父母有事致书司打番官，俱系依从。现在奉禁鸦片，闻女曾有书致番官司打人等，令其当与各夷一体遵缴云。此语系问之澳夷不兴贩鸦片者所传。

一、米自万地庙，收育婴儿，所雇乳妈亦有华妇在内。庙门旁设一窗洞，安置小床，并垫棉絮数寸，另系一铃，如遇有人于天未明时送婴儿置于小床，按铃即走。内闻铃声，即将婴儿收育。稍长，男教识字，女学针黹。俟至成童，分给富庶之家。故内地人咸呼之野仔庙。

一、西洋者不婚：本身所生者不婚，同胞者不婚，余皆婚。纪澳夷亦然。[①]

这是一份由英国医生史济泰口述而记录下来的澳门情报。这份情报全面介绍了18世纪初期澳门的情况，内容十分广泛，包括地形、户口、炮台、住宅、公所、税馆、额船、地租银、税饷、教堂及慈善机构，还介绍了澳门的行政官员、军队以及各种社会风俗。很多资料均为《澳门记略》《道光七年香山县下恭常都十三乡采访册》及《[道光]香山县志》所未载者，从时间上来讲，正好补充了上述三书所涉时间所未能记载的澳门历史资料，而且十分详细，有很多记载甚至超过葡文档案的记录，具有极为重要的史料价值。

文中还特别提到鸦片战争前澳门的住宅、住户及人口问题，称："澳门华夷杂处，约共五千余户，华居其四，夷居其一。"又称："西洋澳夷大中小户，约五百余家。老幼男女，五千余名。大夷馆七十余所，中夷楼二百余所，小夷房二百余间。巨富十七八家，小康三四十家，余皆穷乏。"而且还称："澳夷将大夷楼租给红毛、花旗、荷兰、咈哢西、吕宋、白鬼等夷居住，此共卅余间，并有典出红毛者十余间。西夷近已贫乏，恐将悉归红毛。"

其中还提到鸦片战争前澳门有"西洋叙跛五百名"，叙跛即叙跛兵，

---

① （清）佚名辑：《洋事杂录》不分卷，《清代稿钞本八编》第354册，广东人民出版社，2017年，第395—400页。

是葡萄牙人从果阿调至澳门的印度军队。据道光十五年（1835）广东水师提督关天培的报告，澳门原有番梢480名，因经费不足裁汰240名，故仅留下240名①。1835年8月20日《中国丛报》公布的澳门军队数量，当时澳门共有士兵300人②。从1835年到1839年并未见葡萄牙向澳门增派军队的记录，而《洋事杂录》称澳门有叙跛兵500名，明显高于上述记录。我认为这里是将从事巡逻的澳门警察也纳入其中，故有叙跛兵500名之说。

文中还公布了澳门几个重要的经济数据：一、澳门海外贸易经澳门葡萄牙海关每年所收的税银为7万元，这是十分珍贵的澳门葡萄牙海关税收的中文记录，可以与葡文档案相互印证；二、葡萄牙每年还有出租外夷楼房租金20000元，收汉人地租银4000余元，并税银70000元，每年所入总有100000元，这就是说澳门葡萄牙政府每年各种税收总数当为170000元；三、澳门原有总额船数为25艘，但到鸦片战争前时仅剩13艘，缺额达到12艘。

这份情报还详细介绍了澳门圣克拉拉女修会和澳门仁慈堂的情况。圣克拉拉女修会此处称为"弥姑庙"，并称澳门当修女的均为富贵人家，贫穷者不能当。澳门的修女地位很高，"西夷尊尼最为郑重，如父母有事致书司打番官，俱系依从"。而仁慈堂此处称为"米自万地庙"，实际上指的是育婴堂，内中所记育婴堂的规制，均为其他文献不载。

胡、马密查澳门情形 己亥四月廿三

一、唎咑系夷人收税，每箱鸦片收洋银十一二元，凡货物值银一百两，抽洋七元，每年约收九万、十万不等，作为澳门兵饷使用。兹余一万八千解回，交该国王。查近年只够兵饷之用。

一、新喊嚟哆者哗嗖，系罗底橙转请，办事不甚公正，夷人仍新议举旧喊嚟哆名做嗖·吗喃啊充当，其罗底橙查系十五年回国。

一、佛咥咍已下夷监，鬼子监禁现有四人，唎咥咍咕并伊妻

① 《广州将军哈丰阿等奏报查明澳门炮台各情形折》，中国第一历史档案馆等编：《明清时期澳门问题档案文献汇编》第2册，人民出版社，1999年，第267页。
② Chinese Repository, Vol.IV, No.6, 1835/10, p.292.

在内。

一、嚹横即呦嘟嚹，唐名阿广，现在遁逃。

一、嚯哴头子名喟嗦，又名啫唑·哔喥㖞，现在下横街住，乃躲避。叫女壻架哆㖞作引水。

一、王阿习，即阿则史云：伊充为洋税饷小差，经东莞县挐获，同犯阿九一案。

一、林松，名㜵㕦哋史云：伊本澳门人，入西洋教，伊弟林早，均于二月逃回叚船内。

一、红毛老鬼子名嘁啼，单鹰人，家住南湾之百鸟巢。

一、哑顽嘜，红毛人，其父已故，从前在时，替盂阿拉船工作，伙长掌舵闻得唛嚓哆知他犯烟，亦要掌禁史云：伊有三子，出家资托人贩药。

一、西洋鬼子出示：如有食烟、卖烟，立拿收禁。

一、西洋鬼子男女大小不到四千七百余人。

一、汉人亦有入教充当兵丁，夷人现恐汉兵勾合，已有驱逐出教，等语。

一、西洋大兵头名吐唎哗喇·边嗖[①]史云：其官名阿云呶，二兵头名唎喱哋史云：其官名阿彩兰地。

一、嗖哆呢系替红毛飞艇掌舵，此时已逃。

一、蔡德，即蔡达，新会人，曾当过西洋夷兵，现已逃往吕宋。[②]

这份情报是由林则徐于道光十九年（1839）四月派往澳门密查的胡守备和马守备提供的报告。这份报告完成的时间是"己亥四月廿三"，即1839年6月4日。这一次林则徐于四月派胡、马两位守备前往澳门密查，就是因为道光十九年三月抓获的纪亚九贩卖鸦片烟一案：

---

① 吐唎哗喇·边嗖，即哦吙呶，参见前注。
② （清）佚名辑：《洋事杂录》不分卷，《清代稿钞本八编》第354册，广东人民出版社，2017年，第401—403页。

前已访得该西洋住澳夷人，多有私将鸦片存贮夷楼，贩卖渔利，历次拏获烟匪，供指卖自澳夷，确有案据。叠经本大臣、本部堂谕饬该同知，转谕该夷目唛嚟哆遵照，毋许奸夷囤贮售卖，并令将所存烟土呈缴。嗣据该同知申据该夷目禀覆，现在该夷兵头咽咋，遵照一律禁止，出谕严拏等情。方以为该夷目自必认真办理，乃昨据该同知等拏获烟犯纪亚九一名，讯据供称，本年三月初二、三等日，在山水园地方嚘哆呢夷楼，买过烟土二次等语。①

　　这份资料主要是为调查澳门纪亚九贩鸦片案的密查报告，其中公布了很多有关澳门鸦片贸易的信息，包括税收及葡华鸦片烟贩等，均为其他文献所不载。

　　第一，资料介绍了澳门葡萄牙海关对于进入澳门的鸦片，每箱征税11—12元，其他货物价值银100两者，征收7元税银。每年海关征收的税银90000—100000元，其中18000元上缴葡萄牙国王金库，其余作为兵饷。

　　第二，文中介绍了澳门议事会的一次改选，新喊嚟哆者咩嘪，喊嚟哆即澳门议事会理事官，咩嘪，应即摆华，为澳门摆华家族的第三代，其葡文名为Francisco José de Paiva Jr.，与其父亲同名，故称小摆华。1801年1月4日生于澳门老楞佐堂区。其在澳门长大，赴葡国读书，在科英布拉大学获法学博士学位，返澳后一边开设自己的律师楼，一边经营其家族的航运生意。1830年担任市政议员。1831年任议事公局普通法官，同年任华务官，1836年被选为澳门议事会理事官，1847年任澳门民兵营少校司令，同获委任为澳门驻香港首任领事，1849年去世。啰底橙，葡文名为António Pereira，是澳门富商俾利喇（António Manuel Pereira，1757—1826）的长子，又是小摆华的岳父。啰底橙从其父亲俾利喇那里继承了一艘当时载重量非常大的船只"Duque de Cadaval"。1834年曾担任议事会理事官，1835年返回葡萄牙。他在回葡萄牙之前又推举其女婿小摆华出任澳门议事会理事官。由于1836年出任澳门理事官的小摆华"办事不甚公正"，澳门葡萄牙人又重新选举曾经当过喊嚟哆的做嚧·吗嘁啊担任理事官。做嚧·吗嘁啊，应即米兰达·利马，1833—1834年第一次出任澳门议事会理事官，1839—

① （清）林则徐：《林则徐集·公牍六》第71号，中华书局，1963年，第84页。

1840年再次担任澳门议事会理事官。其葡文名为José Baptista de Miranda e Lima。

第三，文中还介绍了澳门监狱的情况。《澳门记略》称："狱设龙松庙右，为楼三重，夷人罪薄者置之上层，稍重者系于中，重则桎梏于下。"[①]文中称"鬼子监禁现有四人"，葡萄牙人咈咥哈咕和他的妻子也被关在澳门监狱中。这个咈咥哈咕为何人，尚未找到葡文文献印证。此人很可能为葡人鸦片烟贩；嚹哴头仔，又名喟喳，其葡文名为喏坚·哔喥咾（Joaquim Pedro），住在澳门下横街，应该是一位在逃的葡萄牙鸦片烟贩；此处的"嗳哆呢"应即林则徐信中提到的"山水园地方嗳哆呢夷楼"贩卖鸦片的嗳哆呢，此人应为葡萄牙人，在英国人运输鸦片的飞剪船当舵手，纪亚九曾在他的家中购买过鸦片，当纪亚九案发后此人外逃；还有一位名叫阿广，又名囒横，又名咇嘟囒的葡萄牙人，其葡文名当为João Baptista do Rosário（映·吗哨啊·路咘喱吭），为澳门议事会理事官，因贩卖鸦片事败露，出逃外洋；至于澳门的华人烟贩王阿习，又名阿则，在澳门葡萄牙税馆当差，是一名华人鸦片烟贩，已经被东莞县抓获；林松，澳门本土人，居住"大街"，且加入天主教，"代番人写字"，葡文名嗷哑哋（Vincent），其弟林早，系为西洋买办崩鼻尖所请，两人均为鸦片烟贩，他们于本年已经逃回伶仃岛的鸦片趸船上；还有蔡德，又名蔡达，广东新会人，在澳门葡萄牙军队当兵，也是一名鸦片烟贩，现已逃往吕宋。

第四，介绍了大鸦片烟贩英国商人喥哋和葡萄牙商人哑喊嘤。喥哋，又译啤哋，又译咇哋，又译咟悲哇，又译托马斯·比尔（Thomas Beale，1775—1842），英国商人，1789年以普鲁士领事秘书身份来澳门，1804年与查尔斯·马格尼亚克开办比尔和马格尼亚克洋行（Beale, Magniac & Co.），主要从事鸦片贸易，1842年在澳门自杀。此处所言单鹰国夷人喥哋，据马士《东印度公司对华贸易编年史》第3卷第115页称，1809年在广州和澳门的外国侨民有普鲁士人比尔和麦格尼亚克。因为托马斯·比尔曾经是以普鲁士领事秘书身份来澳门的，故称其为单鹰国人。此处称喥哋"家住南湾之百鸟巢"，此百鸟巢即澳门著名的托马斯·比尔花园，又

[①]（清）印光任、（清）张汝霖：《澳门记略》卷下《澳蕃篇》，国家图书馆出版社，2010年，第28页。

称呅呬花园。姚元之《竹叶亭杂记》称："呅呬花园者，园中以铜丝结网蒙之。内有大树一株，小树数株，有假山，有水池。壁上多插以树枝，蓄各种鸟，红黄白绿，五色灿然。鸟之上下飞鸣，宛如在园林中也。或巢于树，或巢于山间水旁，或巢于檐壁及所插枝上，名曰百鸟巢。"[①]英国人哑嗝嘤，应为葡萄牙富商俾利喇的遗孀，俾利喇有过三次婚姻，他的第一任妻子姓Viana，名叫Rosa Pires Viana，是Nicolau Pires Viana（出生于1734年）的女儿。俾利喇与第一任妻子生有一个儿子，即啰底橙（Antonio Vicente Pereira，1788—1868）。这位哑嗝嘤应是其第三任妻子安东尼亚·科尔特娜（D. António Vicência Baptista Cortela），她是俾利喇第二任妻子的亲姐妹，俾利喇和第二任妻子没有孩子。俾利喇和第三任妻子只有一个女儿约瑟娃·佩雷拉（D. Maria Ana Josefa Pereira，1825—1901），她1838年和马葵士（Lourenço Caetano Cortela Marques）结婚。哑嗝嘤在其夫俾利喇去世后，她就继承了其夫的遗产，成为了俾利喇行宫——白鸽巢别墅的房东。哑嗝嘤的Cortela家族是澳门最早的居住者之一。哑嗝嘤的爷爷Lourenço Baptista Cortela e Albuquerque 1730年出生在风顺堂。Lourenço Baptista Cortela e Albuquerque的父亲也出生在澳门。哑嗝嘤的父亲是Ignácio Baptista Cortela de Sousa e Albuquerque，1750年出生在风顺堂。她的父亲和爷爷都担任过澳门王室金库的总保管人（Depositário Geral dos Cofres de Macau）一职。她的父亲同时也是澳门商埠的注册商人（negociante matriculado），在澳门保险公司（Casa de Seguros de Macau）有2股股份，该公司共计86股股份。1823年的时候他是议事会的议员。据此，我们可以看出哑嗝嘤的Cortela家族应是世居澳门的葡萄牙族裔的家族，但不知为什么《洋事杂录》称其为"红毛人"。

烟犯纪亚九供略己亥三月：

供：系澄海县乌程村人，在澳门打铁围居住，先后在澳门山水围夷楼上嗳多呢处自买烟土五次，又与东莞人王阿习代买烟土一次。

又供：闻得夹板船即趸船，内泊澳门、金星门两处，报知红毛兵头，然后驶往别处。本年正月底，有船五只驶往潮州，系澳

---

① （清）姚元之：《广东香山属有地曰澳门》，《竹叶亭杂记》卷三，《续修四库全书》第1139册，第408页。

门西夷委利哆的生意。兵头义律可以招得回来。

又：澳门南湾地方，系红毛番鬼居住的。

又：澳门代番人写字的系进教林松，番名嗰咣哋，有弟名林早，在澳门大街居住崩鼻尖请的。

又：有不知姓的阿权，新会县人，年约三十余岁，在西洋番鬼处做生意，住澳门进教围，番人甚信之。

又：澳门番人有五种：红毛、西洋、嚤喱、吕宋、佛啷西。

又：西洋夷人有钱的是四人：哑嗬婆百鸟巢房东，男人嘜多呢已死，其孙名嘜多呢·满威·必烈，廿四岁；啰底橙；拜罢啰底橙的女婿，外号即是底橙，均做鸦片烟生意，西洋船只出入，系啰底橙经管，惟有兵头、番差可以管束他们；再有番户一人名嘈哏头仔，官名喟家，系管西洋鬼子出入的；又有西洋夷人曰明音喍家，有名鸦片。

又：西洋人买烟系在小西洋附近之孟阿拉运来的，也有向红毛国贩买的。今番差已将烟土搜出，解往兵头发落。澳门夷人当有多的，送在趸船落贮。

又：西洋系白色旗号。

又：澳门当有哟唧鬼子，也做烟土生意。

又：有老红毛鬼子名嗻咈，住南湾。又有啦哗嘔、啡喱哆二人，系管事的，已下趸船去了。[①]

这是来自于道光十九年三月抓获的纪亚九贩烟案之供词。据纪亚九招供，他原系广东澄海县乌程村人，后到澳门营生，住在澳门打铁围，他先后五次在澳门山水围夷楼的葡萄牙烟贩嘜哆呢处购买烟土。道光十九年正月有五艘鸦片船驶往潮州，是澳门议事会理事官经营的生意。纪亚九还称澳门葡萄牙人最有钱的为四人，第一位有钱人就是哑嗬嘜，即百鸟巢的房东，但必须指明此处的百鸟巢不是前面所言的托马斯·比尔的唦哋花园，而是指俾利喇的白鸽巢花园，该花园是哑嗬嘜从她丈夫手中继承过来

① （清）佚名辑：《洋事杂录》不分卷，《清代稿钞本八编》第354册，广东人民出版社，2017年，第404—406页。

的，所以称她为百鸟巢的房东，俾利喇是1826年去世，故此处称她"男人嗳多呢已死"。哑顿嘜还有一个孙子，名叫嗳多呢·满威·必烈（António Manuel Pereira）。俾利喇在18世纪末到19世纪初为澳门首富，俾利喇去世后其遗孀继承了他的财富。不仅如此，澳门的另一位富商皮奥·马葵士（Domingos Pio Marques de Noronha e Castelo-Branco），1840年去世后也将他的遗产赠给了他妻子伊葛拉西亚·科尔特娜（D. Ignacia Francisca Baptista Cortela）的姐妹哑顿嘜，故哑顿嘜在当时成为澳门的首富。第二位有钱人即前所言之啰底橙（Antonio Vicente Pereira，1788—1868）。他担任过仁慈堂的执事（provedor），于1830、1832、1833、1834年俱出现在议事会官文最后的署名中，其中1830年和1834年是议事会的理事官。据后文所言他拥有资产约六十万，故成为澳门第二位有钱人。第三位有钱人即拜罗，即小摆华，为啰底橙的女婿。第四位有钱人为嗜哴头仔，官名嗬嗫，是澳门政府的官员，"管西洋鬼子出入"。第五位有钱人为明音㗎家，即后面所言的"喊㗎"，俗名为鸦片。这五位澳门葡萄牙有钱人均经营鸦片烟生意而成为澳门最有钱的人。其中啰底橙已于道光十五年（1835）返回葡萄牙，故此处称澳门四位有钱人。

西洋

一、西洋兵头是该王遣来，现在此名曰喥唗咴①为总兵□□，喥嚓多是伊属下。

一、西洋问教化王治世是治世□教化命。

一、西洋禀大西洋令，折禀小西洋地满。

一、问司打自行收税，每年有羡余解回该国否？

一、彭县丞云：有西洋人士唎喊镙，自称夷职员。人颇明白，不能说汉话，其跟人，年廿岁，能为汉话。

一、胡、马两守备查，澳门崩鼻尖，西洋人老买办。梁晋，号旭高工，年四十余，祖传西洋买办。

一、澳门同知禀后，查喥嚓哆确系管理澳夷事务官，但该国并无更替年限章程，任职自愿充当。查旧喥嚓哆以因年老辞退，

---

① 喥唗咴，前面作"哦唗咴"，当即一人，即澳门总督边度。

名做遮·吗低啊其接手唛嚓哆名佛咥嗯吐咕·做遮·哗嚜。

一、纪亚九买鸦片烟案内，卖者□查。呶嘟露，名露横，汉名阿广，二十余岁，其西洋名曰映·吗哨啊·路呬喱咴唛嚓哆，已出洋。其同居外父曰呎咕曾于郭阿平案内卖烟，委黎多称为哨知咕，其外父之黑奴曰佛哴思咕，即晏多呢，其外父之舅曰做遮，趁洋。

一、摘录沈河瀚原单云，李东竹信云，道光二十年，尔都奸民串同路客奸民谢首等，在澳门勾结夷船来泉，此后泉民贩土无须来广第一条勾结。①

这是一份专门对葡萄牙的调查报告，但各项记录都十分简单。其中介绍了两位为葡萄牙人充当买办的华人，一名称之为"澳门崩鼻尖"，为西洋人的老买办，另一名为梁晋，号旭高工，是一位世代祖传的西洋买办。另外又对纪亚九买鸦片烟案内的卖鸦片者进行了介绍，此人称之为呶嘟囕，名囕横，汉名阿广，其葡文名为曰映·吗哨啊·路呬喱咴（João Baptista）为澳门议事会理事官，因贩卖鸦片事败露，出逃外洋。他与岳父呎咕同居。呎咕又作非之咕，又作哨知咕，是为郭阿平鸦片案中卖鸦片烟者，已被广东政府抓获。呎咕的黑奴佛哴思咕·嗳多呢（Francisco António）和呶嘟囕的舅舅做遮（José）均乘船逃出外洋。

史济泰述良歹夷人

咐兰唆，先日充过喊嚓哆，不做过判事。

哾呬啊，系旧喊嚓哆。

映·哔咣唆，到西洋国都管理民事，与番差一样。

映嚇、哎唎喊喇，俱充过喊嚓哆并判事。

以上五名系西洋正派人，不贩鸦片。

啰底橙，住江门街，资财约六十万，道光十五年回国。

哔吧，资材约三四十万，与罗底橙同房居住，己亥四月作喊

① （清）佚名辑：《洋事杂录》不分卷，《清代稿钞本八编》第354册，广东人民出版社，2017年，第407—409页。

嚤哆。

啾哈，住风神庙，资财约二十余万。

当哬叮哦，混名四万，住下环街，约十万资财。

味咃哋·嗳哆咪·喫咽哦，住小三巴对面，资财约十余万。

嗞哦，住小三巴对门，资财约十余万。

喊㗫，住小三巴左边，资财约五六十万。

嗳哆咪·哒哆哬，住下环上街，资财约十余万。

啰咋，住新尾村，资财约十余万。

啤喇喊哆，系薯莨头仔，住下环街，资财约三万。

嘩叻哬·叱呤嗯嗦咕，住司打左边上街第一间，资财三四万。

喫咽哦·嗳哆咪，住下环上街，资财约三四万。

吒咕，混名振教夷，住南湾街口龙安阁左边，资财约三四万。

肥鬼仔，住大马头长楼，资财约三四万。

㗫哋，住下环上街，资财约三四万。

啤吡哇哦，混名痘皮鬼仔，住南湾兵头巷，资财四五万。

以上十六名均系积蓄赀财至出产鸦片地方贩运至澳奸夷，以一半存在伶仃趸船，以一半围澳馆售卖。闻洋面趸船，澳夷亦有股份。

此外，小伙贩私奸夷，不下十余人。[①]

这是由英国医生史济泰提供，主要对澳门葡萄牙人进行排队并分出资财高低和品行良莠的报告。他将不贩卖鸦片的澳门葡萄牙人称之为"西洋正派人"，一共有五人：一为咐兰哦，曾经当过澳门议事会理事官，但没有担任过法官；二为哦咃啊，曾经当过澳门议事会理事官；三为映·嘽咃哦，澳门葡萄牙人，到葡萄牙里斯本担任王室法官，管理民事；四为映嗦，曾经当过澳门议事会理事官和法官；五为哏喇喊喇，也担任过澳门议事会理事官和法官。

这里还介绍了十六名"积蓄赀财"的葡萄牙大鸦片商人：

---

① （清）佚名辑：《洋事杂录》不分卷，《清代稿钞本八编》第354册，广东人民出版社，2017年，第409—412页。

第一名为啰底橙，前已有介绍。

第二名为喊喺，住小三巴左边，拥有资财约五六十万。喊喺，应是维加（Veiga）的另译，其全名为若阿金·维加（Joaquim José Ferreira Veiga），与前文所言"明音喺家"应同为一人，是理事官摆华家族的第二代弗兰西斯科·摆华（Francisco José de Paiva，1758—1822）的女婿。1822年第二代摆华去世后，其妻子成立"摆华遗孀及其子女有限公司"，在广州设有多处办事机构，开展对华贸易，分公司由其女婿若阿金·维加打理商务。喊喺的资产很多，拥有五六十万，这跟前文说的他是西洋夷人有钱的是四人相吻合。

第三名为呀吧，即拜罗，又称小摆华，啰底橙的女婿，与啰底橙同房居住，拥有资财约三四十万。

第四名为嚟咍，住风神庙即风信庙，拥有资财约二十余万。嚟咍应是Jorge对译，其全名应为José Vicente Caetano Jorge（1803—1857）。他于1831年担任议事会的almotacé（负责监查货物的重量和测量，及制定价格）一职。1837年和1838年是议事会的议员。1840年和1845年是澳门政府议事会的理事官。他后来还是从事苦力贸易的澳门商人。1848年7月4日的第10号训令任命他为仁慈堂行政管理委员会的司库。虽然他的资产二十万远远多于嗜哏头仔的三万，但是嚟咍并不在前文所讲的西洋夷人有钱四人中。

第五名为当唬叮哎，混名四万，住下环街，拥有资财约十万。

第六名为味咣哋·嗳哆咏·喫呀哎，其葡文名应为 Miguel e António Vicente Cortello（1783—1844），大约在1820年继承了他父亲"澳门国库总保管人"（Depositário Geral dos Cofres de Macau）和"逝者和不在澳门者的财产司库"（tesoureiro dos Defuntos e Ausentes）的职位。他是 Tranquilidade 号船只的船主。有澳门保险公司1股股份。他有位1789年出生的弟弟 António Vicente Cortela，也有澳门保险公司1股股份。据印度学者阿马尔·法洛魁（Amar Farooqui）《走私作为颠覆：殖民主义，印度商人和鸦片政治（1790—1843）》（Smuggling as Subversion：Colonialism，Indian Merchants and the Politics of Opium 1790—1843）记载，此人是从事印度摩腊婆（Malwa）鸦片贸易的澳门商人[①]。他住小三巴对面，拥有资财约十余万。

---

① Amar Farooqui, *Smuggling as Subversion: Colonialism, Indian Merchants, and the Politics of Opium 1790—1843*, Lexington Books, 2005, pp. 238—239.

第七名为嚟唦，住小三巴对门，拥有资财约十余万。

第八名为嗳哆哜·哒哆唠，住下环上街，拥有资财约十余万。

第九名为啰咋，此人当为澳门葡人富商啰咱家族的第五代，其葡文名为 Vicente António da Rocha，据印度学者阿马尔·法洛魁《走私作为颠覆：殖民主义，印度商人和鸦片政治（1790—1843）》记载，此人是从事印度摩腊婆（Malwa）鸦片贸易的澳门商人[1]。其父亲为西蒙·罗咱（Simão Araûjo Rocha，1745—1821），为澳门富商、市政议员。他们家住澳门新村尾，拥有资财约十余万。

第十名为嗟吡嗹唦，混名痘皮鬼仔，其葡文名当为 Cypriano António Pacheco（1790—1858），澳门商人，船长，持有澳门保险公司1股股份，是议事会的司库，1826年担任议事会的 almotacé 一职，1837年任澳门议事会的理事官。据印度学者阿马尔·法洛魁《走私作为颠覆：殖民主义，印度商人和鸦片政治（1790—1843）》记载，此人是从事印度摩腊婆（Malwa）鸦片贸易的澳门商人[2]。此人住南湾兵头巷，拥有资财四五万。

第十一名为嘩叻唠·吡唥嗯嗪咕，住司打左边上街第一间，拥有资财三四万。

第十二名为喫呀唦·嗳哆哜，应为昧吭哋·嗳哆哜·喫呀唦之弟，其葡文名为 António Vicente Cortela，1789年生，卒年不详。他也拥有澳门保险公司1股股份。他住下环上街，拥有资财约三四万。

第十三名为旺咕，混名振教夷，住南湾街口龙安阁左边，拥有资财约三四万。

第十四名为肥鬼仔，住大马头长楼，拥有资财约三四万。

第十五名为喫嗱，住下环上街，拥有资财约三四万。

第十六名为嗟唎喊嗲，系嗜哴头仔，住下环街，拥有资财约三万。嗟唎喊嗲，前面称嗜哴头仔名喏坚·哔喥唠，此处又称嗜哴头仔名嗟唎喊嗲，则其全名应为喏坚·哔喥唠·嗟唎喊嗲（Joaquim Pedro Silveira）。

---

[1] Amar Farooqui, *Smuggling as Subversion: Colonialism, Indian Merchants, and the Politics of Opium 1790—1843*, Lexington Books, 2005, pp. 238—239.

[2] Amar Farooqui, *Smuggling as Subversion: Colonialism, Indian Merchants, and the Politics of Opium 1790—1843*, Lexington Books, 2005, pp. 238—239.

除了上述16位澳门葡萄牙大鸦片富商外，还有经营鸦片生意的小商贩10余人。这是在中文文献中第一次如此详细地公布澳门葡萄牙富商所拥有的财富数据，可以反映鸦片战争前澳门葡萄牙人的经济情况，如此重要的经济数据在中文文献中出现，为我们研究澳门社会经济史、澳门对外贸易史提供了极为重要的数据。

能写夷字

陈耀祖，号之山，年约五十一二岁，原籍福建，寄籍番禺。捐六品职衔，咨送内务府充当翻译俄罗斯国夷字夷语多年。妻子随带在京，另有一妾，仍在广东省居住。

谢觐廷，号尧阶，年约六十岁以外，广东高要人。道光初年，由两广制台咨送内务府充当俄罗斯国翻译夷字夷语，只身在京，与陈耀祖同住琉璃厂西北极庵。

袁德辉，四川巴县人。乙亥四月，澳门蒋县丞募来，医生史济泰带来。

梁秩，番禺新州村人，二十岁，在夷楼上读夷书八年。

容林，香山南屏村人，卅五岁，到过英吉利。此人于道光年李督任内承准廷寄，以京中能写拉体词字之人，现仅谢觐廷一人。今再拣选二人，旋拣得番禺人陈耀祖，即耀祖曾在京当差，道光六年，因母病告假回籍，仝系能写拉体词字，一并送京。每名于海关担杂项下，每季给养瞻家口银二十两，按年咨送造办处，其未能赏钱粮。①

这份报告主要介绍当时广东能懂西洋文字的翻译人员，共有陈耀祖、谢觐廷、袁德辉、梁秩、容林五人。其中袁德辉是由澳门蒋县丞于嘉庆二十年（1815）招募，随同英国医生史济泰而来，而广东番禺人梁秩则是在澳门读过八年洋学堂而来充当翻译的，香山南屏人容林则是到过英国而回国担任翻译者。

---

① （清）佚名辑：《洋事杂录》不分卷，《清代稿钞本八编》第354册，广东人民出版社，2017年，第413—414页。

记罗卜担话

……

一、（英）咭唎属下三国，曰盂雅唎，曰盂买，曰蔓哒剌萨。

一、出鸦片地方，曰暹罗鸦片税重，并产金艮，宋卡并产艮，咭嗑唎贩鸦片，其国人食此甚多，客商鲜不效尤，新埠本无来由种类，英吉利招集商贾于此，乌土产艮，明呀唎，蔓哒唎萨产艮，俱英所辖，吗唎呵回种，盘叽喱，盂买，苏辣英属，□项西洋辖二国，土产俱旺，与盂买同则亦出鸦片烟土矣，唧吐小西洋属，鸦片之来附英吉利船。

一、产金艮地方曰荷嗑，曰大西洋，曰大吕宋，曰英吉利。

一、咩哩吁即米利坚，产金艮，其国出入用火船。

……

一、花旗各埠地名，曰哗呞顿，嗯哟，啡哩嗒呢，呶呞，呶唎嘙，嶓递咏，嗯哒哝，喳哩咐顿，吃哯，嗯嘿喷。以上十埠头，曾经到过，尚有十四埠头未经到过者，不知系何地名。

……

一、国中设立穷人馆，赤贫之人到馆挂号后，即进馆居住，每日给予旧船缆约重三四斤，令其劈照卖给修船塞缝之用，取得价值，作为口粮。

一、设立育婴堂，收养幼孩，乳至数岁，始教读书识字，别令学习至成童后，听其出馆，自觅工作。

一、设立医馆，延医居内。凡遇赤贫之人患病，无力医治，至馆挂号后，即住馆内调治，饮食药饵皆系出自医馆。俟病痊愈，始行出馆，并不受谢。至医馆资财，系海船到埠，每人捐艮三元。又富人分家时，听其施送入馆。附胡守备口述云，花旗医生伟打伯向在省城夷馆行医，伊有《红毛海运图》愿来献。其通事梁麟山，年廿，系省城人，与绍兴会稽董事王允相好。

一、外国人到花旗并不欺生，见外国人至彼窘乏，有送艮钱，有赠衣服。

……

一、酿酒系采取各样果品酿造，名曰葡樫酒，其色红，又曰红酒，味酸甜。

一、荷咥国城垣亦不甚大，与英吉（利）、佛咥西相距程途各二三日，国都在喊咐吧，亦无城池，周围约五十里，河道绕湾，宛如羊肠。国主住屋宽深，有三里宽，四面石墙，楼台五层，屋檐雕凿花卉，极其精致。街道房屋随河三面新创筑，两岸皆然。每一里造一木桥，以通往来。无桥亦有小船摆渡。

一、男女秀白，与西洋相仿，见有外国人至，面色赤黄，当面试诮。

一、贫富妇女，无论老少，均属负货物上街买卖。

一、土产羽毛、白毡、钻石、珊瑚、琥珀、火腿、酒。①

这是翻译西洋人罗卜担介绍欧美各国的情况，与陈氏《洋事杂录》部分相同，此处所录者均为陈氏《洋事杂录》所无。

温文伯口述广东人，由盂雅拉回，已近卅年

……

一、中港脚即中国海口各处皆有，现来港脚趸船，想系红毛三大港口来的。

……

一、英吉利人遇父母丧，不讽经，帽以乌纱巾缠绕，□黑绢衣八个月。遇亲用丧，帽以黑纱缠绕，取用黑带缠绕三月。

一、西洋人遇父母丧，迎番僧讽经，余同。

一、呅啰人遇父母丧，只有红色衣服，并无棺木埋瘗，仅用浮土掩之。盖习地方，平素蠖发，以白布裹体，人死弃之于水上，无丧，然只百日不蠖发而已。

一、英吉利同姓不为婚，盂雅拉亦然，西洋人同姓为婚。此外各国莫知其详。

……

一、英吉利在新忌坡只收各国至彼贸易之税，并不征收海舶

① （清）佚名辑：《洋事杂录》不分卷，《清代稿钞本八编》第354册，广东人民出版社，2017年，第415—422页。

过往之税。

　……

　一、番女富者，穿湖绉春绸，俗喜白色、蛋青色居多。冰糖、白糖，系调茶冲吃。①

这份情报是广东华侨温文伯的口述，是介绍海外西洋风俗的资料。与陈氏《洋事杂录》部分相同，此处所录者均为陈氏《洋事杂录》所无。

孟雅喇夷人啉津沙结供种植鸦片情形

查询孟雅喇鸦片如何种植？

据称：产自孟雅喇，由彼国约一个月方到种树处，每年正二月下种，九个月方能成熟。

又查种成后如何制造成土共有几种？

据称：其树二三尺高，每条树开花结成子，约四五个月，每个大的重十两，小的八两不等。夜晚用刀将子破开，取胶汁煮干，用碗装起成个，其树即不要。每年一造成土，只此一种。

又查每箱在本国用成本几何？

据称：每箱烟土四十个，每个约值十二个啰啤小艮定三名，每个啰啤值番银半元。若卖与客商，每个值得价十六个啰啤啰啤华人谓之芽菜。

又查在本国纳税几何？

据称：照本卖价收税，如每个烟土卖价十六个啰啤，每箱四十个，计卖价六百四十个啰啤。每百个收税五个，计每箱收税三十二个啰啤。

又查在何处收税？

据称：其税在孟雅喇公理衙收，并称前说之卖价系上年时。值树花结子，收成多少不等，如旺收，则价稍平；歉收，则价稍贵。此外，尚有载脚即船价、咽哹华言为保镖费，须银多少，夷人不知道。

又另向他夷查询云：载脚每箱银十六元，咽哹，每百元抽三

① （清）佚名辑：《洋事杂录》不分卷，《清代稿钞本八编》第354册，广东人民出版社，2017年，第423—429页。

元，保其无水火盗贼之虞也。

又查哂津沙结皆系黑鬼，又谓之吆啰，并非内地人，大约红毛夷船水手多用此辈。①

这份情报是英国船水手孟加拉国人哂津沙结的供词，主要介绍了孟加拉国鸦片种植及税收等情况。

戊戌年外国茶价新闻纸内绎出各款

一庐啤小洋艮也，每个重三钱二分。

一时吟即小洋钱，每个重一钱八分。

一边喱，按红毛铜钱五十个易七钱二分；洋艮一元，核计每边喱值艮值银一分四厘四毫。

一磅，按红毛以一斤为一磅，中国只有十二两。

一平常工夫茶，每磅时吟一个，边喱一个又四分之三伸艮二两五厘二毛。

一中等工夫茶，每磅时吟一个，边喱三个伸艮二钱二分三厘二毛。

一黑茶，每磅时吟一个，边喱十一个伸艮三钱三分八厘四毛。

一上黑茶，每磅时吟两个，边喱二个零四分之三伸艮三钱九分九厘六毛。

一馨香白毛茶，每磅时吟两个，边喱五个又四分之一厘伸艮四钱三分五厘六毛。

一平常禧春茶，每磅时吟两个，边喱十一个又四分一伸艮五钱二分二厘。

一好禧春茶，每磅时吟四个，边喱五个伸艮七钱九分二厘。

一嫩禧春茶，每磅时吟两个，边喱七个又四分之一伸艮四钱六分四厘四毛。

一禧春茶末，每磅时吟一个，边喱四个又四分之三伸艮二钱四分八厘四毛。

① （清）佚名辑：《洋事杂录》不分卷，《清代稿钞本八编》第354册，广东人民出版社，2017年，第430—432页。

一珠茶，每磅时吟一个，边喱十个又四分之一伸艮二钱八分四厘四毛。

一小种茶，每磅时吟两个，边喱十个伸艮五钱零四厘。

一小珠茶，每磅时吟三个，边喱六个半伸艮六钱三分三厘六毛。

一大珠茶，每磅时吟四个，边喱三个伸艮七钱六分三厘二毛。

一上等珠茶，每磅时吟五个，边喱八个伸艮八钱三分五厘二毛。

一白毫茶，每磅时吟两个，边喱三个又四分之三伸艮四钱一分四厘。

一上白毫茶，每磅时吟两个，边喱十个又四分之三伸艮五钱一分四厘八毛。

一上茶，每磅时吟一个，边喱五个半伸艮二钱五分五厘六毛。

一次屯茶，每磅时吟一个，边喱四个又四分之一伸艮二钱四分一厘二毛。

一色种茶，每磅时吟一个，边喱一个又四分之一伸艮二钱零八厘八毛。

一花白毫茶，每磅时吟三个，边喱八个伸艮六钱五分五厘二毛。

一红梅茶，每磅时吟一个，边喱十一个伸艮三钱三分八厘四毛。

一禧春类茶，每磅时吟一个，边喱十一个伸艮三钱三分八厘四毛。

一广东武夷茶，每磅边喱九个又四分之三伸艮二钱三分二厘二毛。①

这是从澳门报纸中翻译出来的道光十八年（1838）各种茶叶的价格，译者不详。

洋行茶价抽分戊戌年定

一武夷君眉茶，每担价艮五六十两不等，每担抽交洋行会馆公费一两四钱，又行用六钱。

一工夫茶，每担价艮自十余两至廿七八两及卅二三两不等，

---

① （清）佚名辑：《洋事杂录》不分卷，《清代稿钞本八编》第354册，广东人民出版社，2017年，第433—436页。

每担公费、行用同前。

一徽州珠茶，每担价艮五十余两，正茶每担价艮三十余两，雨前茶每担价艮□□两，每担公费、行用同前。

一本省和平大茶，每担价艮七八九两不等，每担公费艮一两四钱，又行用三两。

一湖丝，每担价艮自四百余元至五百余元，每担抽艮七两。①

这是道光十八年（1838）广东洋行对广东茶价的抽分规定。

英吉利一千八百卅七年新闻纸己亥四月袁德辉绎

一、夷人茶行议单开载章程，恐有挽假情事，于每城议派啊喹一人即司事前往，专管上茶，不得以次茶挽和售销。上茶议用铅盒装载，分大中小三等。大盒贮一斤，中盒贮半斤，小盒贮三两，均以图记载明各盒价值。黑茶每斤时吟五个，苏种每斤时吟五个，禧春每斤时吟五个，绿茶每斤时吟六个，花儿晋六个，好杂茶末每斤时吟四个，工夫茶每斤时吟四个，常用黑茶每斤时吟三个，花儿晋八个考夷书所载，夷秤重一斤，内地只有十二两，至时吟、花儿晋每个值艮若干，未验其详。②

这是对英国1837年4月英国报纸有关茶叶贸易的翻译，译者为袁德辉。

尚有应诘问者

一、夷船上有软木，削尖见水即涨，可以塞漏。此木何名？出于何国？

一、有爱汉者，刻《东西洋考》，郭实猎为之作序。

一、新埠英华书院供马礼逊内有嘉应先生教汉字。

---

① （清）佚名辑：《洋事杂录》不分卷，《清代稿钞本八编》第354册，广东人民出版社，2017年，第437页。

② （清）佚名辑：《洋事杂录》不分卷，《清代稿钞本八编》第354册，广东人民出版社，2017年，第438页。

一、马拉加有马礼逊生祠，内有牌位。

一、大屿山大澳一天后庙旁，有单间小庙，供盐厂教主神道，系坭身，头戴红缨大帽，身穿蓝袍。牌写盐厂教主，乾隆五十四年建庙，道光十四年东涌迎会接春，被抬夫跌碎，大澳盐厂人补塑。[①]

这份情报应该是当时人调查到的有关洋事情况的报道，但此处称"新埠英华书院"，实误，新埠是指槟榔屿，而英华书院是建在马六甲，可见情报收集不准确。

应入告者

一、六万里　亦忌。

一、英国女王。

一、兵船影射律劳卑、马他伦皆来收私税。

一、趁公司散，可大严禁，杜绝烟土。

一、禁红矾。

一、吴士拉、郭实猎、爱汉者马礼逊号。[②]

这也应是情报收集者带回来的各种信息。此处称"吴士拉""郭实猎""爱汉者"均为马礼逊的号，这应是情报收集者的错误，爱汉者实为郭实猎的笔名，吴士拉即郭实猎的另译，都不是马礼逊的号。

（本论文主要葡文资料由澳门大学历史系博士生刘琼同学翻译）

作者通信地址：澳门氹仔大马路澳门大学社会科学与人文学院历史系，邮编：999078。

责任编辑：赵新良

---

① （清）佚名辑：《洋事杂录》不分卷，《清代稿钞本八编》第354册，广东人民出版社，2017年，第440页。

② （清）佚名辑：《洋事杂录》不分卷，《清代稿钞本八编》第354册，广东人民出版社，2017年，第441页。

《粤风》与《粤风续九》关系考
暨《粤风续九》史料价值略说

金　峰*

广州图书馆，广东广州，510623

摘　要：清人李调元所辑《粤风》与吴淇所辑《粤风续九》之间的关系问题，因《粤风续九》虽曾刊印却罕存于世，在20世纪90年代以前被误认为亡佚，故此二百余年间争议不绝。近年来诸多研究者根据杭州图书馆所藏康熙二年（1663）刻本《粤风续九》，对二书承续关系进行了翔实考订，但对二书具体关系则尚乏明晰的比较研究。此外，对《粤风续九》中不见于《粤风》的诸多文字在民族学、文化学和社会历史等方面的史料价值，也尚未见细致申论。本文就此二方面略献刍荛。

关键词：《粤风》；《粤风续九》；关系；史料价值

　　《广州大典》所收清人李调元所辑《粤风》①，曾被视为我国文学史上难得一见的诗歌集，颇受学界重视。二十世纪二三十年代歌谣学运动中，即有学者加以点校翻印，并给予高度评价②。新中国成立之后，研究者还注意到《粤风》收集壮、瑶、苗等各民族民歌，突破明清民歌采集者仅收集汉族歌谣的限制，被誉为"我国文学史上至今尚能见到的第一部多民族的民歌专

---

* 金峰（1971—　），男，汉族，安徽郎溪人。博士，广州图书馆馆员，现从事岭南历史文化研究。

① 见陈建华、曹淳亮主编：《广州大典》第496册，广州出版社，2015年，第157—172页。按：《广州大典》所收《粤风》为广东省立中山图书馆藏清刻本。《粤风》收入李调元所辑《函海》，较早为乾隆四十七年（1782）刻本，后有绵州李氏万卷楼补刻本等。

② 参看罗洪权：《我对〈粤风〉研究中一些问题的认识》，《学术研究》1987年第2期，第99—100页。

集"①，亦有论者指出《粤风》对礼教等传统观念形成冲击②。1985年出版的商璧所著《粤风考释》③一书，对《粤风》字音字义还进行了逐字逐句的解释。

《粤风》研究的一个重要问题，即李氏所辑《粤风》与清人吴淇所辑《粤风续九》的关系，长时间以来未能解决。20世纪60年代即有论者撰文指出，李氏《粤风》系为袭抄《粤风续九》而来④，梁庭望先生甚至认为《粤风》系为《粤风续九》"增补辑解而成"⑤，而罗洪权先生则为李氏辩诬⑥。不过这些讨论均建立在研究者以为《粤风续九》未能存世的基础之上，论者仅得依据《四库全书总目提要》集部词曲类有关《粤风续九》条目，以及清人王士祯《池北偶谈》对《粤风》和《粤风续九》所辑民歌的比较、陆次云《峒溪纤志志余》中"峒溪歌谣"条目中所涉文字等零星史料，进行揣测推研，难有确论。20世纪90年代研究者发现杭州图书馆藏有康熙二年刻本《粤风续九》，此后齐鲁书社出版的《四库全书存目丛书补编》复将《粤风续九》辑入其中，使研究者得以据之研究并将其与《粤风》进行比较。始有论者对清史料文献及近代研究中有关《粤风续九》的若干误会进行纠谬⑦，并有研究者考察了《粤风续九》各方面情况⑧，复有研究者将《粤风续九》所收以汉字记瑶音的瑶歌21首从民族学和语言学的角度进行了较为科学的译注⑨，更有研究者对《粤风续九》的流变及其所收民族歌谣的源流和所包含的地理民俗等情况进行了研究⑩，为推进《粤风续

---

① 罗洪权：《我对〈粤风〉研究中一些问题的认识》，《学术研究》1987年第2期，第99页。

② 参看梁庭望：《岭表之风——〈粤风〉》，《广西民族研究》2003年第2期，第67页。

③ 商璧：《粤风考释》，广西民族出版社，1985年。

④ 参看谭正璧所著《〈粤风续九〉即〈粤风〉辨》，《民间文学》1962年第3期。此外，杜士勇称："李调元所辑的《粤风》，其底本就是清初吴淇的《粤风续九》。"见杜士勇：《试论〈粤风〉》，《学术论坛》1982年第2期，第104页。

⑤ 梁庭望：《岭表之风——〈粤风〉》，《广西民族研究》2003年第2期，第67页。

⑥ 罗氏称："《粤风》确实有部分民歌和注释来自《粤风续九》，但《粤风》与《粤风续九》有着明显的区别，它不是《粤风续九》的节本，更不是《粤风续九》的足本。"见罗洪权：《我对〈粤风〉研究中一些问题的认识》，《学术研究》1987年第2期，第103页。

⑦ 陈凯玲：《清代少数民族歌谣总集〈粤风续九〉相关问题订误》，《中国文化研究》2010年春之卷，第164—166页。

⑧ 王长香：《〈粤风续九〉研究》，扬州大学2011年硕士学位论文。

⑨ 盘美花：《〈粤风续九·瑶歌〉译注》，广西民族出版社，2013年。

⑩ 邓青、孔亚磊：《〈粤风续九〉研究》，暨南大学出版社，2018年。

九》的研究奠定了重要基础。特别是《粤风》承袭《粤风续九》的事实，学界已形成颇为明确的结论①。但对《粤风》与《粤风续九》内容的细致比较尚乏的论，尤其是对《粤风续九》中不见于《粤风》的诸多文字的史料价值，也似乎尚未引起研究者的足够重视。本文拟就此略献刍荛②。

一 《粤风》和《粤风续九》概略

《粤风》总计收录民歌111首，书前题为"罗江李调元鹤洲辑解"。全书前有李调元自序，并按照粤、瑶、俍、僮四歌分为四卷。具体是：第一卷为《粤歌》，卷首注为"睢阳修和原辑"，共收《粤歌》28题49首③，另附《蛋歌》3首、《沐浴歌》1首，各歌后除《妹金龙》、《杂歌》第七首、《白石山》及《蛋歌》第一首后有少量注文外，其他无注释；第二卷为《瑶歌》，卷首注为"濠水赵龙文原辑"，共收《瑶歌》20首、《瑶人布刀歌》1首，各歌后多有释字注文；第三卷为《俍歌》，卷首注为"东楼吴代原辑"，收《俍歌》唱答共22首、《扇歌》6首、《担歌》1首，各歌逐句有释字注文；第四卷为《僮歌》，卷首注为"四明黄道原辑"，共收《僮歌》8首，各歌后依次有释字注文、释句意注文及文学点评。

《粤风续九》情形较为复杂。全书共收民歌120首，另有文人创作诗114首，民歌按粤风及瑶、俍、僮、杂四歌分为五卷。具体是：在"睢阳吴淇伯其甫"所题的自序④之后，依次复有题为"古江州李洁壤叟氏"所

---

① 如王长香认为："李调元在重新编辑《粤风》之时，对《粤风续九》的诸多方面都进行了调整。这使得两个集子产生了一定的编排和文字差异，但是这并不意味着它们之间有本质的差别。"见王长香：《〈粤风续九〉研究》，扬州大学2011年硕士学位论文，第40页。邓青则称："《粤风》不过是《粤风续九》拙劣的传抄删改版本。"见邓青：《〈粤风续九〉近百年研究成果概述，《韶关学院学报》2019年第10期，第3页。

② 本文进行比较时所采用的《粤风》系《广州大典》所收清刻本，《粤风续九》则系《四库全书存目丛书补编》编纂委员会编纂、齐鲁书社2001年出版的《四库全书存目丛书补编》第79册所收杭州图书馆藏康熙二年（1663）刻本。二书皆为影印本。

③ 杜士勇称《粤风》卷一有"二十九题四十九首"（见杜士勇：《试论〈粤风〉》，《学术论坛》1982年第2期，第104页），未明何本，当为统计错误。此外，杜又称《粤风》卷三收"苗人扇歌七首"（见前书，第104页），实应为扇歌6首、担歌1首。

④ 原书缺半页，无序名，应即为《粤风续九序》。

著创作诗歌《百粤蛮风诗》30首、题为"古歙吴雯清方涟氏"所著《百粤蛮风诗》30首,以及题为"京江何黎雍南著"的创作诗歌《题粤风四种诗》10首、题为"黄山程世英千一著"的《题粤风四种诗》10首、题为"古淮阴陈丹槐庵氏"所著的《百粤蛮风诗》30首。此后有题为"上谷孙芳桂枝馨甫撰、雪园彭楚伯士报甫笺"的《歌仙刘三妹传》,以及题为"怀城曾光国述、南徐罗汉章阅"的《始造歌者刘三妹遗迹》两篇。正文五卷中,第一卷为《粤风》,卷首有"修和惟克甫"所题的《粤风序》,并注为"睢阳修和惟克甫辑、蠡台沈铸陶庵甫评、西陵袁炯孔鉴甫校",共收《粤风》28题53首;第二卷为《瑶歌》,卷首有"濠水赵龙文云章甫"所题的《瑶歌序》,并注为"雪园彭楚伯士报甫重辑、京口何黎雍南甫订正、新安程世英千一甫评阅",共收《瑶歌》20首;第三卷为《俍歌》,卷首有"睢阳云卧道人修和惟克甫再题"的《俍歌序》,序后附《俍歌叠唱及叶韵例》,并注为"睢阳修和惟克甫编辑、东楼吴代叔企甫评解、京江谈允谦长益甫校阅",共收《俍歌》唱答22首;第四卷为《僮歌》,卷首有"四明黄道祯林甫"所题的《僮歌序》,并注为"四明黄道祯林甫辑、吴江潘镠双南甫订、楚僧本符浑融阅",共收《僮歌》8首;第五卷为《杂歌》,卷首有"卧道人和题"的《杂歌序》,并注为"睢阳修和惟克甫编辑、三山何黎雍南甫评释、黄山程世英千一甫校阅",依次收《沐浴歌》1首、《蛋歌》3首、《俍人扇歌》6首、《俍人担歌》1首、《瑶人布刀歌》1首、题名为《乐神之曲》的《师童歌》5首。五卷之后,另有"江右李洁巺甫氏"所题的《五溪峒女诗并序跋粤风续九后》,并有李洁巺"效柳柳州柳州峒氓体"所创作的《五溪峒女诗》4首。其后复有题为"睢阳吴淇伯其甫题于招隐香阜"的《自跋粤风续九后》。《粤风续九》正文五卷中民歌的编次、歌词及注文多同于《粤风》,然歌后多有文学点评十数、数十字不等。

从上两书大概情形来看,似乎《粤风》是李调元对《粤风续九》进行删节、释解之作。李氏在《粤风》自序中更称:"余尝两至粤矣,浔江俗尚摸鱼歌,闻而绎之……适友人以吴淇伯所辑粤歌四种见投……遂总勒四卷,解释其辞,颜曰《粤风》。"[①]在《粤风续九》"隐身"的二百余年间,李

---

① 陈建华、曹淳亮主编:《广州大典》第496册,广州出版社,2015年,第157页。

氏此语颇有迷惑性地描绘了《粤风续九》草创，而《粤风》大有罗掘、整理之功的情形，但事实情况并非如此。

二 《粤风》与《粤风续九》关系梳理

比较《粤风》及《粤风续九》，前书分为四卷而后者为五卷，其二、三两卷辑录者且有所不同；前书共收歌谣111首而后者为234首，后书并多《歌仙刘三妹传》《始造歌者刘三妹遗迹》两篇及序跋数篇；两书各歌谣后的注文也多有等差。从面貌看两书似大有差别。然略加校核，《粤风》承袭《续九》的痕迹显而易见①。

其一，李调元所辑《粤风》四卷，系将《粤风续九》卷五《杂歌》中部分歌谣分附前三卷之后、删除第五卷而成，其中《沐浴歌》《蛋歌》归入卷一《粤歌》并调换顺序，《瑶人布刀歌》归入卷二《瑶歌》，《俍人扇歌》《俍人担歌》归入卷三《俍歌》。前四卷除上述所增《杂歌》内容及卷一歌谣略有增删、卷一名称《粤风》改为《粤歌》，并二、三两卷辑者姓名不同外，其他各歌谣名称、文字及编列顺序毫无差别②。

其二，李调元删节《粤风续九》，故《粤风》卷帙大减。然李氏所删主要是《粤风续九》中的文人创作诗歌114首，实则这些诗作本未被吴淇列入五卷正文之中。其所删民歌，仅为《粤风续九》卷一中第十二题《塘上》之第二、三首③，第十四题《大石》之第二、三首④，第十五题《实不

① 关于两书内容，王长香从卷帙编排，注释、评语和解题以及文字差异等，进行了细致比较。参看王长香：《〈粤风续九〉研究》，扬州大学2011年硕士学位论文，第31—40页。惜乎其比较极为细琐，未能提纲挈领。

② 两书各歌文字小有参差者，除《粤风》中出现少量文字舛误外（如卷一《妹同庚》一题第七首《妹金龙》中，《续九》中有"寄歌"一语而《粤风》误为"恶歌"等），尚有李调元删去一题多首各歌前的"又"字，及将《续九》中"俍歌"的"和"歌前的"和"字改为"答"。就文字而言，此类差别仅有版本上的意义。

③ 其第二首词为："弟金银，直怜小妹莫怜人，不信你看屋檐水，点点滴还旧日痕。"第三首词为："落一织篱兄无二，吃斋不忏弟无恩。在人面前又话我，在我面前又话人。"

④ 其第二首词为："掘藕同归不识路，本是偷莲行得差。蚂蚁运泥逼弟屋，寻条私路凑郎家。"第三首词为："瑶人灯草出墟买，妹便有心顾盼郎。买碗娘儿得九只，恨得添兄成一床。"

丢》第二首①以及卷五《杂歌》中难以安置的《师童歌》5首，总计10首，至此《粤风》余民歌110首。李氏《粤风》增于《粤风续九》者，仅卷一《粤歌》第十八题《妹相思》中，多出第二首："妹真情，莫作生心不念兄。楼上打钟声去远，怜娘不久枉占名。"此歌为《粤风续九》所无。

其三，两书歌谣后注文，区别在于《粤风续九》多出大量文学评论性质的文字。如《粤风续九》卷一《相思曲》后，点评曰："竟是一首晚唐好绝句，所谓惊心动魄，一字千金。不谓其清艳至此！"又如《梁山伯》后有"直叙其事，不加议论，颇得古意"等评议。此类文字大多为李调元所删，仅保留少量李氏以为见解深刻的评语，如《蛋歌》后"鱼通水透，与《水经注》鱼若悬空同妙"等语②。细索《粤风》，其瑶、㑌、僮各歌后释字、释句注文，除"蛋歌"前注文末加增"广东、广西皆有之"一语外，所有注文俱系承袭《粤风续九》。

总之，李调元自称"闻而绎之""总勒四卷"而成《粤风》，系属虚辞。其《粤风》较吴淇所辑《粤风续九》，除删却文人创作诗114首及增删少量民歌外，更以牺牲极具价值的《师童歌》5首为代价，改全书五卷为四卷，并有意改变二、三两卷辑录人员姓名和《杂歌》诸歌的次序，颇属有意混淆。且其对全书注文并无贡献，如《瑶人布刀歌》前注文与《粤风续九》一字无差，但李氏自注则称："此歌见汉章所辑瑶人，歌中释详俱未审。余观其织作，始得其解。"③诱使后人误会㑌、僮等歌后释字、释意及少量点评注文均为李本人所作，确有贪功之嫌。

但李氏辑《粤风》并非全无贡献。其对《粤风续九》的删节并未触动主体，且使全书条理顺畅，看上去自成一格；其将《沐浴歌》《蛋歌》纳入《粤风》，显然符合近代研究者将这些歌谣与广府人、客家人和蛋民关联，即同归岭南汉族的民族属性判断④，判断颇为准确；最重要的是，清人一改明人对民间歌谣的重视转而注重文人诗歌，但文名极盛、号称"蜀

---

① 其词为："实不丢，丢妹要等石生花。石若生花弟就丢，就丢我情归顾家。"

② 李调元保留少量此类评语，复增后人误会，如罗洪权即将《蛋歌》后这一评语误为李氏所作。
　　参看罗洪权：《我对〈粤风〉研究中一些问题的认识》，《学术研究》1987年第2期，第102页。

③ 陈建华、曹淳亮主编：《广州大典》第496册，广州出版社，2015年，第164页。

④ 参看邓青：《〈粤风续九〉近百年研究成果概述》，《韶关学院学报》2019年第10期，第5页。

中三才子"之一的李调元能够重视民歌特别是少数民族歌谣，更展现出了独到的眼光和艺术鉴赏力。此外，在《粤风续九》"隐身"的二百多年间，《粤风》中所包含的清际广西壮、瑶等少数民族的民族学、社会学、民俗学及语言文字学诸方面极为丰富的信息，也为一些研究者进行相关研究提供了极具价值的史料①。

三 《粤风续九》价值述略

《粤风续九》刊印后，尽管当时就颇受学者如王士祯、屈大均和朱彝尊等推崇，但其印本似乎传世极少，二百余年间得晤真容者鲜有其人。近年来一些研究者得据《四库全书存目丛书补编》所辑《粤风续九》开展研究，但相关研究集中于文献本身或语言学和文化学领域的专门问题，《粤风续九》一些内容中所包含的民族学和社会历史研究的史料价值，则尚待更加细致深入的发掘。

其一，《粤内续九》中文人创作诗114首，大多文学价值不高，但其中包含了大量明末清初之际广西浔州等地区各民族社会生产及生活状况的信息，对于研究这些地方的民族、风俗及经济文化等方面的社会历史问题，颇具史料价值。如90首《百粤蛮风诗》，以"天""地""花""树""官""人"等为题，从内地中原人的视角出发，描写了南粤地区异乎寻常的气候、地理、动植物及人文等方面的风情。其中描写喀斯特地貌的诗有"空山有洞可撑船"，描写社会生产的诗有"百粤蛮风蛮到猪，小时白兔大如驴，一年两发犯过十，更有便饶饲草淤"，描写社会风情的诗有"百粤蛮风蛮到人，男怀孩子妇抱薪"，以及"百粤蛮风蛮到僧，经文音字总无征，袈裟袖里笼酥炙，拳酿争夸内助能"等。而以"官"为题的诗称"荒衙颓署不知寒"，以"路"为题者则称"水无驿

---

① 这些研究主要包括：梁庭望：《〈粤风·壮歌〉的社会价值》，《中央民族大学学报》1984年第1期；[日]西胁隆夫著，曹阳译：《关于〈粤风〉俍壮歌的使用文字》，《学术论坛》1985年第7期；白耀天：《〈粤风·俍歌僮歌〉音义》，《广西民族研究》1986年第3期；欧宗启：《〈粤风〉中的俍歌与壮歌的审美比较》，《广西民族学院学报》2000年第5期；石丽芳：《浅谈〈粤风·瑶歌〉的文化价值》，《四川职业技术学院学报》2009年第3期；此外还有中央民族大学的石丽芳2010年所撰博士论文《〈粤风〉研究》等。

站陆无铺"，反映清初广西颇为凋敝的社会经济状况。以"银"为题的诗称"圆分蛋壳碎鱼鳞。偶成方锭底无孔，火逼纹如染色纶"。以"字"为题的诗称"草真隶篆从无视。讹差添省自忘惭，反指同文为异类"，充分反映了当时南粤人使用货币、文字与中原地区的差异、特别之处。此外，"百粤蛮风蛮到蛋"诗3首，描写了蛋家人的生产和社会活动情况，"百粤蛮风蛮到婚"诗3首，对当地少数民族婚俗作了生动刻画。在《五溪侗女诗》4首中，诗文及注释中也多有反映侗族女性生活、婚恋风俗等方面情况的内容。如其中"罗巾织锦心偏慧，纨扇停歌意自含"等语，注文解释："织歌于巾，女赠男者……书歌于扇，男赠女者"。《五溪侗女诗并序跋粤风续九后》还指出："五溪地不系浔，固佷、瑶诸种所由出也。"上述诗文对研究清初广西地区社会历史，特别是侗、瑶等少数民族及蛋家人的生产、生活等方面情况，价值不容小视。

其二，《粤风续九》卷首均有各卷辑、解、校者姓名等信息，《题粤风四种诗》中还有"循良旧日颂吴公"一诗，反映了吴方涟等人在浔州仕宦的情形。而李洁巽在所撰《五溪侗女诗并序跋粤风续九后》中也称："予世家江右，避难入粤。"都反映出《粤风续九》的辑、解者多为从河南、江浙为主的内地迁徙广西而在此居住有年者。这些信息均有待细致研究，以确定辑、解各人的生平和活动情况①，以利于确认各卷歌谣收集的年代及分布的地理范围，也有助于推动研究清初江南士人南迁及其交游等方面的活动情况。

在各卷序文中，还包含有大量瑶、佷等民族社会发展、文化风俗等方面的信息。如《〈瑶歌〉序》称："桂属诸瑶、僮，残狠好盗，居民畏之，不与相通……朗宁瑶僮相与居民近，其歌绵蛮宛转。"又称："僮人居深山邃谷中，去郡城远，不能遽得。得瑶人歌若干首。"并谈及瑶人根据是否缴纳赋税、应征徭役而分化为"熟瑶""生瑶"和"山子"的情况，指出有些瑶人与汉族通婚，而"山子"仍处于"砍山而食，食尽复徙"的原始

---

① 关于《粤风续九》卷二辑校者彭楚伯、何黎雍、程世英，卷三校者谈允谦，卷四校者潘镠和楚僧本符，特别是《粤风续九》辑者吴淇的生平，王长香已做了一定的考订（参看王长香：《〈粤风续九〉研究》，扬州大学2011年硕士学位论文，第11—20页）。但对其他辑校者，以及李洁壤等《百粤蛮风诗》作者情况，尚乏专门研究。

社会生产状态。这些文字都是分析当时广西地区不同地方瑶、僮等少数民族社会发展状况的重要史料。此外，该序还介绍了"板瑶"的妇女"黄蜡泥发，以木板为髻"，"箭瑶"妇女"横箭于顶……箭上亦以绣帕覆之"等瑶族分支服饰、装饰等方面的情况，为研究这些民族的装饰、服饰等发展演化历史，提供了颇为翔实的史料。又如《〈僮歌〉序》中，也有僮人因明末统治者镇压少数民族叛乱、由征而戍自黔中迁于广西的情况，还描述了僮人妇女婚后居于妇家招徕男子同居，孕后归于夫家的婚俗。上述材料在民族学、人类学的研究方面，颇具价值。此外，《〈僮歌〉序》后所附《僮歌叠唱及叶韵例》，也是研究其时僮人歌曲押韵和叠唱格式的重要史料，对壮族的文学史研究具有重要意义。

其三，《粤风续九》中有《歌仙刘三妹传》及《始造歌者刘三妹遗迹》二文，后来为孙芳桂、罗汉章二人搜集有关歌仙刘三妹的民间传说时整理而出。当代研究者也多据以进行民俗学或文化学研究①，但对二文形成源流及传播影响尚无仔细探讨。阮元所纂《广东通志》称："《粤中见闻》载刘三妹事，当出《刘三妹传》，《舆地纪胜》有刘三妹歌仙石，是宋以前已有此说矣。"②然细检南宋王象之所著《舆地纪胜》中广南东路、广南西路各府、县志，均未见"刘三妹歌仙石"条目，未明《粤中见闻》何本。至其所称《刘三妹传》，当系《粤风续九》中孙芳桂文③。值得注意的是，清人张尔翻称："兹吾郡司理吴公采风至此，访歌仙之迹，命翻为传以纪之。"④然张氏所撰《刘三妹歌仙传》语多虚幻，亦非为吴淇所用之文⑤，不仅反映出吴氏在辑选诗文时的细致和慎重，或即说明张氏之文系属后出承袭者。至屈大均所编《广东新语》中有"刘三妹"条⑥，

---

① 参看区茵：《〈粤风续九〉中的"刘三妹"故事》，《青海社会科学》2012年第5期，第214—218页；黄芝冈：《〈粤风〉与刘三妹传说》，《文化遗产》2014年第3期，第106—121页。

② （清）阮元纂：《广东通志》卷三二九，上海古籍出版社，1990年，第43页。

③ 按：《粤风续九》虽不见于世，但孙文却为陆次云删节后辑入康熙二十八年（1689）蓉江怀古堂刊印《古今文绘稗集》，是以世有所传。

④ （清）陈梦雷纂：《古今图书集成》卷一四四〇，鼎文书局，1977年。

⑤ 区茵：《〈粤风续九〉中的"刘三妹"故事》，《青海社会科学》2012年第5期，第216页。

⑥ （清）屈大均：《广东新语》，中华书局，1985年，第261页。

范端昂《粤中见闻》亦录有刘三妹事①，内容均为三妹年少善歌，擅两粤各族语言、歌谣，以及与少年对歌化仙等，与《粤风续九》中《歌仙刘三妹传》及《始造歌者刘三妹遗迹》二文内容相近，文字亦颇多相同。这些与刘三妹有关的文字当系后出，并且是根据此二文敷演而来，但尚未有细致的比较，对孙、罗二文之前关于刘三妹传说有价值的文献记载，也尚待更加深入的挖掘。

此外，《始造歌者刘三妹遗迹》一文中，称刘三妹"尝往来两粤间。两粤蹊峒种类最繁，所过之处，咸谙其语"。又称："凡作歌者，不论民与俍、僮、瑶、山子等类，歌成必先供一本（于刘三妹洞）。"这反映了各少数民族民歌拥有相同起源、两粤汉族受少数民族影响而形成对歌风俗，以及少数民族民歌的创作、传播等方面的情况，对于岭南民族学、民族文化史，特别是对"刘三妹"现象以及刘三妹民族属性等问题的研究，具有较为重要的价值和意义。

其四，吴淇在辑录《粤风续九》时，认为各民族歌谣的关系是："总粤风也。瑶、俍、僮不可为风，故有专目。"并将"粤风"目为全书总目，这是后人误会《粤风续九》为"一卷"或"一篇"的重要原因。相较李调元各歌四卷分列，见解实有不如②。然因《师童歌》的存在，吴淇所辑卷五《杂歌》仍属重要。

吴淇在《师童歌》前作简短序文称："师童歌者，巫觋乐神之词也。粤人信巫，称巫为师童。其迎神送神皆有歌，而乐神之歌多情语。按之楚三闾大夫作《九歌》，亦本楚巫之词，而满堂美人含睇宜笑，情语居半。盖以阴阳道殊，须假灵修之理以接之，非亵也。"说明了《师童歌》的独特用途。而其所辑5首《乐神之歌》词虽鄙陋，但作为目前仅存的明清之际反映岭南巫觋风俗的"师童歌"，对于考察粤人巫歌的形式、内容等，极具民俗学、文化学方面的研究价值。

总之，吴淇所辑《粤风续九》，大有收罗、整理之功。特别是《粤风

---

① （清）范端昂：《粤中见闻》卷十九，广东高等教育出版社，1988年，第218—219页。

② 如陈子艾称："若仅就平列编辑各民族民歌这一点看，李调元比他早一百一十九年出生的吴淇，自有其更为高明之处。"见陈子艾：《〈粤风续九〉与〈粤风〉的搜集、传播和研究》，《民间文艺集刊》第2集，上海文艺出版社，1982年，第100页。

续九》中有诸多文字虽不具文学价值，但对后世研究者而言，其在文化学、民族学以及研究清初广西浔州等地社会历史情况等各方面都极具史料价值，有待更加深入的开发和利用。

作者通信地址：广东省广州市珠江东路4号广州图书馆，邮编：510623。

责任编辑：黎俊忻

《乡贤区西屏集》《区奉政遗稿》
存在影印窜页问题谈片

区小健[*]

中国人民银行江门市中心支行，广东江门，529100

摘　要：《乡贤区西屏文集》《区奉政遗稿》卷八第三页相互窜页，引致以这两古籍为底本的《全粤诗》，在《全粤诗·明·区元晋》的《区奉政遗稿》卷八以"失题"冠名的诗出现讹误。

关键词：《乡贤区西屏集》；《区奉政遗稿》；窜页；讹误；勘误

　　《乡贤区西屏集》《区奉政遗稿》的作者为明代新会潮连区氏十一龙的九世区越暨哲嗣十世区元晋，本人是西屏公区越二十四传裔孙。

　　区越（1468—1553），字文广，号西屏，广东新会人。弘治八年（1495）乙卯科举人，登弘治十八年（1505）乙丑科进士，知浙江嘉善县，循良荐升户部主事、员外郎、郎中，守建宁、宁国二府，迁浙江副使，晋江西参政。少年从游白沙先生陈献章门下，师承白沙学派，从小耳闻目染，以先生为榜样，以孝为道，洁身自好。时任广东承宣布政使司左参议周鲲在《方岳太中大夫西屏区先生行状》是这样赞誉西屏公的："公，风神清朗，才识练达，而养之沉邃，浑然不露，于事无巨细难易，见辄迎刃释解。其爱君恤民之诚，精白自树，直欲驾轶古之名贤。与流辈甲乙，盖不屑也。其持身致家，悉准于礼。训诸子孙，祀宗祠，一以小学家礼为法。族属众

---

* 　区小健（1962—　　），男，汉族，广东新会人。中国人民银行江门市中心支行经济师,研究生肄业。

至数百，公创立祖祠，定为训约，教之孝弟忠信，化洽一乡。居官三十余年，至归，囊无余积。禄入之余，仅以足供俯仰而已。"①

区元晋（1503—1575），字惟康，号见泉，越子，广东新会人，嘉靖四年（1525）乙酉科举人，三十九年（1560）任云南镇南州知州，政治循良，好士爱民，修建庙学。四十五年（1566）升福建兴化府同知，隆庆二年（1568）致仕。

我于2010年春退休赋闲在家，同年秋天偶然间得一族兄赠送由族贤区建公②公在澳门用铅字编印的《新会潮连乡贤区西屏见泉二公合集》的民国版诗集影印本，其中《乡贤区西屏集》完整，《区奉政遗稿》仅有序、目录和卷一，细读之，发现有不少笔误，进而继续搜集资料，找寻两套古籍的原版。在此过程中，方知区氏西屏公父子的诗文保留较为完整，《乡贤区西屏集》《区奉政遗稿》被列入广东省第一批省级珍贵古籍名录。又得知二书在香港大学冯平山图书馆、中山大学图书馆和新会景堂图书馆分别都有收藏，前二者的馆藏是完整的，后者《乡贤区西屏集》只有上册，缺中、下两册，《区奉政遗稿》完整。在景堂图书馆的大力支持下，我得到了由广东省立中山图书馆提供给景堂图书馆两古籍完整的原版书的影印本，为我对二书进行校注提供了保证。再又得悉《全粤诗》收录了二书中诗部分的全部内容，以此作为校注二书的原始材料。

在研读《全粤诗》时，发现《全粤诗·明·区越》存在下列两个问题：

一、《全粤诗·明·区越》最后一首《小庐山》，该诗经查实为《区奉政遗稿》卷四的《登小庐山楚云台》一诗，作者是区元晋而非区越，所引用明郭棐《岭海名胜记》卷九这一典籍拟应有误。

二、二书互有窜页，《乡贤区西屏集》卷八第三页和《区奉政遗稿》卷八第三页互相窜页，我在2017年重印二书时已特为调整更正。

但《广州大典》对《乡贤区西屏集》《区奉政遗稿》两书卷八的窜页没有更正和作出说明。

---

① （明）区越：《乡贤区西屏集》，陈建华、曹淳亮主编：《广州大典》第423册，广州出版社，2015年，第387—388页。

② 区建公（1886—1971），名建邦，字维屏，号建公，医字见功，又号听香楼主，广东新会人，毕生致力文教事业。

《全粤诗》由于也没有作出更正，故存在以下问题：

《全粤诗·明·区元晋》在《区奉政遗稿》卷八第三页互相窜页的后一页（即第四页）的第一行顶格的"明"字上加了一个"经"字，变成"经明弦诵呕哑满"作诗的起首句，并以"失题"冠以诗名。这显然是不符合古文的书写格式的。其实"失题"这一段文字，"明"字前面是"月"字，是《熊柳湖大尹新政十六事》一文后面部分的内容，前面部分由于窜页的原因而缺漏，《熊柳湖大尹新政十六事》是区元晋赞颂时任新会县知县熊坦的政绩而撰写的长篇排律诗。

二书出现了窜页，说明了古籍在古代至少是印刷出版了二次以上，《全粤诗》对古籍的漏字作了补充，并注明为"据嘉靖本、万历本、民国本补"等字样，若如《全粤诗》中的补字注释，《乡贤区西屏集》有部分缺字是据万历本补的，则印刷出版次数在三次以上或更多，有一定的留存量。《乡贤区西屏集》是区元晋在嘉靖年间付梓的，《区奉政遗稿》是区元晋的儿子区仲修在万历年间付梓的。这两书都是单独印刷，故此初版是不会有窜页的可能，窜页的发生，应是二书同时印刷的时候，在执纸装订时才有机会发生的错误。据《新会潮连区氏族谱》记载，在明天启五年（1625）、清康熙十六年（1677）和康熙三十年（1691）曾三次续修族谱；清《［乾隆］新会县志》收录乾隆六年（1741）署县王植为西屏公撰写的《〈潮连区氏族规〉序》："……分布邑城名坊及大乡诸名族，使诵之而愧，见之而感，庶贤者知各治其家，而会邑又为一新乎？"在那一时期的前后，西屏公后裔族人是比较富裕的，据清《［乾隆］新会县志》记载，在康熙二年（1663）由十五世区爆文用区越的尝资修建学宫棂星门，在康熙十年（1671）区爆文又出资参与知县钱雨、教谕刘士芳、乡官黎翼之等修文庙石台、戟门、泮桥、东西垣墙的活动。雍正七年（1729），由知县张埕倡建，爆文之孙武进士区有凤督理重修庙学。乾隆五年（1740），武进士区有凤、生员区虎韬等将岳伯区越尝资既修水关头，并将木桥改建石桥，外护石栏，署县王植谓其义举，克全命名为"义全桥"。所以在此几十年间，区氏是完全有财力再一次印刷二书的，因此在清代康熙年间至乾隆年间也极有可能重印过一次，这留待有识之士以后作进一步考证。现在可查到的二书都是互相窜页的，新会景堂图书馆，香港大学冯平山图书馆和中山大学图书馆的馆藏都是这一情况，为同一时期的版本。景堂图书馆的《区奉政遗稿》的"林序二"重页,缺"林序三"那一页,我在2017年重印二书时也将此缺页补上。

二书是木刻雕板印刷的版本,二书的木刻雕板原在潮连德馨学校图书馆庋藏。抗日战争期间,江会沦陷,日军渡江上潮连岛时,受到区氏团练武装抗击,区氏族人为了阻止日军登岛,与日军进行了激烈战斗,后由于日军从顺德调兵投入战斗,区氏族人因寡不敌众就撤退了,在激烈战斗中两套木刻雕板葬身火海。民国时期旅港族贤区建公公为承传区氏这一宝贵的历史文化遗产,斥资在澳门用活字排版印刷,发行了《新会潮连乡贤区西屏见泉二公合集》,其所依据的蓝本,据说就是从战场废灰中找到的书稿,从民国版本中可以看出,这是有窜页的那个版本。

依据以上各版本,我于2010年秋天开始,由阅读到对二书校注,历经七年时间,搜集了大量资料,并对书中的人名、地名等进行考证、勘误,并作出了修正:主要是诗中人物的名号,如《西屏集》的东麓(汪佃,号东麓)写作西麓,章主政(章嵩)写作张主政,叶槎溪(叶溥,号槎溪)写作叶槎庵,容约夫(容瀚,号约夫)写作容逸夫等;《区奉政遗稿》的胡相江(胡庭兰,号相江)写作胡象江,邱荆野(邱预达,号荆野)写作邱荆川,唐西洲(唐胄,号四洲)写作曾西洲,津庵黄二府(黄砉,号津庵)写作液津黄二府等。目前校注本已经由大象出版社进入最后审稿阶段,争取2020年底出版发行。

作者通信地址:广东省江门市新会区会城侨兴北路16号1座202房,邮编:529100。

责任编辑:赵晓涛

岭南风物

《榄屑》所见明清岭南地方社会生活[*]

余格格^{**}　**罗兰恩**^{***}

华南农业大学，广东广州，510642

广州康隆教育科技有限公司，广东广州，51000

摘　要：《榄屑》是清代中后期岭南地区涌现的文人笔记之一，记载了大量与明清时期小榄地区社会生活相关的内容，可惜该书的史料价值尚未引起学界的注意。文章着重从《榄屑》一书的作者、版本情况以及该书所记载的地方事件入手，讨论明清岭南社会风俗的变迁。

关键词：《榄屑》；明清时期；岭南社会

　　《榄屑》一书，是清代广州府小榄人何大佐撰写的关于明清时期小榄地区社会生活的笔记小说。大抵所载之事屑细，又以小榄地区为主，故名"榄屑"。顾颉刚先生曾论及旧小说之重要性："旧小说不但是文学史的材料，而且往往保存着最可靠的社会史料，利用小说来考证中国社会史，不久的将来，必有人从事于此。"① 学界利用明清时期岭南笔记小说、文言小说来研究岭南社会的不在少数，然而多集中于《广东新语》《羊城古钞》《五山志林》

---

* 本文为 2016 年度国家社科基金重大项目"岭南动植物农产史料集成汇考与综合研究"（批准号：16ZDA123）、2018 年度华南农业大学教育教学改革与研究项目"基于素质教育的传统文化课程建设研究"（项目号：JG18115）、2019 年度国家社科基金重大项目"宋元以来珠江三角洲海岸带环境史料的搜集、整理与研究"（批准号：19ZDA201）成果。

** 余格格（1988—　），女，浙江乐清人。华南农业大学中国农业历史遗产研究所讲师，文学博士。

*** 罗兰恩（1997—　），女，广东梅州人。现任职于广州康隆教育科技有限公司，历史学学士。

① 顾颉刚：《当代中国史学》，上海古籍出版社，2006 年，第 115 页。

《霭楼逸志》《粤小记》《稗说》等书①，未有论及《榄屑》，亦未有对《榄屑》进行专门研究者。《榄屑》作为记录明清时期小榄地区居民社会生活的文人笔记，在具有文学价值的同时，也具有较为重要的史料价值。故本文拟从该书的基本情况以及所记载的具体事件入手，讨论《榄屑》一书及其反映的明清岭南社会生活画卷。

一　撰者何大佐其人

何大佐，字章民，号力斋，小榄（今广东中山）人，清乾隆六年（1741）辛酉科举人，曾任海阳教谕、江西贵溪令。乾隆二十三年（1758）任榄山书院山长。著有《榄屑》二卷、《糠秕草》一卷、《瓶沙堂诗集》六卷等。据何氏回忆，他曾在二十年间两次遇到元旦、立春为同一天：一是"雍正甲寅年（十二年，1734）正月元旦立春"，另一日则是"乾隆癸酉年（十八年，1753）亦元旦立春"②。此外，何氏明确记录大榄文昌庙侧的王大中丞祠兴修于"雍正戊申年（六年，1728）十月"，重修于"乾隆二十七年（1762）壬午六月"以及"嘉庆十七年（1812）"③。由此，大抵推知何大佐的主要活动时间为清雍正至嘉庆年间。

何大佐系小榄何氏贵十郎房十七世孙，其四世祖为明末何吾驺，其祖父为何仞椟。何吾驺，《明史》有传，崇祯时官至礼部侍郎加尚书。明万历三十五年（1607）状元黄士俊为其撰写墓志铭，论及长子源道、次子准道

---

① 赵立人：《〈广东新语〉的成书年代与十三行》，《广东社会科学》1989年第1期；林子雄：《新版〈广东新语〉辨误九则》，《文献》1991年第2期；李华：《屈大均和他的〈广东新语〉》，《清史研究》1992年第1期；寒冬虹：《屈大均与〈广东新语〉》，《文献》1994年第3期；杨暄：《试说〈羊城古钞〉与〈广东新语〉的关系》，《广东史志》1995年第4期；曾昭璇、曾宪珊：《中国清初杰出地理学者屈大均——论〈广东新语〉对自然地理学的贡献》，《中国历史地理论丛》1997年第3期；白薇：《清代中后期广东地区通俗小说研究》，暨南大学2008年硕士学位论文；耿淑艳、谢小丽：《清代中后期岭南地方故事集》，《广州大学学报》2011年第1期；耿淑艳：《岭南古代小说史》，社会科学文献出版社，2015年；谭威红：《清代岭南文言小说研究》，暨南大学2018年硕士学位论文。

② （清）何大佐：《榄屑》，陈建华、曹淳亮主编：《广州大典》第394册，广州出版社，2015年，第195—196页。

③ （清）何大佐：《榄屑》，陈建华、曹淳亮主编：《广州大典》第394册，广州出版社，2015年，第197—198页。

"俱梁太夫人出"，"次巩道，侧室崔氏出；次卓道，侧室邵氏出"，"孙男三人，一胤楼……源道出；一胤樾、次胤桎，俱准道出"①。何吾驺去世之时，巩道、卓道尚未婚配，故墓志铭仅论及何吾驺孙男三人。《［乾隆］香山县志》却载："何卓道，以子彻桎南海县训导赠登仕郎。"②此"彻桎"即黄士俊所言"胤桎"，大抵因避雍正"胤"字改为近音"彻"字。黄士俊所撰《何吾驺墓志铭》记载胤桎之父为准道，而《［乾隆］香山县志》记为卓道。今观《榄溪风物》载何杖为"准道子，巩道嗣子"③，疑何彻桎与何杖情况相似，过继于何卓道。何彻桎，"由电白县岁荐，授南海司训"④，撰有《写叶山房诗草》。何氏族人何曰愈所撰《退庵诗话》收录家族部分诗话，涉及何氏家族诗人三十八名，其中就有何吾驺、何准道、何巩道、何彻桎、何大佐等人。实际上，何大佐为何曰愈之曾伯祖。可见，何氏一族为小榄著氏，世代书香。

香山后学刘熽芬（1849—1913）于其《小苏斋诗话》曾评价何大佐诗风："力斋诗有笔有书，能自达所见，而七古才气勃发中未免有过于纵恣之处，《过涿州》有'雪意排云黑，笳声卷日黄'语，颇沉雄。"⑤何大佐之诗风，在清代岭南诗学中具有鲜明的个人特点。

二 《榄屑》版本情况

《榄屑》一书，清光绪年间《香山县志》有载："《榄屑》二卷，国朝何大佐撰。"⑥今存《榄屑》一书，版本较少，主要有三：（一）广东省立中山图书馆藏清钞本，已影印收入《广州大典·子部杂家类》；（二）《中山

---

① （清）黄士俊：《何吾驺墓志铭》，中山文化局：《中山市文物志》，广东人民出版社，1999年，第149页。
② （清）暴煜主修，（清）李卓揆辑：《［乾隆］香山县志》，学生书局，1965年，第592页。
③ 何仰镐：《榄溪风物》，《中山文史》第42辑，政协广东省中山市委员会中山文史编辑部，1988年，第245页。
④ （清）田明曜修，（清）陈澧纂：《［光绪］香山县志》，《续修四库全书》第713册，上海古籍出版社，1996年，第329页。
⑤ （清）黄绍昌、（清）刘熽芬纂辑，何文广校勘：《香山诗略》（上），中山诗社重刊，1987年，第251页。
⑥ （清）田明曜修，（清）陈澧纂：《［光绪］香山县志》，《续修四库全书》第713册，上海古籍出版社，1996年，第473页。

文献》收乾隆年间稿本；（三）《小榄镇志》编写组复制清道光戊戌夏六月手抄本，现藏广州图书馆。由于未能得见乾隆年间稿本，仅以目前所见清钞本及道光戊戌夏六月手抄本作为讨论对象。

清钞本《榄屑》，存一卷，十行十八字，卷首印有"广东省中山图书馆藏书"钤记。今将其篇目摘录如下：

表1　　　　　　　　广东省立中山图书馆藏清钞本《榄屑》篇目

羊城五仙观鸡后身	洋鸭到乡之始	天下第二名乡	舅甥慧颖
矮女	梦鳖	并蒂莲诗	月华
邑庠广额	骗神被溺	杀人奇报	制台临乡
旌义祖事	修大榄路	邱碧峰后身	牛利地剧藏事
乩仙联	菊试	菊社	顺天府城隍
王大中丞灵异	春灯谜二	大宗伯锦帐	都司移署
三戏场	字酒	大洲龙船来乡	龙舟竞渡
割臂疗父	割臂疗母	吊萧烈女诗赋	木鹅
文明社土地	弃婴当禁	盂兰会水嬉	无手人
五足犬	朱神仙受报	不食牛肉之报	日晖
号树	梅花泉	太上老君审妖	瑞莲
渔洋诗话	冥婚	打杀牛	文光赤炎
治骨梗符	抢符压盗	王振裔	牡丹芍药至乡
义冢	白旗贼	摩星岭	红线圆眼
饬禁扳良勒石案	巢父	叶虎竹三异	媒棍
番薯治痘症	盂兰盆会	驼山八景诗	西浦并蒂莲诗
异宝放光	魏忠贤与禾虫油	义妾	收二妖
绿衣舍人	孝僧寻亲	一枪嫁三女	大蛤蟆
放光虫	陈公灵异	唐寅麻姑进酒图	行司改庙
天后示梦	落霞山下女子诗	妖木	剧地得酒
郭藩台禁杂派示	斗米七厘银	彭祖忌	天目先生传
刘媛诗	比邻两颐寿	送田还官并乞弭乱	李制台遗本
刘昭可误提	神牛	海外奇观	七好字匾
失书尽还	救害丹	白鸡引雏	吴媛诗
一字四音绝对	鸠艾山人牡丹	锡龄	翼轩收柏妖
南塘公新婚	登云桥闸门	迹删和尚诗	写叶山房诗

续表

一字阴德	陈圣庙	庚子三何	百二岁翁
当马锣	大蕉梦	李白联	榄碇大蛇
火灾	乡人利酉科	鸦片	鲤鱼朝宗
吹灯蛇	文作翁城隍	食异	人头将军
百有十岁翁	母子节孝	绿瓦	金盔甲
大汾房谒祖	瑞雪	周易补注	沈石田四大山水画
女异	乡兵守土之始	蛇伤神方	奇痘
五产并蒂莲	虫异	萧烈女墓	开元泉诗
禾虫	吴逸堂	陈总管山庄	觋
两逢元旦立春	孕灵泉	吾吾砚歌	麦宿国公
西山红腰米	昭君墓瓦	王大中丞祠	林步酒家
黄鹤楼	五朝诗选之遗十一首	飞将军	南漪馆玉芝
吴起凤梦仙	左字庙龙船	戊子米贵物价	刘更时
百岁元宵	猪妖	芝麻巧技	水灾
瑞雪	二始祖墓	黄酒	粤中怀古
春晓	春日溪行次罗白螺韵	谒张文献公祠	石床
梨花	寿鲁明府	寿东川佺	新塘荔枝词
徐渭字画			

计一百七十三篇。然而该版本出现错漏一类的问题较多：有篇目而正文缺漏的，包括《洋鸭到乡之始》《天下第二名乡》；有正文而篇目缺漏的，包括《三界庙蛇》《东海老人》《九霄雷》；篇目与正文题名有所出入的，如下表所示：

表 2 卷首目录与正文题名比对表

卷首目录	正文题名
吊萧烈女诗赋	吊萧烈女词赋
不食牛肉之报	不食牛之报
番薯治痘症	番薯治症痘病
斗米七厘银	斗米七厘
送田还官并乞弭乱	送田还官并乞弭乱呈
五产并蒂莲	五产并蒂莲诗
五朝诗选之遗十一首	五朝诗选之遗

还有重复记载的篇章《瑞雪》等，种种缺失错漏，亟待补足校正。

道光间手抄本题"道光戊戌夏六月书于秋官书塾"，有"秋官之章"钤印。共计二百二十三篇，体量大于清钞本。今将手抄本异于清钞本之篇目，辑录如下：

表 3　　　　　　　　　道光间手抄本异于清钞本篇目

忠节斋芳坊	东海老人	聚源晚市	榄溪竹枝词
掌多园八景诗	树木编号	菊花名串联	蛋逆
寨前海蚌	食鸦片酒	九宵雷琴	通乡文汇
再生	石敢当	王大中丞毅庵行略	大造化
玉溪园诗	殇儿为厉	改茄诗	大力汉
玉溪园八景	三卫所	京师笑语	大榄乡
愚公楼	三界庙蛇神	金盔甲	大军山
银物变幻二则	赛景色	剿黄萧养党	榄溪八景
义勇祠	曲辫	建霞楼瑞莲	榄乡五山
义雁	青冢瓦	迹删工人	船大萝卜
乙未大雪	抢嫁	基尾坊利西宾	初设乡约
一字救民	砌大榄路	鸡祟	王邑侯采菊
一百二十岁翁附百有十岁翁	乞存要土地	肃清榄溪	城隍神收妖
焰口不洁	潘甫庄驻防事略	乐粉宜禁	城隍庙
烟墩顶	牛痘	火异	城隍庙
徐青藤画	南塘诗社	黄振裔	陈自修
谢昌贼	茗僻	伍铁山阁题	陈运陞
协天门关帝庙	明黄裕公阐三纲辞	瞽僧灵卦	扳头六
小杏诗	明陈白沙先生止迁墓赋为萧烈女	虎到榄	柏精
小龙舟	妙灵宫碑记神迹	狐豸托生	百楼
萧烈女	怪虫	红线龙眼	瞽目者辨鹌鹑
香山县始	罗涌大军山	何旌义祖事	白鸽会

相国宾迹	伦状元联句	老僧寻亲	鹌鹑来宾
乡云见	烈妇三则	海贼掳官	铁笛园联
乡约亭	荔桔妖	文昌经条治疫附救苦丹	榄溪岁时记
贤令访戚	荔核浮水	国初诸贼	痀龟先生
侠报	割臂辽亲	郭贼扰乡始末	提梁卣
西洋观音	李英妙	广东巡抚王来任覆奏请复疏	唐六如真迹
西山侯来榄	李六吉	关圣诞辰当正	太仆苦学
误提			

以上篇目共计一百一十七篇，皆为清钞本所无。但手抄本亦缺少部分清钞本之内容。大抵可知，在流传过程中，不少篇目亡佚。此外，这两个版本皆为一卷，然而《［光绪］香山县志》却题是书为二卷本，个中原因，疑后人将二卷合为一卷，亦或传抄缺漏仅存一卷，详情已不可得知。

三 《榄屑》与地方社会生活

《榄屑》一书涵盖内容丰富多彩，涉及小榄一地的岁时节日、人生仪礼、地方物产、社会治理、民间信仰、奇闻轶事等民众社会生活的方方面面，为我们展现了一个生动而亲切的岭南社会生活群像。

（一）岁时节会

宋以前小榄当地居民主要由散居流动渔民及土著居民组成。从南宋开始，中原人陆续南迁，在小榄定居繁衍。据何大佐记述："吾族自珹祖得姓受氏以来，历五十二世。至始祖贵十郎公，与伯祖贵九郎公自珠玑巷来至榄都，为吾族两房始祖。"[1]何氏一族与部分居民是来自中原的移民，经南雄珠玑巷迁徙而至。因此，小榄当地的岁时节日有相当大的一部分与中原一脉相承。《榄屑》中记载不少小榄当地百姓欢庆上元日的活动，"乾隆

---

[1] （清）何大佐：《榄屑》，陈建华、曹淳亮主编：《广州大典》第394册，广州出版社，2015年，第203页。

戊辰年正月上元，阖乡赛神建醮，以祝丰年。日则分坊演戏，夜则花街柳陌，月户星桥，灯火万状，笙歌之声，达旦不寂，真太平景象也"①，"吾乡每年正月上元前后，户户张灯，家家结彩，亦乐太平。日则跳狮子演梨园，夜则扮杂剧各戏，沿门歌舞，箫鼓喧天，游人云集"②。展现了当地居民家家户户张灯结彩、迎神演戏、笙歌不息的上元日庆祝仪式。

与此同时，从中原避难南迁的小榄先人将中原的菊花栽培技术及赏菊风气带入小榄。小榄，别名小柴桑，足以体现出小榄人种菊历史之悠久。明代礼部尚书李孙宸撰写的《两榄风景地势图说》一文，便有对菊花的吟赏之语："五松六路三丫水，一洞梅花十二桥，岁岁菊花看不尽，诗坛酌酒赏花村。"③《粤小记》云："菊花之盛，莫过吾邑小榄乡，约十年为赛菊之会，不下数千百种，虽刘范诸谱不能尽画。当赛菊时，比户陈列，幽馨袭人，弦歌盈耳，真香国也。"④小榄人不但善艺菊，更善赏菊，当地常举办像菊试、菊社这样颇具地方特色的活动。

何大佐详细记载了以考校的方式评选出菊花名次的菊试：

> 种菊之妙，吾榄为最。乾隆丙辰年，乡设一菊试，花场在李氏四世祖祠前。庚申年，花场在世大学士祠前。中结戏棚，左右两旁搭盖篷厂，各置盘菊。分三场考校，头场要某花名，二三场要某种花名。花有正有从，红白黄紫，其类不一。每场要正一盘从一盘，仍分列字号，若试卷然。三场毕集，五色缤纷，一望如锦，观者如云。场后演梨园数日，以纱缎巾冩扇等物，分次高下为赏。⑤

① （清）何大佐：《榄屑》，陈建华、曹淳亮主编：《广州大典》第394册，广州出版社，2015年，第153页。
② （清）何大佐：《榄屑》，陈建华、曹淳亮主编：《广州大典》第394册，广州出版社，2015年，第202页。
③ 广东省中山市小榄镇志编纂委员会编：《小榄镇志》，方志出版社，2016年，第281页。
④ （清）黄芝：《粤小记附粤谐》，陈建华、曹淳亮主编：《广州大典》第395册，广州出版社，2015年，第47页。
⑤ （清）何大佐：《榄屑》，陈建华、曹淳亮主编：《广州大典》第394册，广州出版社，2015年，第151页。

据上文所述，小榄人分别在乾隆丙辰年（元年，1736）于李氏四世祖祠、庚申年（五年，1740）于何氏大学士祠前举办了两场菊试。目的在于从参赛的盘菊中选出栽培技艺最佳、成色品相最佳者。故此菊试，集乡人所载之盘菊，一比菊艺之高下，并依据评选结果颁发奖品。《［光绪］香山县志》载，菊之良品"至花时齐开，层层如规之圆，尤以叶色青葱茂密、经霜不脱者为上"①。何大佐还记载了当时名震一方的菊花名品"一捧雪"：

> 诸种中惟以一捧雪最难栽培，亦唯一捧雪为菊中绝品，花大而瓣纽，色如碧玉，其叶难齐，花与叶易为虫蚀。占晴课雨，粪土浇肥，因候而施，诸皆然，与力田无异。近来各省新种并至，而一捧雪则几绝其种矣，菊试亦不复举，惟有菊社而已。②

但随着菊花新品种的涌入，小榄本地的优良品种逐渐丧失竞争力，后世逐渐不再进行以品种竞技为主的菊试。

清乾隆五年（1740）后，小榄人改"菊试"为"菊社"，《榄屑》对"菊社"一事亦有详尽的记载：

> 菊社者，不先期而檄，不分币以酬，与菊试不同。惟集艺菊同志友将所有佳种，移至社所，星罗棋布，炉香屏画，晨夕相对，或饮酒赋诗，或按牙度曲，其兴转剧，夜则灯烛辉煌，至晓方灭，观者忘倦。远客骚逸，每至菊节，常挐舟至，题咏甚多。社散后，有索花为赠者，满载以去，亦一韵事也。③

据何氏所言，菊社与菊试最大的区别在于菊社不用预先晓谕，亦无须设立奖酬。菊社的参与方式更为简单，且往往以宗族为社，轮流举行，规

① （清）田明曜修，（清）陈澧纂：《［光绪］香山县志》，《续修四库全书》第713册，上海古籍出版社，1996年，第529页。

② （清）何大佐：《榄屑》，陈建华、曹淳亮主编：《广州大典》第394册，广州出版社，2015年，第151页。

③ （清）何大佐：《榄屑》，陈建华、曹淳亮主编：《广州大典》第394册，广州出版社，2015年，第151页。

模更大，参与的人更多。其目的则在于汇聚同道中人，以花会友，颇有文人雅兴。

至于乾隆后期的小榄菊会，规模已经扩大到全民参与。清《榄乡菊会全谱》载"吾乡之有菊会也"，"或十年而举行，或廿年而一度"，"《天风吹艳志》所谓'牡丹会以丽胜，菊花会以雅胜'旨哉"①。而据《[光绪]香山县志》所载："会无常期，自乾隆壬寅为初会，辛亥为第二会，嘉庆甲戌为第三会。"②从乾隆壬寅年（四十七年，1782）初会到辛亥年（五十六年，1791）第二会，"会无常期，或十年一盛，或数十年一盛"③。

首届菊花大会因嘉庆甲戌年（十九年，1814）为纪念开村而举行。《[光绪]香山县志》记载："菊，种至繁，小榄乡尤胜。具载菊谱，植法亦备。六十载为会，名品毕陈。洛阳牡丹以丽胜，榄乡菊会以雅胜，论者推为海内之冠。"④小榄菊花会在此时已成定例，每隔六十年举办一次。

小榄人以菊为媒，从模仿科举考试的方式考校栽培技术的菊试，到借赏菊之际以文会友的菊社，再到全民参与的菊会，在规模扩大的同时，也有更多的下层民众参与进来，小榄的赏菊方式就这样一步步走向世俗化。

（二）地方物产

小榄地处岭南，气候炎热多雨，物产丰富，花木繁茂。《[乾隆]香山县志》谈其气候，有"物生其间，冬春之际，桃李已花，微霜虽降，草木仍茂"⑤之语。

小榄当地盛产荔枝、龙眼、芭蕉、柑橘等多种亚热带水果。何大佐《榄溪竹枝词》中就有四首提及小榄的物产：

---

① （清）佚名辑：《榄乡菊会全谱附种菊诸法》，陈建华、曹淳亮主编：《广州大典》第398册，广州出版社，2015年，第359页。

② （清）田明曜修，（清）陈澧纂：《[光绪]香山县志》，《续修四库全书》第713册，上海古籍出版社，1996年，第529页。

③ 《嘉庆菊径荟记》，《中山榄镇菊花大会汇编》，民国二十三年印本。

④ （清）田明曜修，（清）陈澧纂：《[光绪]香山县志》，《续修四库全书》第713册，上海古籍出版社，1996年，第102页。

⑤ （清）暴煜主修，（清）李卓揆辑：《[乾隆]香山县志》，学生书局，1965年，第322页。

黄梅青柰未离梢，四月荔枝红遍郊。估客暴同新富贵，果栏
堆满玉荷包。

锹田种桑满村南，绿蕉红苹杂橙柑。果熟教郎贩远去，桑叶
教侬勤饲蚕。

菊社年年带醉看，千枝万朵彩云蟠。繁华不是柴桑地，翻似
中州斗牡丹。

黄酒家家甜似糖，添丁开酒香满堂。酒糟作醋任人吃，酒娘
先教小姑尝。①

诗中所提及的玉荷包荔枝，成熟于四月份，是产自广东的早熟品种之
一，而小榄当地所产玉荷包荔枝的品质较其他地方的更好，"玉荷包颗最
大，出小榄乡者，核浮水，他乡则否"②。为了寻求更高的经济效益，榄乡
百姓在种植粮食作物之外，还会种桑养蚕，并种植如香蕉、橙子、柑橘等
经济作物。小榄当地人善于艺菊，常常举办与赏菊有关的活动，规模逐步
扩大，并成为定例，为小榄赢来"小柴桑"的美誉。而当时产自小榄当地
的黄酒味道也十分特别。《［光绪］香山县志》称："小榄乡善造之，甜，
不能致远，可入药。"③何大佐谓："榄中甜酒，俗称黄酒，为各乡所无。"④
并详载酿酒之法以供借鉴。

还有一种名为"禾虫"之物，生长在稻田水之中，形如蚯蚓，多见于
闽、广、浙沿海地区。屈大均《广东新语》对禾虫有较为详细的介绍，何
大佐于其《榄屑·禾虫》中转引：

夏暑雨，禾中蒸郁而生虫，或稻根腐而生虫，稻根色黄，禾虫
者稻根所化，故色黄，大者如箸许，长至丈，节节有口，生青熟红

---

① （清）何大佐：《榄屑》，清道光戊戌夏六月手抄本，2003年，广州图书馆藏。

② （清）田明曜修，（清）陈澧纂：《［光绪］香山县志》，《续修四库全书》第713册，上海古
籍出版社，1996年，第103页。

③ （清）田明曜修，（清）陈澧纂：《［光绪］香山县志》，《续修四库全书》第713册，上海古
籍出版社，1996年，第107页。

④ （清）何大佐：《榄屑》，陈建华、曹淳亮主编：《广州大典》第394册，广州出版社，2015年，
第204页。

黄。霜降后，禾熟则虫亦熟也，以初一二及十五六，乘大潮断节而出，以白米泔滤过，蒸为糕，甘美宜人，盖得稻之精华者也。①

　　禾虫虽然长得不好看，但味道鲜美，世人视为珍品。其烹饪方法较为简单，只是用淘米水过滤，蒸成糕状，它的味道就已经甜美非常了。吴震方《岭南杂记》称："禾虫绝类蚂蝗，青黄色，状绝可恶厌。潮所淹没淡水田禾根内出，数尺长至丈余，寸寸断皆活，能游泳，午后即败不可食。滴盐醋一小杯，裂出白浆，蒸鸡鸭蛋、牛乳最鲜。"②滴盐和醋，和鸡、鸭蛋或牛乳一起蒸，则能发挥出禾虫的鲜味。《榄屑·魏忠贤禾虫油》："南海某为明大司空，奉旨往滇南册封藩王。滇故产蛋油，官兹土者俱以献当朝权贵。某还复命，日值魏党用事，向某索蛋油甚急，某无以应，因绐曰：'已遣委选购真者，颇需时日，其伪者不足献也。某急于复命，行李余物后车徐至耳。'即星夜至粤，适遇禾虫之候，着家人至榄采买禾虫油数十坛，星飞运都，作蛋油以献魏党。北人从未知此味，及尝是油，大喜曰：'谓是真品，前所饷者，味殊不及也。'"③借未曾食用过禾虫油的北人之语，极言禾虫油之味美。禾虫味美，但产量有限，"禾中蒸郁所生，有埠豪强者或私以为利"④，地方豪强势力与民争利，把持禾虫埠，"但禾虫有埠，往往为豪滑把持，诉讼不休，当事者当有活法，以海利归贫民可也"⑤。而当权者常趁机征收杂税，"藩逆时，禾虫亦税至数千金"⑥，给当地百姓带来极大的负担。

　　岭南沿海地区，对外交流频繁，外来物种多有引种，其中最有影响的应数番薯，它大大缓解了明清时期人口暴增带来的粮食危机。徐光启在

---

① （清）何大佐：《榄屑》，陈建华、曹淳亮主编：《广州大典》第394册，广州出版社，2015年，第193页。

② （清）赵学敏：《本草纲目拾遗》，中国中医药出版社，2007年，第422页。

③ （清）何大佐：《榄屑》，陈建华、曹淳亮主编：《广州大典》第394册，广州出版社，2015年，第168页。

④ （清）田明曜修，（清）陈澧纂：《［光绪］香山县志》，《续修四库全书》第713册，上海古籍出版社，1996年，第104页。

⑤ （清）何大佐：《榄屑》，陈建华、曹淳亮主编：《广州大典》第394册，广州出版社，2015年，第193页。

⑥ （清）吴震方：《岭南杂记》，中华书局，1985年，第42页。

《甘薯疏》中说："薯有二种：其一名山薯，闽、广故有之；其一名番薯，则土人传云。近年有人在海外得此种……盖中土诸书所言薯者，皆山薯也。"[①]番薯易于种植，产量较高，嫩叶和块茎可以食用，根可以酿酒。而《榄屑》则记载了一则番薯用以治疗天花的故事：

> 堂叔建天翁幼年出痘，自顶至踵，遍体稠密，十日后全不贯浆，奄奄一息……佃曰："无忧也，用番薯饭之，功等参芪，屡奏奇效。"时医生满座，谓："番薯起痘，方书未闻，且此物到中国未久，某等诚未达也。"伯祖曰："事急也，此物既可疗饥，无损于人，何妨一试。"遂将番薯去皮，略以老酒（即重酿黄酒）同煮而食，其痘渐以贯浆，颗粒分明，化凶为吉。因思此物味甘而色黄，得中央属土，中和之气，堪补脾胃之不足。近日痘医亦有以此活痘者，虽方书所未及，亦可以意会也。书此以借济生之用。[②]

何大佐的堂叔幼年时染上天花，奄奄一息之际，家中佃农建议以番薯治疗此病，最后竟然靠这个方法治好了堂叔的天花，坊间亦采用这个方法治好了不少病人。

同样的，书中还记载了瑞香花能发痘，这些未曾录入医书的"偏方"，可能是由于当时天花流行肆虐，而传统医学又没有十分有效的治疗方法，所以民间百姓不得不寻求非正统的治疗方法。

就此可见，《榄屑》一书中记载了不少地方物产，让我们对小榄乃至岭南地区的本土物产品种和在明清时期传入的外来物种以及地方社会的接受程度有了更为清晰的认识，亦补充了地方志等官方史料记载的不足。

（三）社会治安

明清时期，战乱频发，民间起义时有发生，不少百姓流离失所，成为

---

① 农业出版社编辑部编：《金薯传习录种薯谱合刊》，农业出版社，1982年，第202页。
② （清）何大佐：《榄屑》，陈建华、曹淳亮主编：《广州大典》第394册，广州出版社，2015年，第166页。

流民，影响地方治安。《榄屑》中有许多篇幅都涉及明清时期小榄地区的社会治理现状，对了解当时岭南地区的社会状况有所帮助。

1. 黄萧养起义

明正统年间，广东赋税繁重，加之远离京师，历任官员趁机勒索。地方豪强时常雇佣"巨滑"为"沙头"，强占农民已经垦熟的"沙田"，称为"占沙"。顺德、香山、新会等地的豪强，在沙田农民进行收割时进行抢夺，称为"强割"，百姓深受其害，以致黄萧养（？—1450）于明正统十四年（1449）起义时，响应者众多，"赴之者如归市，旬月至万余人"[1]，起义规模迅速扩大，波及范围也同样如此。《榄屑》中记载的一些事迹与明正统间黄萧养起义之事有密切联系。

如《榄屑·神牛》载：

> 明朝正统年间，黄萧养作乱，土贼蜂起，大兵临乡剿捕，玉石不分。有黄氏者为大榄刘某之妇，避乱逃生，仓皇出走。至河边，忽见一牛浮至，氏骑以渡。至彼岸，牛忽不见，水阔浪涌，乃悟为神物。今其子孙世代不食牛，书此以备戒牛云。[2]

由于土地被豪强所占，许多百姓破产，纷纷加入黄萧养领导的农民起义。大榄都也有组织义军，响应黄萧养。明景泰元年（1450）四月初一，都督同知董兴带兵来大榄都进行洗村，"官兵至榄，良莠未分，居民走避不及，杀害甚于遇寇，亦榄溪开村以来一浩劫也"[3]。而上文所引《神牛》篇，即反映了当时官兵剿捕起义者时引起的纷乱场面，黄氏有幸得牛相助而逃过一劫。

《榄屑》中《吊萧烈女赋》《萧烈女墓》两篇文章，讲述的是受黄萧养之事牵连的萧烈女。关于萧烈女的事迹及其坟茔的状况，《［嘉靖］香山县

---

① （清）仇巨川纂，陈宪猷校注：《羊城古钞》，广东人民出版社，1993年，第354页。

② （清）何大佐：《榄屑》，陈建华、曹淳亮主编：《广州大典》第394册，广州出版社，2015年，第178页。

③ 中山市小榄镇地方志编纂委员会编：《中山市小榄镇志》，广东人民出版社，2012年，第490页。

志》中有较为详细的记载：

> 萧烈女名乌头娘，大榄村华平里人，父思敬，母区氏。乌头年十八，未有所适。景泰元年，黄萧养既平，水军讨乡民之胁从者，师出无律，遂乘机剽掠。见其年少有容色，遂执之，逼胁以行，乌头誓死不受辱，因讽以利害，挞以兵刃，皆不可……自引颈，敛发受刀，军遂杀之。观者莫不惊叹，或至泣下。新会人李彦英、谢齐祖构钱买棺，葬于邑西象山。成化辛丑，知县丁积命工修其墓，且割废庙田六十亩，命人岁守祭事。弘治甲子，知县罗侨以守非其人，墓将就埋，乃改葬于雷电山。①

黄萧养之乱平定以后，朝廷水军掠夺百姓，而借机侵犯大榄村民萧烈女，最后萧烈女自刎而死。显然，黄萧养事件对当地造成了极大的伤害，故《榄屑》对此事做了记载。经比较，《榄屑》中关于萧烈女事件的记载，应是承袭了《［嘉靖］香山县志》之说，并无太大差异。

2.抵御海盗

香山濒海，海盗猖獗。《［光绪］香山县志》引《方舆纪要》称："濒海诸邑为盗贼渊薮者，如香山新会之白水分水红等处，往往岁集凶徒，以小艇出海。珠禁驰则纠党盗珠，严则诱倭行劫。或又当诘奸禁究，以消其萌矣。"②由于海盗灵活性大，香山一带水网密布，易于海盗逃窜隐匿，官兵难以起到作用，小榄人为了维护自身权益，便成立社盟主持公道。"先是，乡中寇盗充斥，各社私立，私立董肖宸为盟主。如有不法者，即听盟主施为，将其溺毙，亦无事也，故董得以自专。是时，民不知官法，即巡司出示，亦为董所指挥而已耳。"③

除民间私立社盟外，小榄还由乡绅捐资施行保甲，抵抗由黄信、林芳

---

① （清）邓迁修，（清）黄佐等纂：《［嘉靖］香山县志》，《日本藏中国罕见地方志丛刊》，书目文献出版社，1991年，第382页。

② （清）田明曜修，（清）陈澧纂：《［光绪］香山县志》，《续修四库全书》第713册，上海古籍出版社，1996年，第164页。

③ （清）何大佐：《榄屑》，陈建华、曹淳亮主编：《广州大典》第394册，广州出版社，2015年，第147—148页。

带领作乱的白旗贼。《榄屑·白旗贼》载："明季不祚，自闯、献二贼蹂躏中原，余氛未靖，各省群盗蜂起，甲申国变后窃发尤甚，有白旗贼者势不可当。丙戌年九月，乡中闻贼来劫掠，高祖捐赏着通乡保甲，鳌筑炮台，沿海一带自东垾口至半边榄，内建更楼，外环阔河，共十二个大营，远望如一带长城。"①

可见，在明清时期，对于地方的治安管理来说，岭南地区由于宗族势力强大，起到有效作用的往往不是朝廷官兵，而是由士绅阶层组成的地方性民间力量。

3.迁界问题

清顺治、康熙年间，为打击沿海各路义军，防止沿海各省与台湾郑氏父子势力相互联络，朝廷颁布禁令，实施海禁，明令片帆不准入海。康熙二年（1663），又下诏迁界。"清初东南五省——山东、江南、浙江、福建、广东沿海一带之民，有诏迁入内地数十里，以木桩为界，时达二十余年之久，为顺治、康熙间一大案。其成祸之因，乃清朝防御郑成功从海道内进，与杜绝明季子遗之勾通接济，此当时坚壁清野之计，而濒海居民受害至烈，庐舍田园成墟，渔人困处陆上，纪载称之为迁界、迁海，或曰海禁。"②

康熙三年（1664），小榄开始迁海，主持迁界的官兵趁机肆意掠夺。《[道光]香山县志》载："官折界期三日，贫无依者不能遽如令，五日夷其地。"③《榄屑》引钮玉樵《粤觚》云："康熙甲辰年春日，续迁番禺、顺德、东莞、香山、新会五县沿海居民，先画一界，以绳直之，其间有一宅而半弃者、有一室而中断者，浚以深沟，别为内外，稍逾跬步，死即随之。"④官兵粗暴的执法使得迁界之地家庭离散，庐舍坍塌，祠宇均为官兵所毁。

康熙七年（1668）春，巡抚王来任目睹人民流离失所的惨状，主持赈济，病逝于广东，并上遗疏请求复界。《榄屑》记载"王巡抚讳来任"，"顺

---

① （清）何大佐：《榄屑》，陈建华、曹淳亮主编：《广州大典》第394册，广州出版社，2015年，第162页。

② 《二十五史三编》第9册，岳麓书社，1994年，第987页。

③ （清）祝淮修，（清）黄培芳辑：《[道光]香山县志》，学生书局，1965年，第1313页。

④ （清）何大佐：《榄屑》，陈建华、曹淳亮主编：《广州大典》第394册，广州出版社，2015年，第197页。

治中来抚吾粤，乘民物凋残之秋，起白骨而肉之。吾榄自边徙后，狼狈他乡。公以死争，为国捐躯，得展界招复流民"①。

康熙八年（1669），在得到朝廷的准许后，小榄居民才得以迁回故里，然而家乡的田地、山塘已经荒芜有七八年之久，许多迁民已在界内山区重新开垦了土地，部分迁民已经不愿意回去了。迁界给沿海居民带来的伤害可见一斑。《广东新语》卷二《地语》有曰："东粤背山而海，疆土褊小。今概于海濒之乡，一迁再迁，流离数十万之民，岁弃三千余之赋。且地迁矣，又在在设重兵以守，筑墩楼，树桩栅，岁必修葺，所费不赀，钱粮工力，悉出闾阎，其迁者已苦仳离，未迁者又愁科派。民之所存，尚能有十之三四乎？"②迁界毁屋害民，使得无数濒海居民或流离失所，或妻离子散、家破人亡，也使得迁界之地民生凋敝，经济倒退，给当地带来了不可磨灭的伤害。

（四）民间信仰

小榄民间信仰佛道混杂，民众既崇奉佛教的阿弥陀佛和观世音菩萨，也崇奉道教的太上老君、灶君、财神、土地神等。每当举办活动时，往往不拘佛道，如农历七月十五中元胜会等，都是僧、道共同参与，"七月十五日为盂兰会，各坊多建醮演戏，作水陆场超幽。奉神驾出游，或一日二日。其神乃北方真武玄天上帝，庙食于乡，凡数处，以泰宁北极殿为大庙，有功德于民，尸祝报赛宜也。在水游镇更加热闹，或僧或道"③，民间丧事也是佛、道同请。

当地奉祀有沿海地区常见的天后庙、随处可见的土地庙和庇护一城的城隍庙。据《粤小记》卷三所载："祀城隍，盖始于尧……洪武初，诏天下府州县建城隍神庙……自后天下郡县无不建庙以祀。"④《榄屑》中记载城隍多由

① （清）何大佐：《榄屑》，陈建华、曹淳亮主编：《广州大典》第394册，广州出版社，2015年，第152页。按：此处"顺治"有误，当为"康熙"。

② （清）屈大均：《广东新语》，中华书局，1985年，第58页。

③ （清）何大佐：《榄屑》，陈建华、曹淳亮主编：《广州大典》第394册，广州出版社，2015年，第156页。

④ （清）黄芝：《粤小记附粤谐》，陈建华、曹淳亮主编：《广州大典》第395册，广州出版社，2015年，第39页。

行善积德之人担任，如榄乡有名的乐施济贫以致破产的麦陟瞻翁，后来成为顺天府城隍。又有"族伯文作翁，生平善迹，纸不胜书，一夕示梦于其女曰：'吾将往某处为城隍神，今与尔夫妻一别耳'"①。这些无不表明城隍神在百姓心中的重要意义，以致各地奉祀的城隍神生前必定是乐施积善之人，对地方做出过一定贡献。

当地除了传统的寺庙道观，还有许多未得到官方认可的淫祠。《[嘉靖]香山县志》卷一称榄俗信鬼，"三家之里必有淫祠，岁时男觋女会，事必求祷，至于疾病，以求医服药为谬，以问香设鬼为灵"②。淫祠众多，说明小榄民间信仰的庞杂，只要是对当地有过一定贡献的人，甚至是名不见经传但又有些神异之处的人或物，当地人都会加以拜祭，向其祈祷。如康熙七年（1668）春，广东巡抚王来任目睹人民因迁界而流离失所的惨状，主持赈济，并上疏请求复界，最后"公以死争，为国捐躯，得展界招复流民"③。榄乡居民奉王来任为"主吾乡千秋俎豆之正神也"，并为其修祠。《[光绪]香山县志》记载："王巡抚庙，祀巡抚王来任。一在小榄，雍正六年建。一在长洲乡，嘉庆十五年黄耀廷建，道光二十九年重修。一在龙眼都坑口墟，乾隆十五年建，咸丰二年重修。一在隆都西河桥侧。一在黄角额，曰遗爱祠。余沿海各乡，或祀于乡学，或附祀各庙，或并祀总督李率泰。"④还有祀伍铁山先生的庙宇；有祀历史上忠臣的，"有神一衔曰'梁太保公'，从宋幼帝而南，公殁，民思其忠祀之"；有祀陈璘的，都是因为这些庙宇"神灵赫濯，御灾捍患，大有功德于乡人"。甚至有祀人头将军的，哪怕奉祀的人头是被枭首示众的贼首，但是因为乡人有祷必应，也会奉祀烟火不绝。这种风气不独为榄乡一地所有，广东各地都存在，陈昙《邝斋杂记》云："粤俗佞神，妇女特甚，所有桥梁、江岸、片瓦拳石，无

---

① （清）何大佐：《榄屑》，陈建华、曹淳亮主编：《广州大典》第394册，广州出版社，2015年，第188页。

② （清）邓迁修，（清）黄佐等纂：《[嘉靖]香山县志》，《日本藏中国罕见地方志丛刊》，书目文献出版社，1991年，第298页。

③ （清）何大佐：《榄屑》，陈建华、曹淳亮主编：《广州大典》第394册，广州出版社，2015年，第152页。

④ （清）田明曜修，（清）陈澧纂：《[光绪]香山县志》，《续修四库全书》第713册，上海古籍出版社，1996年，第127页。

不指为灵验而神明事之。"①

乩仙，又称扶乩、扶鸾、降笔、请仙、卜紫姑、架乩等，是来源于道教的一种占卜方法，明清时期非常盛行。蒲松龄《聊斋志异》中有载"章丘米步云，善以乩卜。每同人雅集，辄召仙相与赓和"②之事。乩仙多伪托古人，明代周履靖所辑的《群仙降乩语》便记载文衡山、黄五岳、王雅宜、陈白阳、孙太初、苏轼、秦观等人所写乩语，实则借乩仙之名抒己身之意，通过假托神仙之口来表达自己的感受。而榄俗信鬼神，当地文人好请乩仙，"乾隆某年，纱帽社文学李参藻翁一日请乩仙降笔赋诗"③，"一日，风清月朗，遂乩仙"④。

不单是榄俗信鬼，整个岭南地区同样如此。无论是信佛、信道还是信奉佞神，对于岭南地区百姓来说并没有太大的区别，只要他们认为所信奉的神灵灵验，对他们的生活有所帮助，他们都会一视同仁。所以，与其说岭南地区百姓信仰庞杂，不够纯洁，倒不如说这是他们对美好生活的向往所致。

结语

明清时期，岭南文人写了大量的历史笔记，《榄屑》只是其中的一个代表。虽然涉猎的内容大部分集中于香山小榄地区，然而书中记述了许多具有地方特色的事情，如小榄菊试、地方物产以及民间信仰等，这些内容可成为方志资料的一种补充，也给岭南地区历史文化研究提供了新的视野。

通过对《榄屑》的解读与研究，可以看到明清时期岭南民众生活在一个繁华与混乱并存的时代。这个时期社会基本安定，大众文化有了明显的

---

① （清）关涵等著，黄国声点校：《岭南随笔（外五种）》，广东人民出版社，2015年，第348页。

② （清）蒲松龄撰，张友鹤辑校：《聊斋志异会校会注会评本》，中华书局上海编辑所，1962年，第1597页。

③ （清）何大佐：《榄屑》，陈建华、曹淳亮主编：《广州大典》第394册，广州出版社，2015年，第159页。

④ （清）何大佐：《榄屑》，陈建华、曹淳亮主编：《广州大典》第394册，广州出版社，2015年，第151页。

发展；现有的岭南市镇基本形成，并逐步繁荣兴盛，促使岭南社会文化进一步世俗化，当地民众有了更多的娱乐活动。然而，明清鼎革之际，战乱频仍，天灾流行，粗暴的迁界政策使很多人失去家园，以致成为流寇或海盗，扰乱地方秩序；地方赋役征收管理上的混乱，使得百姓承担了许多在征收范围外的赋役而无力支撑。这不仅是当时香山小榄地区的现状，也是整个岭南乃至全国都出现的现象。

作者通信地址：余格格，广东省广州市天河区五山路483号华南农业大学档案馆3楼中国农业历史遗产研究所，邮编：510642；罗兰恩，广东省广州市天河区燕侨大厦22楼2211室广州康隆教育科技有限公司，邮编：510000。

责任编辑：赵晓涛

南药高良姜药名释义[*]

孔祥华^{**}　蓝晓彤^{***}　朱俊霞^{****}　钟小美^{*****}

广州中医药大学，广东广州，510006

摘　要： 中医药研究者对中药药用功效如指诸掌，却鲜有知其名谓涵义者。中药学因其药物众多，名称多歧，故中药释名不可或缺。文章采用文献研究法、分析研究法、训诂法等，参考《本草纲目》《本草释名考订》等相关文献资料，对本草高良姜各种称谓进行释义。结果发现，其得名主要与产地、环境、形态、颜色、炮制方法、功效、音近传误以及方言等因素相关。

关键词： 南药；高良姜；释义；考订

岭南特色中药高良姜是姜科植物高良姜的干燥根茎，为药食同源之物。中医认为：高良姜，味辛，性热，归脾、胃经，功效温中散寒，行气止痛，临床用于脘腹冷痛、胃寒呕吐、噫气、泻痢①。在《中华人民共和国药典·第一部（2015年版）》中，"高良姜"为其正名②。据考，"高良姜"一名涵义甚殊，其异名甚多，含义各有千秋，明朝卢之颐在《本草乘雅半

---

* 本文为2017年度《广州大典》与广州历史文化研究立项课题及博士学位论文资助项目"《岭南采药录》草药释名考订"（批准号：2017GZY34）成果。

** 孔祥华（1978—　），男，汉族，广东怀集人。广州中医药大学副研究员，博士。

*** 蓝晓彤（1998—　），女，畲族，广东河源人。广州中医药大学第三临床医学院本科在读。

**** 朱俊霞（1997—　），女，汉族，江西萍乡人。广州中医药大学第一临床医学院本科在读。

***** 钟小美（1997—　），女，汉族，广东汕尾人。广州中医药大学第二临床医学院本科在读。

① 陈仁寿主编：《国家药典中药实用手册（2015版）》，江苏凤凰科学技术出版社，2017年，第337—338页。

② 国家药典委员会编：《中华人民共和国药典·第一部（2015年版）》，中国医药科技出版社，2015年，第287页。

偈》中谓："故古人命名立言，虽极微一物，亦有至理存焉"①。为辨名识物，本文就其各种称谓的由来进行释义，以飨读者。

一 高良姜正名释义

据文献研究表明，"高良姜"一名始载于《名医别录》（原书早佚）。梁朝陶弘景《本草经集注》卷四"草本中"记载高良姜"出高良郡。人腹痛不止，但嚼食亦效"②。明朝李时珍《本草纲目》记载："（高良姜）陶隐居言此姜始出高良郡，故得此名。"③至于"高良郡"是何地？唐朝刘恂在《岭表录异》中将高良姜记作"高凉姜"④。清朝李调元《南越笔记》记载："高良姜出于高凉，故名。"⑤《中药商品知识》记载："据中国百越民族史研究会的一些学者考证，古代的高凉地区即现今广东高州、电白、吴川、茂名、阳春、阳江、恩平等地。"⑥与宋朝苏颂《本草图经》记载"高良姜，今岭南诸州及黔蜀皆有之，内郡虽有而不堪入药"⑦以及《药物出产辨（三）》记载"产广东琼州各属为多"⑧相吻合。高凉地区又因何得名？明朝李时珍《本草纲目》记载："按高良，即今高州也。汉为高凉县，吴改为郡。其山高而稍凉，因以为名，则高良当作高凉也。"⑨《阳江史事探究》记载："《高州府志》引清顾祖禹《读史方舆纪要》记载：'高凉山在县北五十里，高百余丈，本名高梁，以群山森然，盛夏如秋，因名。'"⑩自古以来，高凉山（今高州市曹江镇银塘管理区的高凉岭）是南粤名山，西汉至

① （明）卢之颐撰，刘更生等校注：《本草乘雅半偈》，中国中医药出版社，2016年，第167页。

② 郭秀梅主编，（梁）陶弘景原撰：《敦煌卷子本〈本草集注序录〉》，学苑出版社，2013年，第55页。

③ （明）李时珍著，胡双元等校注：《本草纲目》，山西科学技术出版社，2014年，第395页。

④ 程超寰：《本草释名考订》，中国中医药出版社，2013年，第362页。

⑤ （清）李调元撰，张智主编：《南越笔记》，广陵书社，2003年，第528页。

⑥ 中药商品知识编写组编：《中药商品知识》，广东科技出版社，1988年，第257页。

⑦ （宋）苏颂编撰，尚志钧辑校：《本草图经》，安徽科学技术出版社，1994年，第203页。

⑧ 陈仁山，蒋淼，陈思敏等：《药物出产辨（三）》，《中药与临床》2010年第3期，第63页。

⑨ （明）李时珍著，胡双元等校注：《本草纲目》，山西科学技术出版社，2014年，第395页。

⑩ 曾传荣著，阳江市高凉文化研究会、阳江市曾氏宗亲会编：《阳江史事探究》，中国科学文化音像出版社，2014年，第95页。

南朝时借助此山的称呼，在山下建立郡县，取名高凉郡（县）。可见，"高良姜"因地得名，地因山得名。

对于"姜"字的释义，《新编字典》记载："（姜）①多年生草本植物，根茎味辣，常用作调味品，也可入药。②姓。"①《中国象形字大典》记载："（姜字）甲骨文和早期金文……象头戴羊角装饰物的女人形。与'羌'字同源。稍后的金文及小篆……会意与'羊'生活在一起的女人，或称'牧羊女'。"②张章《说文解字（下）》记载："姜，神农居姜水，以为姓。从女，羊声；（姜）会意兼形声字……隶变后楷书写作'姜'……姜的本义为美，但此义现已消失。"③由此可知，"姜"字本义为像羊一样温顺的女人或表示美丽。"姜"的繁体字为"薑"，源于姜的功用。《常用汉字源流字典》记载："薑，形声，从艸，畺声，一种草本植物，根茎可作调料，近代俗字，《简化字表》把'薑'简作'姜'，采用同音代替。"④《中华探名典》认为："古人认为食姜能抵御湿气，所以从畺（疆）。"⑤明朝李时珍《本草纲目》记载："［时珍曰］按许慎《说文》，姜作'薑'，云御湿之菜也；王安石《字说》云：'薑能疆御百邪，故谓之薑。'"⑥《繁简字对照字典》还特别提出："在繁体文本里，姜和薑是不同的字，姜字指姓氏时要用'姜'。"⑦

二 高良姜的各种异名及释义

除正名之外，高良姜还有徐闻良姜、高州姜、广东良姜、广西良姜、海南良姜、台湾良姜、廉姜、南薑、山姜、高凉姜、海良姜、蛮姜、红豆蔻、佛手根、风姜、雷州高良姜、儋州高良姜、埋光乌药、比目连理花、膏凉姜、理光乌药、膏良姜、马蹄良姜、大良姜、中良姜、小良姜、杜若、炒良姜、土炒良姜、吴萸炒良姜、酒高良姜、嘎玛尔、乌兰嘎、噶玛

① 任超奇主编：《新编字典》，崇文书局，2006年，第231页。

② 熊国英：《中国象形字大典》，天津古籍出版社，2012年，第274页。

③ 张章主编：《说文解字（下）》，中国华侨出版社，2012年，第591页。

④ 魏励：《常用汉字源流字典》，上海辞书出版社，2010年，第187页。

⑤ 郝铭鉴，孙欢主编：《中华探名典》，上海锦绣文章出版社，2014年，第197页。

⑥ （明）李时珍，胡双元等校注：《本草纲目》，山西科学技术出版社，2014年，第733页。

⑦ 苏培成编：《繁简字对照字典》，语文出版社，2007年，第94页。

尔、贺哈、草子真寒、星屙马、乌兰—嘎、嘎玛日等几十个异名。

（一）产地和环境

《中药商品知识》记载："（高良姜）其栽培品主产于广东雷州半岛的徐闻、海康；野生品主产于海南省的陵水、屯昌、儋县；广东惠阳地区的东莞一带也有分布。"①作为"十大广药"之一的高良姜，是广东省的道地药材，广东省徐闻县，被誉为"高良姜之乡。"《品对联学中药》记载："高良姜，又名徐闻良姜，因其产于广东徐闻而得名。"②徐闻良姜享有"中国神姜王"之称，名甲天下。相传有诗歌赞曰："秦时明月汉时关，冠头岭上高良姜。香飘四季闻海内，本草遗风此处扬。"诗歌中提到的冠头岭正是位于徐闻县。《宋史》记载雷州时称"贡良姜"③，提示雷州（主要指徐闻）所产的高良姜在宋时是朝廷贡品。明朝陈嘉谟《本草蒙筌》记载："高良系广属郡，今志改名高州姜"④，故又名"高州姜"。

高良姜按产地可分为广东良姜、广西良姜、台湾良姜、海南毛姜等。据《唐书·地理志》，廉州"本合州，武德四年曰越州，贞观八年更名"⑤。廉州即今天的广西壮族自治区合浦县廉州镇，故广西所产高良姜又名"廉姜"。《汉拉英对照中药材正名词典》记载高良姜时称"广西、云南别名山姜，台湾名南薑"⑥，知台湾良姜又名"南薑"。因产地得名，还有出自古代高凉地区的高凉姜、广东雷州市的雷州高良姜和海南儋县的詹州高良姜、广东海康县的海良姜等。又因古高凉为蛮夷之地，故高良姜又名"蛮姜"。

高良姜喜生于山坡草地或灌木丛中，其性喜高温、高湿的环境，喜明亮的光照，但又忌强光，《西北地区中药材种植与加工技术研究》记载："高良姜喜湿润、忌强光直射。"⑦故名"埋光乌药"。梁朝陶弘景《本草经集注》

① 中药商品知识编写组编：《中药商品知识》，广东科技出版社，1988年，第257页。

② 徐荣鹏等编：《品对联学中药》，广东科技出版社，2013年，第91页。

③ （元）脱脱等撰：《宋史·地理志六》，清乾隆武英殿刻本。

④ （明）陈嘉谟撰，陆拯、赵法新校点：《本草蒙筌》，中国中医药出版社，2013年，第51页。

⑤ （宋）欧阳修、（宋）宋祁：《新唐书》地理志七上，清乾隆武英殿刻本。

⑥ 谢宗万编撰：《汉拉英对照中药材正名词典》，北京科学技术出版社，2004年，第300页。

⑦ 蔺海明主编：《西北地区中药材种植与加工技术研究》，甘肃科学技术出版社，2006年，第170页。

卷四"草本中"载高良姜："形气与杜若相似，而叶如山姜。"①明朝李时珍《本草纲目》记载："［颂曰］（高良姜）春生茎叶如姜苗而大。高一二尺许，花红紫色，如山姜花。"②高良姜又名"山姜"，与其生长环境或花、叶形态与山姜相似有关。

（二）形态和颜色

由于高良姜的植物形态、外皮颜色不同，高良姜有不同的俗称。对比乌药和高良姜两者的药材性状，《实用中草药彩色图鉴大全集（根和根茎类中草药彩色图鉴）》提示：高良姜药材性状形似乌药③。故名"埋光乌药""理光乌药"。对比高良姜和佛手两者的根茎，《中国药材学》提示：佛手的枝根形态似高良姜的根茎④。故得名"佛手根"。但佛手根并非佛手的根茎，佛手的根茎应为佛手柑根，应注意甄别。

《中药材加工》记载："市场上所售高良姜商品，以形状饱满、皮皱肉凸（俗称反口）、分枝少、粉性足、外皮色棕红、气芳香、味辛辣者为佳，此等佳品称为马蹄良姜。"⑤该品种因根茎形似马蹄得名"马蹄良姜。"《药材资料汇编》记载："一般色红质结多粉质，两端有圆形反口，称'马蹄良姜'，亦称'大良姜'，为佳品；只形较小者为'中良姜'；条细长，外表为黑色斑疤，叫'小良姜'，为次。"⑥故有"马蹄良姜""大良姜""中良姜""小良姜"等称谓。

《中药志》记载："大高良姜 Alpinia galanga（L.）Willd. 其果实称红豆蔻或红叩，根茎在云南等地亦有作高良姜药用，其根茎较高良姜粗大故称为大高良姜……历史上亦曾作高良姜用，如《图经本草》在红豆蔻条云：

① 郭秀梅主编，（梁）陶弘景原撰：《敦煌卷子本〈本草集注序录〉》，学苑出版社，2013年，第55—56页。

② （明）李时珍著，胡双元等校注：《本草纲目》，山西科学技术出版社，2014年，第395页。

③ 巢建国、周德生主编：《实用中草药彩色图鉴大全集（根和根茎类中草药彩色图鉴）》，湖南科学技术出版社，2016年，第36、218页。

④ 徐国钧等编著：《中国药材学》，中国中医药出版社，1996年，第679、1082页。

⑤ 李薇等编著：《中药材加工》，广东科技出版社，2004年，第35页。

⑥ 中国药学会上海分会、上海市药材公司合编：《药材资料汇编（下）》，上海科技卫生出版社，1959年，第68页。

'其苗如芦，高一、二尺，叶似姜，花作穗……结实如豆而红，即高良姜子。'"①据《新华本草纲要（第一册）》记载："（高良姜）本种果实在部分地区和本草典籍上混称红豆蔻，功效同红豆蔻。"②历代医书多把大良姜之果当作"红豆蔻"，把红豆蔻的根茎当作大良姜，因此高良姜又称为"中良姜"，以示区别。这是大良姜、中良姜、小良姜称谓由来的另一个原因。

明朝卢子颐《本草乘雅半偈》记载红豆蔻时称："有花无实，不与草豆蔻同种。每蕊心有两瓣相并，词人托兴，如比目、连理云。"③"连理"原指草木、枝干连生在一起，如汉朝班固《白虎通·封禅》记载："德至草木，朱草生，木连理。"高良姜又名"比木连理花"，主要源于其具备红豆蔻的每蕊心有两瓣相并，如同连理之形。

杜若最早载于《神农本草经》，被列为上品。清朝莫枚士《神农本经校注》记载："《史记索隐》云：'杜若，茎叶如姜而有文理。'"④梁朝陶弘景《本草经集注》卷四"草本中"载高良姜"形气与杜若相似"⑤。明朝《本草纲目》记载："〔时珍曰〕杜若人无识者，今楚地山中时有之，山人亦呼为良姜，根似姜，味亦辛。"⑥故高良姜因形态、气味，又名"杜若"。《本草古籍常用道地药材考》记载："有关高良姜与杜若，许多文献将《神农本草经》所载之'杜若'与'高良姜'相混。"⑦《广东地产药材研究》记载："历史上大高良姜、高良姜和杜若的应用存在一定的混乱……古代的杜若与古代高良姜相似但又不是古代的高良姜。"⑧至今关于杜若的具体植物仍有争议，但现代学者的主流观点是，杜若为姜科植物。

---

① 中国医学科学院药物研究所等编著：《中药志》，人民卫生出版社，1979年，第1册，第495—496页。

② 江苏省植物研究所等编著：《新华本草纲要》，上海科学技术出版社，1988年，第1册，第540页。

③ （明）卢之颐撰，刘更生等校注：《本草乘雅半偈》，中国中医药出版社，2016年，第344页。

④ （清）莫枚士辑注，郭君双等校注：《神农本经校注》，中国中医药出版社，2015年，第47页。

⑤ 郭秀梅主编，（梁）陶弘景原撰：《敦煌卷子本〈本草集注序录〉》，学苑出版社，2013年，第55页。

⑥ （明）李时珍著，胡双元等校注：《本草纲目》，山西科学技术出版社，2014年，第394页。

⑦ 徐春波主编：《本草古籍常用道地药材考》，人民卫生出版社，2007年，第172页。

⑧ 梅全喜主编：《广东地产药材研究》，广东科技出版社，2011年，第547页。

（三）炮制方法和功效

中药的炮制方法五花八门，炮制不仅使药物的功用、性味等发生变化，还使得中药的名称更加丰富多样。由于炮制方法不同，高良姜有诸如"炒良姜""土炒良姜""吴萸炒良姜""酒高良姜"等称谓。如明朝李时珍《本草纲目》记载高良姜时称："宜炒过入药。亦有以姜同吴茱萸、东壁土炒过入药用者。"①《中药处方用名析解》记载："炒良姜系良姜片经微炒入药者；亦有以陈壁土拌炒或吴萸煎汤炒后入药者，又各称为土炒良姜、吴萸炒良姜。"②《中药炮制学辞典》记载酒高良姜时称："《世医得效方》：'酒浸炒。'"③

高良姜祛风散寒力强。清朝王翃《握灵本草》记载："凡男女心口一点痛者，乃胃脘有滞或有虫也，多因怒及受寒而起……用高良姜，以酒洗七次焙研，香附子以醋洗七次焙研，各记收之。"④唐朝甄权《药性论》记载："高良姜治腰内久冷，胃气逆、呕吐；治风破气，腹冷气痛；去风冷痹弱，疗下气冷逆冲心，腹痛，吐泻。"⑤《冉雪峰本草讲义》记载高良姜时称："辛温暖脾胃而逐寒邪，则胃中冷逆自除，霍乱腹痛自愈矣……去风冷痹弱。"⑥因高良姜之功效，故高良姜又名"风姜"。

（四）音近传误、方言

因"膏"与"高"音同，"枫"与"风"音同，旧时人们将其混淆之；"埋"字和"理"字相似，传抄时容易误写，故高良姜又名"膏凉姜""枫姜""膏良姜"与"理光乌药"。《本草药名汇考》记载："（高良姜）'嘎玛尔'藏族……'乌兰嘎'蒙族，内蒙古；'噶玛尔'藏族，西藏；'贺哈'傣族，云南。"⑦《中国民族药志要》记载："[傣药] 贺哈……[哈尼药] 草

① （明）李时珍著，胡双元等校注：《本草纲目》，山西科学技术出版社，2014年，第395页。

② 陈维华等编：《中药处方用名析解》，安徽科学技术出版社，2004年，第105页。

③ 叶定江、原思通主编：《中药炮制学辞典》，上海科学技术出版社，2005年，第298页。

④ （清）王翃：《握灵本草》，中国中医药出版社，2012年，第69页。

⑤ （唐）甄权著，尚志钧辑校：《药性论》，皖南医学院科研科，1983年，第28页。

⑥ 冉雪峰：《冉雪峰本草讲义》，中国中医药出版社，2016年，第223页。

⑦ 程超寰、杜汉阳编著：《本草药名汇考》，上海古籍出版社，2004年，第537页。

子真寒……［毛难药］星屙马……［藏药］嘎玛儿……［蒙药］乌兰嘎，嘎玛日……"[1]上述"嘎玛儿""乌兰嘎""嘎玛日"等异名应是不同民族对高良姜有不同叫法读音所致。

三　总结与讨论

中药药名来源于人类生活和生产实践，其不仅是文字符号，也承载着博大精深的中国传统文化。从高良姜的药名考证可见，中药命名不仅独具艺术之美，还深受中国传统文化等因素的影响。对岭南中药高良姜各种药名的涵义及文献出处进行系统、科学的考订、整理、研究，不仅可以使中医药爱好者对高良姜的四气五味、功效有更进一步的了解，还有助扩大岭南医药著作影响，宣传广东独具特色的岭南中医药文化。

作者通信地址：广东省广州市番禺区小谷围岛外环东路232号广州中医药大学办公楼5楼，邮政编码：510006。

责任编辑：蒋方

---

① 贾敏如、李星炜主编:《中国民族药志要》,中国医药科技出版社,2005年,第32页。

书　评

在经典中安顿人生
——读许外芳教授整理的《何若瑶集》

杨青华*

中山大学，广东广州，510275

清代乾嘉之时，受学术与政治因素的双重影响，经史考据之风兴起，逐渐成为学坛的主流，如戴震、钱大昕、王念孙、段玉裁等皆是当时出类拔萃、如雷贯耳之学者。与乾嘉考据大潮相比，嘉道时期的岭南学术仅算承其余波。嘉庆年间，素以主持风教为己任的扬州学者阮元督粤，创建学海堂，承继乾嘉余风，提倡经史考证之学，促进了岭南地区学术发展与繁荣。在此背景下，一批经学之士应声而起，如陈澧、林伯桐、侯康、曾钊、邹伯奇、桂文灿、朱次琦等皆为一时之秀。这批学者或声名较大，或学术成就较高，为学界关注较多，因此得以入正史儒林。受学术大环境的影响，许多士人不自觉地将学术目光投入到经史考证之中，有些学者虽非出自学海堂，声名亦是不显，但也取得了不菲成就。如道咸时期的学者何若瑶即为一例。

何若瑶，字石卿，清广东番禺人。生年不详，卒于咸丰六年（1856）。道光八年（1828）中举人，二十年（1840）选海康训导，次年中二甲第一名进士，改翰林院庶吉士，二十四年（1844）散馆，授编修，二十八年（1848）补授右春坊右赞善，后因丁忧遂不复出。咸丰六年（1856）主讲禺山书院，且受延编纂县志，未成而卒，年六十。生平详见《同治番禺县志》。

若瑶少聪颖，"读书百数十行，十三经皆能成诵"。十一岁服母丧，哀

---

* 杨青华（1989— ），男，汉族，湖北黄冈人。中山大学哲学系助理研究员，文学博士。

毁如成人，恨不能以身代。若瑶为人"静默恬澹，遇事镇定有执，沈几观变，不动声色。事成而已，若无所与"①。平生好学嗜古，经史、诗文皆有撰述，著有《春秋公羊注疏质疑》、《两汉书注考证》（又称《前后汉书注考证》）、《海陀华馆诗集》、《海陀华馆文集》等。由于其性沉默寡交游，又不自喜表暴，因而当时知之者甚少。岭南大儒陈澧见其遗稿乃曰："必为传。"②学者陈璞论其《春秋公羊注疏质疑》于刘逢禄、孔广森之外能"抉何徐之藩篱，翦榛莽而达康庄"③，论其《两汉书注考证》"实事求是，稽核于前人所未言"④，称其诗文"意高而体洁"其骈文"沈博而茂密"⑤。此虽过高之誉，但也可见其学术成就之不俗。何若瑶之诗歌，徐世昌《晚晴簃诗汇》选录若干，其《两汉书注考证》，清末著名学者王先谦《汉书补注》《后汉书集解》均有采择其说。可见何氏的学术成就早已为前辈学人所关注。另外其著述在光绪年间即被收入《广雅书局丛书》，后来的《丛书集成续编》《清经解四编》等丛书皆有收录。

何氏的治学路径大体不出乾嘉考据学之范围。现略举例如下：

《后汉书·韦彪传》"豹曰：犬马齿衰，旅力已劣"一条，何若瑶考证曰：

> 注曰："旅，众也。《尚书》曰：'番番良士，旅力既愆。'"《诗·北山》："旅力方刚。"《传》："旅，众也。"《注》本之。《广雅》："膂，力也。"《疏证》："《大雅·桑柔》云：'靡有旅力。'《秦誓》云：'番番良士，旅力既愆。'《周语》云：'四军之帅，旅力方刚。'义并与'膂'同。膂、力，一声之转，今人犹乎'力'为

---

① （清）李福泰修，（清）史澄、（清）何若瑶纂：《[同治]番禺县志》卷四十八，清同治十年（1871）光霁堂刻本，第6页。

② （清）陈璞：《何宫赞遗书序》，《尺冈草堂遗文》卷一，《续修四库全书》第1547册，上海古籍出版社，2002年，第597页。

③ （清）陈璞：《何宫赞遗书序》，《尺冈草堂遗文》卷一，《续修四库全书》第1547册，上海古籍出版社，2002年，第597页。

④ （清）陈璞：《何宫赞遗书序》，《尺冈草堂遗文》卷一，《续修四库全书》第1547册，上海古籍出版社，2002年，第597页。

⑤ （清）陈璞：《何宫赞遗书序》，《尺冈草堂遗文》卷一，《续修四库全书》第1547册，上海古籍出版社，2002年，第597页。

'膂力',是古之遗语也。旧训'旅'为'众',皆失之。"①

何氏首先指出李贤《注》训"旅"为"众"本之于《诗经·北山》的毛《传》,其次引清人王念孙《广雅疏证》之说辨正李《注》之失,既体现了他对清人音韵、训诂成就的吸收,又体现了其经史互证的学术思想。而此条考证也为王先谦《后汉书集解》所吸收。

"岭南"常被称为蛮荒之地,但随着与中原内地文化交往的增多,唐代以后岭南经济、文化得到长足发展,出现了如张九龄、慧能等文学巨匠、佛学宗师。六朝以来,地处南海之滨的岭南一直是中国对外交往的海陆前沿,如禅宗祖师达摩东渡中土传教就自广州登陆。晚明以后,世界地理大发现,全球经济文化交流更加频繁,岭南地区在中外交往中的作用更为凸显,如明代的利玛窦来华传教、清代的十三行。可以说,经济的交往、文化的交流既促进了本地经济的发展,也丰富了岭南文化。如明代就出现了陈献章、湛若水等思想大家。但总体而言,中国传统文化及学术的中心仍在江南等地区。但清代中叶以来,在内外政治因素与学术因素的影响下,一批政治学术名流,如陈澧、朱次琦、康有为、梁启超、陈垣、孙中山等皆出自岭南,其中不少人可谓引领学术、政治风气之先。可以说,清代中叶以来的岭南,其学术文化在全国占有较高之地位,因而此时期的学术文化也广为学界所关注。新世纪以来,由于社会经济的发展,国家对文化事业建设极为重视。各地的文化发展呈现一片繁荣景象,地方文化也为政府、学者所关注。2015年,煌煌520册的《广州大典》影印出版完成,并且成立了《广州大典》研究中心,配套了相关科研资金支持,从而带动了学术界对岭南文化的关注和研究。在此因缘际会之下,何若瑶的学术成就也为学界所关注。华南师范大学许外芳教授整理的《何若瑶集》正是此背景下的产物,同时也填补了相关研究的空白。

在学界唯论文是重的学风之下,古籍整理是一件枯燥繁难且"不讨好"的工作,往往令人心生畏惧,唯恐避之不及。如上所述,何若瑶在经史、诗文方面皆有著述。在学术分工日益细化的今天,要全方位整理一个人的著作是一件殊为不易之事。许教授能够苦心孤诣地搜集整理前人的遗

---

① (清)何若瑶著,许外芳点校:《何若瑶集》,吉林大学出版社,2017年,第39页。

著，不仅嘉惠学林，且有功前贤，此心此举令人由衷感佩。许教授整理的《何若瑶集》其贡献主要体现在以下几个方面：

第一，比较全面系统地收集、整理了何若瑶的相关文献资料。如关于何若瑶生平的《番禺县志·何若瑶传》、陈璞《何宫赞遗书序》；经史方面的《两汉书注考证》《春秋公羊注疏质疑》；诗文集如《海陀华馆诗草》《海陀华馆诗集》，其中《海陀华馆诗草》还是据何氏手稿本整理；另外还收集了何若瑶之父何森的《隙亭剩草》《隙亭杂言》。可见作者在文献搜集方面下了较多功夫。

第二，整理点校严谨。何若瑶《两汉书注考证》《春秋公羊注疏质疑》有许多文字与现在通行本有出入。如该书第27页的"三月，光武别与诸将循昆阳"一条中，何氏引颜师古《注》"苏林曰：'循言巡，抚其人民也'"，1965年中华书局本作"循音巡"，作者出注指出二者差异，但不据改，以保存何著原貌。又如"讼逋讼于尤"一条，中华书局本作"讼逋租于尤"，作者出注说明。诸如此类，既体现了作者用功甚多，又较好地遵循了"不校校之"的文献整理原则。

第三，文献整理与研究相结合。许教授在整理《何若瑶集》的同时，还对何氏的学术成就进行了研究和探讨。如《无处安顿人生——记清代广东朴学大师何若瑶》对何氏的生平、学术思想进行了梳理和初步探讨，而《何若瑶〈两汉书注考证〉研究》一文则对何若瑶的《两汉书注考证》进行了专门探讨，揭示了该书在学术上的得失及其在相关学术史中的地位。《何若瑶〈春秋公羊注疏质疑〉研究》一文从文献考证的角度分析和指出了《春秋公羊注疏质疑》的成就与不足。这些研究不溢美，不菲薄，立足文献，实事求是，可谓笃实之论，对于了解何若瑶的生平、思想与学术成就均有重要参考价值。

总体而言，许教授整理的《何若瑶集》资料全面、研究客观，是一部具有较高文献与学术价值的古籍整理作品，也将丰富清代学术史与岭南文化的研究。但古籍整理是一项繁难的工作，难免有不周之处。例如"目录"部分有《两汉书注考证》二卷、《后汉书注考证》，而《后汉书注考证》其实是《两汉书注考证》的一部分，但如此列目使人容易误此为二书。另外，该书正文部分是繁体字，序言及附录部分许教授研究论文则为简体字，显得体例不统一。在内容方面如正文中，何氏所指出的考证具体条目出自《汉书》

《后汉书》的哪一纪、传等，需要用书名号标识，如《高帝纪》《文帝纪》《古今人表》等，而整理者只作"高帝纪""文帝纪""古今人表"等。

在该集的附录中，许教授有《无处安顿人生——记清代广东朴学大师何若瑶》一文，讲到了何若瑶的一生是"无处安顿的人生"，或许许教授对何氏的理解比我深刻且准确。然而以我看来，从传统"学而优则仕"的角度看，他是幸运的。古人言"立德、立功、立言"，何若瑶的科举仕途虽非一帆风顺，但也成功通过科举进入仕途，并且在科举路上还取得了不错的名次。而从传统读书人的角度看，他能从《汉书》《后汉书》《公羊传》等经史原典中出发，将读书所得汇成著述，形成《两汉书注考证》《春秋公羊注疏质疑》，从而在历史长河中留下自己的足迹。这些著作，部头虽不大，但要作出，也实非易事。这不仅需要对《汉书》《后汉书》《春秋公羊传》等经典相当熟悉，还需要阅读《史记》《左传》《说文解字》《尔雅》等经典，甚至需要对秦汉时期的典章制度、思想文化、语言文字、相关学术史有相当的了解才能得出成果。何氏能够沉浸在古代经典之中，这是他的幸运，我想这些"微不足道"的著作或许可以使他"无处安顿的人生"得到些许安慰。而反观我们今天，在功利浮躁的社会和学术氛围下，学者或者学生阅读经典的能力在下降，甚者根本就不愿意去阅读古书，体味经典，脚踏实地地了解古人。那么在这样的氛围下，我们人文学者的人生又何处去安顿呢？我想不少人文学科的学者对此会有切肤之体会，如在阅读四书五经、史记、左传、汉书、庄子、陶诗、辛词等文史经典时，心中会有一种踏实感，获得心灵安慰。在这样的环境中，我们的人生又在哪里安顿呢？我想中华传统经典会在某种程度上能够给我们"无处安顿"的人生带来些许慰藉。

作者通信地址：广东省广州市海珠区新港西路135号中山大学南校区文科楼418，邮政编码：510275。

责任编辑：于百川

动态信息

《广州大典·曲类》编纂出版大事记

　　曲类文献是《广州大典》（一期）集部的重要组成部分，因各种因素影响，未能与一期其他部类同步出版。广州大典研究中心成立后，围绕曲类文献的编纂出版，多次召开专家会议和工作会议，讨论有关事宜，审定编纂体例，组建专门队伍，拟定具体周详的工作流程安排。2017年4月后，编纂出版工作加速推进，最终于2019年10月完成出版。《广州大典·曲类》共收录来自海内外24家单位和个人藏家的底本1589种，包括木鱼书、龙舟歌、南音、粤讴、粤剧、粤曲等地方曲艺与戏曲文献，共分成43册。甫一面世，广州市人民政府就将其作为礼物赠予大湾区图书馆联盟各成员单位，取得良好的社会效应。

　　现将《广州大典·曲类》编纂出版大事记开列如下：

2005 年

4月30日　中共广州市委宣传部与广东省文化厅在广东省立中山图书馆召开"出版《广州大典》新闻发布会"，由广州市委常委、宣传部部长陈建华，广东省文化厅厅长曹淳亮主持，宣布《广州大典》编纂工程正式启动。

9月　市委宣传部将"广州文献与《广州大典》"列为广州市哲学社会科学发展"十五"规划重点课题。同时，为全面掌握历史文献的总体情况，将时间范围扩大至民国，空间范围扩大为广东，以粤人（包括寓贤）著述、与广东有关的著述、主要粤版图书为对象，以历史上自然形成的广东为选录文献的地理范围，以从古代到20世纪中叶（1949年）为选录文献的时间范围，分设明代及明代以前广东文献辑录研究、清代广东文献辑录研究、民国时期广东文献辑录研究和广东文献数据库建设四个重点课题，以及10多个指定课题和若干自选课题，委托专家开展研究。"木鱼书专题"为其中一个课题项目，由中山大学中国古文献研究所黄仕忠教授担任课题组负责人。

2006年

2月8日 第一次广州大典编委会会议决定下设编辑部，组织、协调《广州大典》的编辑、出版、印刷工作。编辑部由王海滨同志负责具体工作，主任倪俊明，副主任郭德焱、林子雄，委员主要有甘谦、林锐等。

2007年

1月 黄仕忠提交"木鱼书专题"项目调研报告。报告共分四个部分：一、木鱼书文献的流布与现状；二、现存木鱼书收藏情况一览表；三、木鱼书研究的回顾与前瞻；四、木鱼书研究论著索引（截至2006年10月）。

6月 编辑部按4月9日确定的《广州大典》编例，依据《广东文献综录》、各课题组研究成果，初步汇总整理出《集部选目初稿》，包括：诗文总集类、汉唐宋元别集、明别集、清别集、小说专辑（小说类之短篇、长篇、戏文、唱本入此）、文学专辑（诗文评类、词类、曲类入此）、木鱼书等部分。

2008年

10月 编辑部起草集部简介：

> 《广州大典·集部》汇聚自西汉到清代2000多年间粤人文学作品于一书，时间跨度大，作者众多，内容丰富，是研究广州乃至广东古代文学的重要典籍……分为总集专辑和别集专辑出版。总集是两人以上的作品的合集，收入……等书籍150种……别集专辑收入……等1000多部古代广州籍学者名人的诗文集，其中诗词文章歌赋数万篇。此外还有诗文评、词类和小说、木鱼、南音、龙舟等通俗文学作品，充分反映广州地方特色文学的全貌。

2009年

9月28日 编辑部工作会议对集部选目进行讨论。集部编纂负责人林子雄介绍，集部主要收录清代广州府范围民国以前出版的总集、别集、诗文评论及曲类等文献。别集部分由中山大学的黄国信、周湘教授负责甄选目录；林子雄则负责总集、诗文评、曲类等部分的选目。

2010年

3月1日 王海滨主持召开编辑部工作会议，林子雄提出：曲类木鱼书分量较大，黄仕忠课题组对此有研究并已整理出较完善的书目，对《广州大典》的选目、征集等工作有重要参考作用；建议邀请黄仕忠参加集部书目讨论会。

6月30日 林子雄主持召开集部选目讨论会，黄仕忠及其课题组成员关瑾华博士参加会议，并对整理提交的木鱼书目录进行介绍：该目录收录300多种木鱼书籍，分别藏于中山大学中国古文献研究所、广东省立中山图书馆、中山大学图书馆，以及香港、台北、东京、神户等地；希望《广州大典》收入木鱼书，将这种岭南特有的传统说唱剧本全面地展示给读者和专家阅读研究。经会议讨论决议，为尽量保持木鱼书系列的完整性，援引大典编例的两种特殊性底本处理原则（个别门类延至民国；个别内容完整、史料价值特殊的文献，独立成辑出版），建议将1949年前的木鱼书编入集部曲类。

2011年

12月13日 广州市委常委、宣传部部长王晓玲主持宣传部部长办公会议，决定宣传部副部长曾伟玉分管《广州大典》工作。

12月21日 王海滨、曾伟玉主持编辑部工作例会，林子雄对集部目录初稿进行了说明：集部书目主要依据《中国古籍善本书目》进行分类，根据所收录地方文献的实际情况进行调整，如曲类，《中国古籍善本书目》原分为诸宫调、杂剧、传奇、散曲、俗曲、弹词、宝卷、曲选、曲谱、曲律、曲韵、曲评曲话、曲目，据实情，现分为龙舟、南音、木鱼、粤讴、其他。

2012 年

4 月 编辑部整理出经、史、子、集四部选目提送相关专家审核。其中集部送审选目，包括曲类227种。

6—8 月 根据专家对送审选目的反馈意见和建议，编辑部修订集部选目。因曲类收藏情况比较复杂，仍待核查，本次未作修订。

9 月 《广州大典·集部》选目经四次会议讨论，五易其稿，确定曲类之外其他各类的收录选目。编辑部安排张玉华整理完善集部木鱼书选目，据《佛山藏木鱼书目录与研究》（2009）、《中国古籍总目》（2012）以及"学苑汲古·高校古文献资源库"等工具书和数据库，查漏补缺，规范著录，增加各条目的馆藏信息，以方便开展相关文献的底本征集工作。

10 月 11 日 郭德焱主持召开编辑部工作会议，中山大学骆伟、黄仕忠、关瑾华等参加会议。黄仕忠提出"集部·曲类"以三部分的内容为主：（1）以木鱼书为代表的地方民间说唱唱本；（2）现存粤剧剧本；（3）现存粤曲曲本。

会议决定，黄仕忠负责《广州大典·集部·曲类》的编辑工作，除木鱼书外，需重点研究反映广州地方文化特色的粤剧等文献，根据《广州大典·编例》，甄选曲类入选文献，对入选文献进行分类排序；关瑾华进一步完善木鱼书目录，着重做好二级分类，主要按书中故事发生的年代进行排序，无法判定时代的，按题名笔画排序；拟订曲类文献征集目录，由省立中山图书馆负责征集，凡可在集部印刷前征集到的，及时收录，未及收入的，列入《广州大典补编》名录。

11 月 黄仕忠提交粤剧粤曲文献初步收集目录稿，主要分三部分：省立中山图书馆藏26种、中山大学（图书馆及中国非物质文化遗产中心资料室）藏86种、广州文学艺术创作研究院藏342种。

2013 年

5 月 郭德焱、黄仕忠、倪俊明、林子雄等前往广东省艺术研究所调查该所曲类文献收藏情况，并与其负责人洽谈文献利用整理的相关事宜。

7 月 4 日 编辑部工作会议总结、部署曲类数据的汇总、扫描与核对工作。会议决定，全面开始曲类文献扫描工作，由省立中山图书馆蒙碧玉具体负责，黄琦琨做好扫描数据清点保管；同时，着手准备数据核对工作。

8月6日 陈建华主持召开广州大典编辑部会议，重点研究《广州大典》征集与编纂进度。根据编辑部提交的工作报告，集部共分126册，其中曲类共20册，收录845种文献（传奇之属3种、粤剧粤曲之属623种、木鱼龙舟南音之属219种），并将已确定入选书目全部征集到位，在全力扫描的同时核对数据。

9月 黄仕忠安排博士生周丹杰、李继明前往省立中山图书馆查阅曲类征集扫描数据，完善相关书目。

2014 年

5月29日 王海滨主持编辑部会议，黄仕忠、倪俊明、林子雄、林锐、甘谦、黄小高、张玉华等参加。会议专题讨论曲类选目问题，黄仕忠提出荔湾区地方志馆有曲类藏本，会上决定由王海滨负责征集工作。

9月 王海滨安排编辑部黄小高、张玉华等检查曲类文献底本扫描数据，以考察曲类是否具备与集部其他各类同步出版的条件。蒙碧玉、黄琦琨提供经黄仕忠审核的木鱼书、粤剧粤曲目录及其扫描数据。

12月 编辑部召集会议讨论曲类编纂出版事宜，黄仕忠参加。张玉华、黄小高分别提交了对木鱼书、粤剧粤曲底本数据的检查报告，提出版本著录规范、排序规则调整等问题以讨论。因未能达成一致解决方案，会议认为曲类文献目前尚不具备出版条件，可待条件成熟后再以专辑形式出版。

2015 年

2月11日 编辑部召开工作例会，明确要求继续跟进木鱼书目录整理工作，尽快确定完整目录；继续做好曲类文献底本征集工作，与香港大学图书馆、香港中文大学图书馆、香港中央图书馆三家单位加强沟通协调，以完成拟使用底本的费用支付手续。

4月30日 《广州大典》完成出版，分丛、经、史、子、集五部，共520册。

同日，广州大典研究中心（以下简称"中心"）成立，同时挂广州大典编辑部、广州古籍研究保护中心牌子。中心与广州图书馆合署办公，其中业务、人员编制、干部职数、财政经费等项单列，党务、物业、后勤等工作由广州图书馆统一管理。陈建华任中心名誉主任，广州图书馆馆长方家忠兼任中心主任。

7月 荔湾区地方志馆曲类藏本的复制品征集到位，王海滨委托甘谦移交黄仕忠，由李继明接收。

9月10日 中心工作会议决定：由广州市政府参事、中心编纂工作委员会李哲夫牵头负责，继续推进曲类文献底本征集和研究编纂工作，可考虑以"广州大典补遗"的形式出版；组织召开专题会议，研究草拟编例，部署具体工作计划安排。

2016 年

2月26日 陈建华主持中心工作会议，听取黄仕忠、倪俊明汇报曲类文献工作情况。黄仕忠说明，在原文献征集的基础上，2015年增加了对香港及英、德、法等国的相关机构馆藏曲类文献的调查工作；倪俊明报告，已完成近2000种曲类文献的扫描工作，数量达11万多页；除2015年新征集文献外，其他现有文献的数据编校工作已大致完成。

3月24日 中心围绕曲类文献编纂出版工作，明确安排目录编制、专家审定、分册排印、纸样校对等各项流程工作的时间节点；物色选择排版公司，讨论制订相关的技术标准。部署进一步的底本征集工作：研究中心通过大众媒体及自媒体等方式，向社会征集；林锐组织团队向有关博物馆征集；英、法等国的文献底本由黄仕忠负责征集；香港地区的文献由黄仕忠提供线索，倪俊明、荣子菡负责征集；全部征集数据8月底前提交。

4月25日 中心按3月24日会议讨论，制定曲类文献编纂出版工作的具体流程安排。

4月28日 中心工作会议要求，近期重点推进曲类文献数据的检查工作，力争在5月底前完成查重、剔除（剔除不在收录范围及损毁严重的底本）及印张数量的初步核数等工作，以保障后续的修图等项工作顺利展开。

5月24—27日 中心具体安排曲类文献的编纂出版工作：由张玉华、黄小高负责编制发排目录，根据图片数量完成分册，目录编排遵照黄仕忠的建议，每类按主题核心词的笔画笔顺排序；由丁玲牵头，制作曲类用字表、组建编校队伍、与出版社技术编辑交流、与省立中山图书馆和出版社交接数据等；敦促省立中山图书馆抓紧向复旦大学图书馆、法国巴黎国家图书馆征集曲类文献底本。

6月底 中心调整工作部署，曲类编纂工作由丁玲、金峰、赵晓涛、陈子、赵新良等博士接手，与中山大学中国古文献研究所黄仕忠、周丹杰、李继明等共同开展。

7—8月 中心草拟成曲类《编例》（讨论稿）；与东莞张铁文、番禺郭志波等私人藏家取得联系，就400余种曲类文献的采购事宜进行商洽。

9月29日 中心工作会议，讨论曲类文献目录的编制问题。会议决定，曲类文献收录范围是1949年以前广府地区说唱、戏曲文献；分类方式为说唱和戏曲两大属，其中说唱包括木鱼书（南音）、龙舟歌、粤讴（解心），戏曲包括明清粤剧、民国粤剧单本及民国粤剧合集；编次顺序大体按卷端题名关键词笔画笔顺排序；著录用字则将俗字、破体字等根据实际情况改为通行繁体字。

11月 中心与东莞张铁文先生、国家图书馆、北京师范大学图书馆达成底本征集协议。

12月 广州图书馆代表中心（因中心尚未取得法人资格独立运作），与广州日报社签订曲类文献出版管理协议。

2017年

2—3月 黄仕忠对中心编制的曲类文献分册发排目录反馈意见，涉及文献主题词选择及分类排序等问题。根据意见，研究中心安排金峰、黎俊忻负责对粤剧粤曲目录重新编排，分刻本与石印本、铅印本与活字本、泥印本与钞本三大部分；陈子、赵新良负责对木鱼、龙舟书目的细分。

4月20日 中心引进高级人才刘平清，担任常务副主任一职，主持中心工作。

5月4日 刘平清率中心工作人员拜访黄仕忠，就曲类文献编纂出版工作及现阶段存在问题进行协调沟通。

5月8日、17日 中心两次召开曲类文献编纂专题工作会议，制订与省立中山图书馆、广州出版社、粤传媒印务分公司等各合作部门的流水式工作程序，提出尽快讨论确定曲类编纂编例。

5月18日 获悉征集复旦大学图书馆曲类文献工作滞后，陈建华专门致电复旦大学校长许宁生。受其委派，刘平清赴沪，会同正在公干的广州市社科联主席曾伟玉等拜会许宁生，并与复旦大学图书馆负责人座谈，就中华古籍保护研究院开化纸项目、曲类文献征集、民国文献保护和征集等事宜进行沟通。

6月5日 陈建华主持中心工作会议，就曲类文献的编例和著录体例问题进行讨论。曾伟玉、李哲夫、林子雄、黄仕忠等参加会议。陈建华指示：曲类文献的编例和著录体例要注意与《广州大典》保持整体性，可适当添加相关说明，明确收录范围、编次排序等问题；继续跟进底本征集工作；出版时要同步完成文献总目和索引编制工作。

7月 复旦图书馆藏曲类文献底本数据征集到位，交付中心。

9月 中心完成了对东莞"铁文轩"征集数据的扫描整理，增加了曲类文献的收录内容。

9月27日 广州出版社责任编辑甘谦、高旭正及技术编辑刘伟建，前往粤传媒印务分公司制作部培训修图排版技术骨干。

9月28日 曲类文献出版工作正式启动，戏曲部分先行发排。

10月27日 戏曲第一册校样排出，分送中心、广州出版社及黄仕忠团队校审。

12月 省立中山图书馆与广州日报社、粤传媒印务分公司签订曲类文献底本数据的使用保密协议。

同月，中心与广州日报社签订曲类文献的货物运输及保管服务合作协议。

12月26日 中心召开曲类出版工作推进会，明确指出，出于加快进度的需要，中心决定自行承担曲类的校审工作，由王富鹏专项牵头负责；近期工作以粤剧粤曲部分为重心，进入数据查缺补漏、分册发排阶段。

2018年

1月25日 中心邀请倪俊明、林锐等专家参加会议，对曲类文献编纂规则进行讨论，会议决定：在《编例》之外另加《编辑说明》，由王富鹏根据讨论意见执笔拟稿。

3月6日 中心召开曲类文献专项工作协调会，明确各方工作环节的内容及职责，并要求上一环节负责解决下一环节提出的相关问题：第一环节，交付数据和分册目录，由中心负责；第二环节，根据目录灌制数据，由省立中山图书馆负责；第三环节，由粤传媒印务分公司设计制作部负责排版；第四环节，由中心、广州出版社负责校对；第五环节，由粤传媒印务分公司负责印制。

4月16日 鉴于底本数据的修图工作量比较大，中心专门派刘东楚到广州日报社学习修图排版，参与曲类文献底本数据处理。

8月1日 王海滨主持召开曲类文献出版协调会，明确提出2019年7月完成戏曲出版、年底前完成所有曲类出版的目标，并提议中心邀请林子雄为曲类专辑审核把关。

8—11月 中心陆续将曲类各册样书及底本扫描数据等提交林子雄审读，由张玉华、黄小高、黎俊忻等根据其审稿意见进行书目著录修订等工作。

12月13日 曲类专辑审校座谈会在中心召开，林子雄提出对曲类专辑的审读意见：建议删去《编辑说明》中有关刊印地域的界定，遵循按内容收录的原则；目录著录方面保证客观著录，各要素尽量不缺项；排序规则仍旧按书名笔画顺序编排，不做大的修改调整。

2019年

1月2日 中心召开专题讨论会，对林子雄新修订的曲类文献编辑说明、著录规则两份文稿逐字逐句展开讨论。会议决议今后曲类工作进度每月一报；索引编制工作提上日程，交由年鉴出版专家阳晓儒负责，中心做好经费预算。

2月13日 中心召开曲类编纂专题会议，讨论存在的问题及解决方案：粤剧粤曲部分的泥印本有模糊不清页面，需请外援修图，耗时较多，影响排版进度；说唱部分已全部完成排版和二校，但需重新调整并册。会议讨论决定：泥印本修图要实事求是，实在无法修复则果断舍去不予收录；文献著录方面，客观著录目前能确定的信息，已有且合理的部分不予修改，版本和年代著录在保证严谨的前提下简单化处理；由林子雄结合实际著录情况，修改确定曲类编例。

2月19日 戏曲部分开始修图发排。中心刘东楚加入对泥印本扫描图片的修复工作。

3月11日 王海滨强调，按陈建华主任指示，作为庆祝粤剧申遗成功的系列活动之一，《广州大典·曲类》40余册须在10月底完成出版。为此，中心调整工作领导，由中心负责人刘平清直接抓办曲类工作；调整出版计划，先行出版现阶段编纂较成熟的说唱部分。

4月11日 王海滨作出工作部署：提前准备索引编制工作，由中心调配人员，在甘谦、阳晓儒等专家指导下开展工作；刘平清负责落实曲类专辑的序文、编辑说明、编委会名单、学术委员会名单等的最后确认。

4月29日 《广州大典·曲类》说唱专辑19册编校完成，共收录文献660种。

5月17日 王海滨听取工作进度汇报：索引编制方面，中心已完成初步准备工作，汇总了各册所收文献的目录，标明了每种文献的检索关键字。编辑说明仍在修改，补充说明编纂缘由等内容，部分字句再斟酌修订。

7月11日 《广州大典·曲类》戏曲专辑24册编校完成，共收录文献929种。

7月30日 中心安排人员参与广州出版社蓝样检校工作，重点检查目录及版本信息著录；同时，提取各条书目的册次页码等信息，为索引编制做准备。

8月2日 陈建华主持会议，简要回顾曲类编纂历程，讨论收尾阶段的工作安排和部署，出版前后的宣传、推广工作，由中心负责，可结合岭南文化、广府文化的有关宣传活动开展。刘平清根据甘谦建议，在会上提出，特别单设曲类编辑部名单。

9月24日 《广州大典·曲类》索引编制工作启动，由中心黄小高配合年鉴出版专家阳晓儒开展工作。

9月27日 中心联合广州图书馆在澳门大学举办"珠水情牵濠镜开——《广州大典》澳门展"，活动展出了相关图片与实物，其中曲类文献及其整理情况首次与观众见面。

10月31日 《广州大典·曲类》前42册印刷完毕。

11月4—5日 粤港澳大湾区图书馆联盟成立仪式上，广州市人民政府向联盟各成员单位赠送《广州大典·曲类》一套。

11月8—10日 中心协办"张之洞与广雅书院（局）暨中国近代文化教育转型研讨会"，新出版的42册《广州大典·曲类》第一次向社会公开亮相。

12月18日 《广州大典·曲类》索引编制完成，共有条目1613条。《广州大典·曲类》第43册（附索引）交付印刷。

12月30日 《广州大典·曲类》第43册（附索引）面世。至此，《广州大典·曲类》全部出版完成。

黄小高整理

《广州大典研究》撰稿格式

文章内容应依次包括：标题；作者姓名；工作单位；摘要、关键词；正文；作者详细通信地址、邮政编码、电话号码或电子邮箱。

一、标题：应简明、具体、确切，概括文章的要旨。中文标题一般不超过20个汉字（采用4号宋体加粗），必要时可加副题（采用小4号幼圆体）。

二、作者姓名及工作单位：工作单位包括单位名称、所在省市及邮政编码（采用小4号仿宋体）；多位作者名之间空一格（作者名采用小4号楷体），不同工作单位的作者在姓名右上角及相应的工作单位间夹注不同的数字序号。

具体排列为：题目名单列一行（字数较多者可分为二行，副题另行单列），姓名单列一行，单位单列一行，均居中排列。

三、基金项目：文章请在首页地脚处注明基金项目的正式名称，并在圆括号内注明项目批准号（采用小5号宋体）。

如基金项目：中国社会科学基金项目（批准号：59637050）

四、作者简介：（文章首页地脚处标注，采用小5号宋体）

姓名（出生年—　　），性别（民族），籍贯，单位，职称（职务），学位。

五、摘要与关键词：来稿均应有中文摘要，字数为100—300字，以第三人称对全文的主要内容和基本观点进行准确概括，禁用"本文""笔者""作者"等主语，不加诠释，不用报道语式，不用评价性文字，不分段，不用序号。摘要要求内容客观，应具有独立性和自含性；重点突出而新颖；文字简洁而精炼。

关键词：选取反映文章最主要内容的名词性术语3—5个，关键词之间用分号隔开。

（"摘要""关键词"字样本身及其后的冒号采用5号黑体加粗，"摘要""关键词"后的内容文字采用5号楷体）

六、正文：要求观点明确、立论新颖、论据可靠、语言规范（采用5号宋体）。具体格式要求包括：

1.文内分层或小节的标题数字顺序依次是：一、二、三……；（一）、（二）、（三）……；1、2、3……；（1）、（2）、（3）……。第一级标题居中排列，采用小4号黑体加粗，在汉字序数后不用标点符号，空一格后出标题题文，且该级标题与上下文之间应各空一行；第二、四级标题后紧接题文；第三级标题阿拉伯数字后用"."。

2.为突出引文的重要或引文较长而另立段落者，引文采用5号楷体，第1行起首空4格，从第二行起每行开头均空两格。引文首尾不加引号。

3.数字用法

文中阿拉伯数字均采用Times New Roman字体。

（1）公历世纪、年代、年、月、日用阿拉伯数字，行文中古代年代要加公元。如：19世纪60年代、1922年12月初、公元前463年、公元1628年

（2）民国采用公元纪年。

（3）图表的顺序号、数据及计量单位均用阿拉伯数字。

（4）古籍文献的卷数和引文使用汉字数字。

（5）非公历年、月、日使用汉字数字。中国朝代的年号及干支纪年后加括号用阿拉伯数字标出公元年代，公元前在年份前加"前"字，公元以后只标年份。如：元封四年（前107）、乾道六年（1170）

4.图表

文稿中的图示和表格应注明标题（表格的标题在表格之上，图示的标题在图示之下，均采用小5号黑体加粗居中排列），含一个以上图示和表格的应注明其序号（如表1、表2，图1、图2），并尽可能注明资料来源；表

格中的文字采用小5号宋体。

5.文稿附加文字，如鸣谢等置于全文后，另段标出。

七、注释体例及标注位置：

文献引证方式采用注释体例。注释放置于当页下（脚注，小5号宋体）。注释序号用①、②……标识，每页单独排序。正文中的注释序号统一置于包含引文的句子（有时候也可能是词或词组）或段落标点符号之后。

引文注释格式未尽之处，烦请参考《中国社会科学》《历史研究》两刊有关规定。